"十四五"国家重点出版物出版规划项目

脱贫攻坚与乡村振兴有效衔接系列丛书

中国式农村现代化之路

从脱贫攻坚到乡村振兴

汪三贵 等◎著

中国言实出版社

图书在版编目（CIP）数据

中国式农村现代化之路：从脱贫攻坚到乡村振兴 /
汪三贵等著 . -- 北京：中国言实出版社，2022.12
ISBN 978-7-5171-4285-0

Ⅰ. ①中… Ⅱ. ①汪… Ⅲ. ①农村现代化—研究—中
国 Ⅳ. ① F320.3

中国版本图书馆 CIP 数据核字（2022）第 257132 号

中国式农村现代化之路——从脱贫攻坚到乡村振兴

责任编辑：曹庆臻　王建玲
责任校对：张天杨

出版发行：中国言实出版社
　　　　地　　址：北京市朝阳区北苑路 180 号加利大厦 5 号楼 105 室
　　　　邮　　编：100101
　　　　编辑部：北京市海淀区花园路 6 号院 B 座 6 层
　　　　邮　　编：100088
　　　　电　　话：010-64924853（总编室）　010-64924716（发行部）
　　　　网　　址：www.zgyscbs.cn　E-mail：zgyscbs@263.net

经　　销：新华书店
印　　刷：北京中科印刷有限公司
版　　次：2023 年 1 月第 1 版　　2023 年 1 月第 1 次印刷
规　　格：710 毫米 × 1000 毫米　1/16　18 印张
字　　数：207 千字

定　　价：68.00 元
书　　号：ISBN 978-7-5171-4285-0

前　言

改革开放之初，党中央提出小康社会的战略构想，党的十五大报告首次提出"两个一百年"奋斗目标。经过全党全国各族人民的持续奋斗，我国脱贫攻坚战取得了全面胜利，困扰千年的绝对贫困问题得到历史性解决，实现了全面建成小康社会的第一个百年奋斗目标。2020年全面小康社会的建成标志着党和国家的战略重点转向实现第二个百年奋斗目标，即在新中国成立一百年之际把我国建成富强民主文明和谐美丽的社会主义现代化强国。

没有贫困地区和贫困人口的脱贫就没有全面小康社会，脱贫攻坚就成为确保第一个百年奋斗目标顺利实现的基础和底线任务。强国必先强农，农强方能国强。没有农业强国就没有整个现代化强国，没有农业和农村的现代化就没有国家的全面现代化，乡村振兴就成为确保第二个百年奋斗目标实现的基础和底线任务。本书从"两个一百年"奋斗目标出发，系统分析了从脱贫攻坚到乡村振兴再到共同富裕的逻辑关系和实现路径。首先，本书总体阐述了两大战略与两个百年奋斗目标的逻辑关系。全面建成小康社会和全面建成社会主义现代化强国的"短板"均在农业农村，特别是贫困地区和贫困人口。脱贫攻坚和乡村振兴分别服务于实现第一个百年奋斗目标和第二个百年奋斗目标，是为了补齐全面小康和全面现代化的"短板"。其次，本书从乡村振兴总要求出发，具体分析如何实现脱贫攻坚与乡村振兴的有效衔接。乡村振兴的总目标是产业兴旺、生态宜居、乡风文明、治理有效、生活富裕。脱贫攻坚的主要目标尽管是提高贫困人口的收入和解决"两不愁三保障"问题，但在解决贫困问题的过程中实施的"五个一批"和其他扶贫政策都为乡村振兴打下了良好的基础，乡村振兴是脱贫攻坚的延续。本书的第四章至第七章重点讨论脱贫攻坚期间实施的政策措施如何与乡村振兴的政策目标有机衔接并进行优化和调整。讨论的内容包括产业、环境、精神文明和基层治理等方面。再次，本书基于当前我国城乡发展差距较大且扶贫开发长期侧重贫困地区的区域发展而忽视城乡融合发展的基本事实，分析农村区域发展到城乡融合发展的重点难点并提出对策建议。脱贫攻坚只解决了农村居民基本生活问题，城乡融合发展是乡村振兴的必然要求，如何缩小城乡发展差距是建设第二个百年奋斗目标必须要解决的问题。最后，从"消除绝对贫困——缓解相对贫困——实现共同富裕"的逻辑出发，分析消除绝对贫困的历程，阐述相对贫困、共同富裕的思想和内涵，并提出从消除绝对贫困到实现共同富裕的实现路径。国家自然科学基金重点项目（项目批准号：72034007）的研究成果一并收入本书，对本书的完成作出了重大贡献。

本书由中国人民大学中国扶贫研究院院长汪三贵教授等撰写，其他成员包括周诗凯、周园翔、郑丽娟、马兰、宁静、李傲、刘明月、张广存、赵焕琪、李梦思、赵碧云等。汪三贵教授专心研究贫困问题 30 多年，对上世纪 80 年代以来中国的县级和村级贫困瞄准进行了深入的实证研究，为精准扶贫方略的提出提供了科学依据；系统阐述习近平总书记关于扶贫工作的重要论述和精准扶贫实践，深入分析中国精准扶贫的背景、理论、机制和模式，为不断改善精准扶贫和脱贫攻坚实践提供依据；前瞻性研究了脱贫攻坚与乡村振兴有效衔接的逻辑关系与重点内容等。主要成果包括《消除贫困：中国的承诺》《脱贫攻坚与精准扶贫：理论与实践》《当代中国扶贫》《扶贫开发与区域发展：我国特困地区的贫困与扶贫策略研究》《中国扶贫绩效与精准扶贫》《论中国的精准扶贫》等专著和论文。专著《中国农村贫困问题研究》2011 年荣获国务院扶贫办首届"友成扶贫科研成果奖"，《扶贫开发与区域发展：我国特困地区的贫困与扶贫策略研究》荣获第八届高等学校科学研究优秀成果（人文社会科学）一等奖，《脱贫攻坚与精准扶贫：理论与实践》入选中宣部 2020 年主题出版重点出版物和 2021 年经典中国国际出版工程等。

由于时间仓促，书中如有不足或不妥之处，恳请读者批评指正，以便我们不断改进提高。

目 录

第一章　党的"两个一百年"奋斗目标下的两大战略

　　脱贫攻坚和乡村振兴是党中央从实现"两个一百年"奋斗目标的大局出发作出的重大战略决策，是实现中华民族伟大复兴中国梦的必经之路，二者联系紧密。脱贫攻坚战略对标 2020 年实现全面建成小康社会的第一个百年奋斗目标，乡村振兴着眼于本世纪中叶全面建成社会主义现代化强国的第二个百年奋斗目标。脱贫攻坚是乡村振兴的前提条件，对乡村振兴最终的胜利发挥着基础性的作用。乡村振兴是在巩固脱贫攻坚成果的基础上接续向前发展，最终实现共同富裕的必然要求；脱贫攻坚与乡村振兴目标相连，工作重点紧密衔接，工作任务层层推进，紧扣"两个一百年"奋斗目标，本质上都是为了建成社会主义现代化强国，实现共同富裕。

第一节　党的"两个一百年"奋斗目标

　　1997 年 9 月 12 日，中共十五大报告首次提出"两个一百年"奋斗目标：到建党一百年时，使国民经济更加发展，各项制度更加完善；到世纪中叶建国一百年时，基本实现现代化，建成富强民主文明的社会主义国家。此后，中央将第一个百年目标明确为全面建成小康社会。

一、"两个一百年"奋斗目标提出背景和过程

（一）"两个一百年"奋斗目标提出背景

"两个一百年"奋斗目标是中国共产党在探索社会主义现代化过程中提出的重大战略目标，是中国特色社会主义事业发展的内在逻辑和根本选择。党的十九大提出了建成社会主义现代化强国分"两步走"的战略目标，要求在第一个百年奋斗目标实现基础之上，乘势而上开启建设第二个百年奋斗目标的新征程。立足于以往战略规划的基点，提出新时代"两步走"战略。

新时代"两步走"战略的提出具有长久的历史战略基点。社会主义建设道路初步探索时期，毛泽东同志提出了社会主义现代化"两步走"的战略设想，明确了实现工业、农业、科学技术和国防"四个现代化"的任务，这也是中国共产党第一次提出现代化；改革开放时期，邓小平同志提出了面向 21 世纪的社会主义现代化"三步走"的战略安排，成为指导中国经济发展的重大战略。[①] 如今，"三步走"战略中的前两步早已在 20 世纪末顺利实现，最后的第三步不仅时间长，而且难度大。根据实践发展的需要，江泽民同志在党的十五大报告中提出了"两个一百年"目标，并将"三步走"战略目标的第三步进一步具体化，提出了三个阶段性目标。党的十六大正式宣告人民生活总体上达到小康水平，提出要在 21 世纪头 20 年全面建设惠及十几亿人口的更高水平的小康社会。[②] 从党的十九大到二十大，是"两个一百年"奋斗目标的历史交汇期，在这样一个历

---

① 邓小平. 邓小平文选：第 3 卷 [M]. 北京：人民出版社，1994：116.
② 中共中央文献研究室. 十六大以来重要文献选编：上 [M]. 北京：中央文献出版社，2011：14.

史节点,如何规划好未来几十年的发展至关重要,新时代的"两步走"战略正是在这样的战略基点上提出的。

(二)"两个一百年"奋斗目标的提出过程

江泽民同志在党的十五大报告中,在展望新世纪发展前景时提出"两个一百年"奋斗目标,即到建党一百年时,使国民经济更加发展,各项制度更加完善;到21世纪中叶新中国成立一百年时,基本实现现代化,建成富强民主文明的社会主义国家。进入新世纪,随着人民生活总体上达到小康水平,党的十六大在重申"两个一百年"奋斗目标的同时,又把第一个一百年的目标明确化、具体化提出了"六个更加"的要求,即要在21世纪头20年全面建设惠及十几亿人口的更高水平的小康社会,使经济更加发展、民主更加健全、科教更加进步、文化更加繁荣、社会更加和谐、人民生活更加殷实。党的十六大报告还指出了两个百年奋斗目标与发展阶段的关系,强调全面建设小康社会的阶段是实现现代化战略目标必经的承上启下的发展阶段,表明第一个一百年目标的实现将为第二个一百年目标的实现奠定坚实的基础。

党的十六大之后,中国进入全面建设小康社会、加快推进社会主义现代化的新的发展阶段,党的十七大和十八大都提出要确保到2020年如期实现全面建成小康社会的奋斗目标,并结合不同时期的具体情况,提出了全面建成小康社会的新要求,其中十七大提出深入贯彻落实科学发展观,这是立足社会主义初级阶段基本国情,总结中国发展实践,借鉴国外发展经验,适应新的发展而提出的新要求。党的十八大报告明确指出,实现社会主义现代化和中华民族伟大复兴是建设中国特色社会主义的总任务,而全面建成小康社会是承上启下的关键一环。习近平总书记在党的十九大报告提出新时代社会主义现代化"两步走"战略安排，在中国共产党建党一百年全面建成惠及 14 亿多人口的小康社会的基础上，到 2035 年，中国基本实现社会主义现代化；从 2035 年到 21 世纪中叶，把中国建设成富强民主文明和谐美丽的社会主义现代化强国，这是中国社会主义现代化发展战略目标顶层设计和总体设计的升级版。在党的二十大报告中，习近平总书记指出，"未来五年是全面建设社会主义现代化国家开局起步的关键时期"。①

二、"两个一百年"奋斗目标的内涵

（一）全面建成小康社会的内涵

从改革开放初期提出"小康之家"，小康社会的理论内涵经历了从"总体"到"全面"、从"三位一体"到"五位一体"，从"建设"到"建成"的发展。经过 40 多年的实践发展，其内涵已经逐渐清晰。全面建成小康社会的核心是发展，其中，"小康"描述的是发展水平，"全面"描述的是发展的平衡性、协调性和可持续性。习近平总书记强调，"如果到 2020 年我们在总量和速度上完成了目标，但发展不平衡、不协调、不可持续问题更加严重，短板更加突出，就算不上真正实现了目标"。②"全面"作为建成小康社会的核心，包含三层含义，即覆盖领域的全面，覆盖的人口全面和覆盖的区域全面。

---

① 习近平 . 高举中国特色社会主义伟大旗帜 为全面建设社会主义现代化国家而团结奋斗——在中国共产党第二十次全国代表大会上的报告 . 中华人民共和国中央人民政府，2022 年 10 月 16 日，http：//www.gov.cn/xinwen/2022-10/25/content_5721685.htm. 下文涉及党的二十大报告内容均出自此处，不再一一标注 .

② 习近平 . 在党的十八届五中全会第二次全体会议上的讲话（节选）. 2015. http：//cpc.people.com.cn/n1/2016/0101/c64094-28002260.html.

1. 覆盖领域全面的小康

党的十六大提出全面建设小康社会的目标涉及经济建设、社会建设、文化建设和生态建设,提出全面建设小康社会的基本标准,主要包括人均国内生产总值超过 3000 美元、城镇居民人均可支配收入 1.8 万元(2000 年不变价)、农村居民家庭人均纯收入 8000 元(2000 年不变价)、恩格尔系数低于 40%、城镇人均住房建筑面积 30 平方米、城镇化率达到 50%、居民家庭计算机普及率 20%、大学入学率 20%、每千人医生数 2.8 人、城镇居民最低生活保障率 95%以上等 10 个目标(见表 1-1)。

表 1-1 全面建设小康社会目标与完成情况对比

全面建设小康社会目标	2018 年以来完成情况
人均国内生产总值超过 3000 美元	2021 年人均 GDP 达到 35128 元
城镇居民人均可支配收入 1.8 万元(2000 年不变价)	2021 年城镇居民人均可支配收入 47412 元,2000 年不变价 28036 元
农村居民家庭人均纯收入 8000 元(2000 年不变价)	2021 农村居民人均可支配收入 18931 元,2000 年不变价 9968 元
恩格尔系数低于 40%	2021 年全国居民恩格尔系数为 29.8%,其中城镇 28.6%,农村为 32.7%
城镇人均住房建筑面积 30 平方米	2019 年城镇居民人均住房面积 39.8 平方米
城镇化率达到 50%	2021 年常住人口城镇化率为 64.72%
居民家庭计算机普及率 20%	居民家庭计算机普及率 26.9%
大学入学率 20%	2021 年大学毛入学率 57.8%
每千人医生数 2.8 人	2020 年每千人执业医师数 2.90 人,卫生技术人员 7.57 人
城镇居民最低生活保障率 95%以上	—

党的十九大从"五位一体"总体布局的角度提出了"全面小康社会"的主要指标，涉及经济建设、政治建设、文化建设、社会建设、生态文明建设的目标。一是经济建设的目标。在提高发展平衡性、包容性、优化结构、提高效益、降低消耗、可持续性基础上，到 2020 年国内生产总值和城乡居民人均收入比 2000 年翻两番。深入实施创新驱动发展战略，进入创新型国家行列。居民消费率稳步提高，形成消费、投资、出口协调调动的增长格局。城乡、区域协调互动发展，社会主义新农村建设取得重大进展。二是政治建设的目标。深入落实依法治国基本方略，进一步增强全社会法治观念，法治政府建设取得新成效。基本公共服务能力显著增强。三是文化建设的目标。社会主义核心价值观深入人心，良好思想道德风尚进一步弘扬。基本建立覆盖全社会的公共文化服务体系。文化产业占国民经济比重明显提高、国际竞争力显著增强，适应人民需要的文化产品更加丰富。四是社会建设的目标。现代国民教育体系更加完善，终身教育体系基本形成。社会就业更加充分。基本建立覆盖城乡居民的社会保障体系，人人享有基本生活保障。基本形成合理有序的收入分配格局，中等收入者占多数，绝对贫困现象基本消除。人人享有基本医疗卫生服务。社会管理体系更加健全。五是生态环境建设的目标。生产方式和生活方式绿色、低碳水平上升。能源资源开发利用效率大幅提高，能源和水资源消耗、建设用地、碳排放总量得到有效控制，主要污染物排放总量大幅减少。主体功能区布局和生态安全屏障基本形成，生态环境质量总体改善。

全面建成小康社会涉及到各个领域，是"五位一体"全面进步的小康。"五位一体"是一个整体性目标要求，各目标之间相互联系、相互促进,不可分割。在发展过程中虽经济建设取得了重大成就,但其他方面仍存在较多短板,如文化建设相对滞后,社会建设存在短板,生态文明建设问题较多等问题。如果不解决这些短板问题,即使某些方面达到了小康的标准,也不算真正意义上实现全面建成小康社会。习近平总书记曾指出,全面建成小康社会突出的短板主要在民生领域,发展不全面的问题很大程度上也表现在不同社会群体民生保障问题。[①] 任何一个方面发展滞后都会影响全面小康社会的建成,任何一方面存在问题或者短板就不能称之为全面。在全面建成小康社会的进程中,做到覆盖领域要全面的小康社会,是五位一体全面进步的小康,各领域要齐头并进,全面发展。

2. 覆盖人口全面的小康

习近平总书记强调,"全面小康,覆盖的人口要全面,是惠及全体人民的小康"[②],"小康不小康,关键看老乡"[③],"没有农村的小康,特别是没有贫困地区的小康,就没有全面建成小康社会"[④],"全面建成小康社会,一个也不能少;共同富裕路上,一个也不能掉队"。[⑤] 全面建成小康社会,是没有人掉队的小康。我国人口多,在底子薄、条件差、时间短的条件下不可能实现所有人口的同步富裕,一部分人仍生活在贫困线以下。但在建成全面小康的过程中,帮助这部分人脱贫是党和国家的重要内容,全面建成小康社会一个都不能少。若存在贫困人口未脱贫,则不是真正意义上的全面建成小康社会。

① 习近平.关于全面建成小康社会补短板问题 [J].求是,2020(11).
② 习近平.在党的十八届五中全会第二次全体会议上的讲话.2015.
③ 习近平.在海南三亚博后村考察时的讲话.2013.
④ 习近平.在河北省阜平县考察扶贫开发工作时的讲话.2012.
⑤ 习近平.在十九届中共中央政治局常委同中外记者见面时的讲话.2017.

党的十八大以来，重要的战略任务是让贫困群众与全国人民一道迈进小康。实施精准扶贫方略，做到扶贫对象、项目安排、资金使用、措施到户、因村派人、脱贫成效"六个精准"，实施发展生产、易地搬迁、生态补偿、发展教育、社会保障兜底"五个一批"。到 2020 年底，中国如期完成新时代脱贫攻坚目标任务，现行标准下 9899 万农村贫困人口全部脱贫，832 个贫困县全部摘帽，12.8 万个贫困村全部出列。少数民族和民族地区脱贫攻坚成效显著，到 2020 年底，内蒙古自治区、广西壮族自治区、西藏自治区、宁夏回族自治区、新疆维吾尔自治区和贵州、云南、青海三个多民族省份 3121 万贫困人口全部脱贫；28 个人口较少民族全部实现整族脱贫，一些新中国成立后"一步跨千年"进入社会主义社会的"直过民族"，又实现了从贫穷落后到全面小康的第二次历史性跨越。农村建档立卡贫困人口的收入和福利水平大幅提高，"两不愁三保障"全面实现，教育、医疗、住房、安全饮水等条件明显改善，既满足了基本生存需要，也为后续发展奠定了基础。从 2016 年起，通过大力实施易地扶贫搬迁，960 多万居住在"一方水土难养一方人"地方的建档立卡贫困人口告别穷山恶水之地，易地搬迁，实现了脱贫。[①]

3. 覆盖区域全面的小康

我国幅员辽阔，人口众多，各地区自然资源禀赋差异大，发展基础与发展政策不同，不同区域之间的发展差距较大。如革命老区、民族地区、边疆地区等基础设施和公共服务设施较为落后。在全面建成小康社会的过程中，若各地区发展差异非常大，那就不算真正

---

① 国务院新闻办公室. 中国的全面小康 [N]. 人民日报，2021-09-29（010）. DOI：10.28655/n.cnki.nrmrb.2021.010293.

意义上全面建成小康社会。

经过长期努力，统筹区域发展取得重大进展，东部地区率先发展，西部大开发、东北振兴、促进中部地区崛起等区域发展战略相继实施，京津冀协同发展、长江经济带发展、粤港澳大湾区建设、长三角区域一体化发展、黄河流域生态保护和高质量发展等区域发展重大战略高质量推进，主体功能区战略和制度逐步完善，形成了国土空间布局更加优化，东西南北中纵横联动，主体功能明显、优势互补的区域协调发展新格局。

（二）全面建成社会主义现代化强国的内涵

在全面建成小康社会的基础上，乘势而上开启全面建设社会主义现代化国家新征程。习近平总书记在党的二十大报告中指出，中国式现代化是人口规模巨大的现代化，是全体人民共同富裕的现代化，是物质文明和精神文明相协调的现代化，是人与自然和谐共生的现代化，是走和平发展道路的现代化。社会主义现代化在覆盖领域上是指全方位的现代化，包括人口规模的现代化、全体人民共同富裕的现代化、"两个文明"协调发展的现代化以及国家治理体系和治理能力的现代化。

1. 人口规模巨大的现代化

社会主义的现代化是人口规模巨大的现代化。人口问题始终是带有长期性、根本性和战略性的重大问题。我国人口数量居世界之最，人口基数庞大是不得不直面的现实国情。人口发展犹如一把"双刃剑"，是困扰许多后发性国家的难题，使其遭受现代化发展压力；同时又因其蕴藏的人才红利，成为国家现代化的"助推手"。一方面，我国正处在重要的人口转变期，不利的风险挑战事实存在。

第七次全国人口普查统计结果表明，一个时期以来，我国生育率整体降低，预期寿命有所延长，人口老龄化程度加深。这在客观上造成新成长劳动力下降，总消费需求走低，"人口红利"相对式微，人口与资源环境依然呈紧平衡态势，由此带来对经济社会发展的挑战和冲击。如何看待这种"成长中的烦恼"，防范化解人口变化结构性矛盾，消除人口因素设置的障碍，考验着建设现代化国家的毅力和能力。

另一方面，现阶段我国人口发展利好机遇竞相显现。人口总量维持平稳增长，人口流动规模增大，城镇化率稳步提升，人口质量继续走高，人才红利优势凸显。这就意味着，人口规模优势潜力巨大，具备了发挥人口质量优势的基础。习近平总书记指出，"现代化的本质是人的现代化"①，中国式现代化归根结底是人的现代化，人的现代化关键是人的素质现代化。

2. 全体人民共同富裕的现代化

共同富裕作为社会主义现代化的标识，彰显着中国式现代化区别于任何其他现代化的本质特征。习近平总书记指出，"共同富裕本身就是社会主义现代化的一个重要目标。②"实现共同富裕是中国式现代化的一个重大战略目标。富裕是各国追求现代化的共性目标，但富裕有顺序先后之分，也有群体角色之别，在覆盖面上有个别富裕、局部富裕和共同富裕的差异。从客观上来说，物质财富的增长程度及其配置状况是衡量一国现代化的主要标准。社会主义现代化国家与资本主义现代化国家的本质区别就在于社会财富得到公平分配，

---

① 中共中央文献研究室. 十八大以来重要文献选编：上 [M]. 北京：人民出版社，1994：594.

② 习近平. 在十九届中央政治局第二十七次集体学习时的讲话. 2021.

全体人民能够共享发展成果。

党的十八大以来，中国共产党紧紧依靠人民，瞄准共同富裕目标，在战略层面提前布局，在实践层面扎实推进，使人民富裕和社会共富取得了突破性进展。中国共产党秉持以人民为中心的发展思想，紧扣"发展"第一要务，以新发展理念为引领，通过聚焦高质量发展，打赢脱贫攻坚战，实施乡村振兴战略，全力做好民生保障，顺利建成全面小康社会，有效促进了社会公平正义，使人民群众不仅衣食足仓廪实，而且获得感、幸福感和安全感指数持续提升。在新的征程上展望新的更高目标，可以说任重而道远，必须持之以恒提升生产力发展水平，依托改革创新创造更多社会财富，进一步补短板、强弱项、缩差距，把"蛋糕"做大分好，确保如期建成全体人民共享发展成果的现代化。

3. 物质文明和精神文明相协调的现代化

中国式现代化是与现代文明发展相得益彰的现代化，两者在价值理念与实践意涵方面保持着高度的融通性。中国式现代化不单单重视物质财富的创造与累积，也十分强调精神财富的创造与享用，注重物质文明与精神文明齐头并进、相得益彰。在社会基本矛盾运动中，生产力的决定性作用使其具有先发优势，但物质文明进步并不必然意味着精神文明发展，只有当两个文明都高度发展了，现代化才会精彩纷呈。习近平总书记指出，"实现中国梦，是物质文明和精神文明均衡发展、相互促进的结果。"①厘清"两个文明"关系，确保"两个文明"协调发展，这既是发展中国式现代化得出的宝贵经验，也是继续推进中国式现代化的必然选择。

————————

① 习近平. 在巴黎联合国教科文组织总部发表重要演讲. 2014.

改革开放之初，面对形势紧迫的精神文明建设任务，中国共产党独创性地提出"两手抓、两手都要硬"的战略方针。党的十二届六中全会、十四届六中全会和十七届六中全会对"两个文明"的密切关系均作出重要阐述，确立并重申了"两个文明"协同推进的基本原则。新时代，以更宏观视野、更全面眼光作出"两个文明"齐抓共管的科学部署，推动了"两个文明"在现代化进程中的有机衔接和共同发展。在此进程中，物质文明不断丰富，精神文明建设取得长足进步，发展的空间场域持续扩展，有效发挥了社会主义核心价值观凝聚共识、引领风尚、增强力量、培育新人、繁荣文化的强大功能。面向未来，精神文明建设要围绕理想信念教育、思想道德建设和意识形态建设全面展开，为全面建设社会主义现代化强国凝聚强大精神力量。

4. 国家治理体系和治理能力的现代化

衡量国家现代化的程度，不仅要关注经济、科技、军事等"硬实力"，也要发展制度、文化、影响力乃至生态文明等"软实力"。制度软实力是国家现代化发展中不可或缺的基本要素。习近平总书记指出，"制度优势是一个国家的最大优势，制度竞争是国家间最根本的竞争。"[①]党的十九届五中全会从"基本实现"的目标定位出发，明确把国家治理体系和治理能力现代化纳入社会主义现代化基本框架之中，使之成为新时代全面深化改革的重要目标，体现了党对现代化内涵认知的深化及其本质规律的准确把握。中国式现代化是社会主义制度的现代化，是国家治理体系和治理能力的现代化。以制

① 习近平.坚持和完善中国特色社会主义制度 推进国家治理体系和治理能力现代化 [J]. 求是，2020（1）.

度为支撑的国家治理体系，连同以实践为指向的国家治理能力，有机构成了国家治理同一问题的不同方面。它反映出随着现代化进程的加速推进，中国特色社会主义事业总体布局更加完善，现代化内涵越发丰富，制度建设的目标任务更加紧迫，体现了向着更全面、更成熟社会主义现代化国家发展的趋势和要求。

三、"两个一百年"奋斗目标的理论和实践意义

（一）全面建成小康社会的意义

消除贫困、改善民生、逐步实现共同富裕，是社会主义的本质要求，是中国共产党的重要使命。到 2020 年，全面建成小康社会，实现第一个百年奋斗目标，是中国共产党对全国人民的庄严承诺。党的十九届六中全会指出，我国全面建成小康社会目标如期实现。习近平总书记在党的二十大报告指出，"完成脱贫攻坚、全面建成小康社会的历史任务，实现第一个百年奋斗目标。这是中国共产党和中国人民团结奋斗赢得的历史性胜利，是彪炳中华民族发展史册的历史性胜利，也是对世界具有深远影响的历史性胜利。"如期全面建成小康社会，事关中国梦的实现，事关中华民族的伟大复兴。中国始终把自身发展置于人类发展的坐标系中，始终把中国人民利益同各国人民共同利益结合起来，始终做世界和平的建设者、全球发展的贡献者、国际秩序的维护者、公共产品的提供者。中国全面建成小康社会，为构建人类命运共同体贡献了中国智慧和中国力量。

作为全球人口最多的国家和世界上最大的发展中国家，中国全面建成小康社会，让国家更富强、人民更幸福、社会更稳定，是对世界和平与发展的巨大贡献。1979 年至 2020 年，中国国内生产总

值年均增长 9.2%，远高于同期世界经济增长 2.7% 左右的水平，增长速度和持续时间在世界范围内名列前茅，成为世界经济增长的重要引擎。自 2006 年起，中国连续 15 年成为世界经济增长的最大贡献国，对世界经济增长的平均贡献率超过 30%。新冠肺炎疫情发生后，中国率先控制疫情，率先实现复工复产，率先实现经济增长由负转正，再次成为拉动全球贸易和经济复苏的重要引擎。①

中国全面建成小康社会，显著缩小了世界贫困版图。摆脱贫困是困扰全球发展和治理的突出难题。中国立足本国国情，把握减贫规律，以坚定不移、顽强不屈的信念和意志与贫困作斗争，通过自身发展为人类反贫困作出贡献。改革开放以来，按照现行贫困标准计算，中国 7.7 亿农村贫困人口摆脱贫困；按照世界银行标准，中国减贫人口占同期全球减贫人口 70% 以上，提前 10 年实现《联合国 2030 年可持续发展议程》减贫目标。中国全面建成小康社会，占世界近 20% 人口的 14 亿多中国人民踏上全面建设社会主义现代化国家新征程，这是人类历史上前所未有的大变革、大事件。在近年来世界贫困人口不降反增、全球减贫事业遭遇瓶颈的背景下，中国减贫取得的成就，为全球减贫事业作出重要贡献、注入信心和力量。

党的十八大以来，以习近平同志为核心的党中央坚持以人民为中心的发展思想，把脱贫攻坚作为重中之重，持续实施精准扶贫，完成了消除绝对贫困的艰巨任务，确保了全面小康社会的建成，为全体人民共同富裕和社会全面进步奠定了扎实的基础。中国全面建成小康社会，为世界上那些既希望加快发展又希望保持自身独立性

---

① 国务院新闻办公室.中国的全面小康 [N].人民日报，2021-09-29（010）.DOI：10.28655/n.cnki.nrmrb.2021.010293.

的国家和民族提供了全新选择，为各国发展提供了机遇。未来之中国，将以更加开放包容的姿态拥抱世界，同世界形成更加良性的互动，为推动构建人类命运共同体、建设更加美好的世界作出新的更大贡献。

（二）全面建成社会主义现代化强国的意义

全面建设社会主义现代化国家，是坚持以人民为中心，实现全体人民共同富裕和社会全面进步，践行中国共产党人初心使命的必然要求。实现现代化和共同富裕是几代中国共产党人接续奋斗的动力源泉，也是中国共产党人持续探索的宏伟目标，为人类走向现代化探索了新路径。当今世界，仍面临着严重的发展困境。中国共产党立足中国国情，把握经济社会发展规律，在中国大地上探寻适合自己的道路和方法，走出了一条中国式现代化新道路，创造了人类文明新形态。这个现代化是人口规模巨大的现代化，是全体人民共同富裕的现代化，是物质文明和精神文明相协调的现代化，是人与自然和谐共生的现代化，是走和平发展道路的现代化。全面建设社会主义现代化国家突出了全体人民共同富裕和社会全面进步的重要地位，强调要推动全体人民共同富裕取得更为明显的实质性进展。正是践行初心使命的责任担当，深刻体现了中国共产党人的历史自觉，充分反映了社会主义制度的强大优势，必将推动中国式现代化道路行稳致远。

全面建设社会主义现代化国家，是为发展中国家现代化建设提供中国方案，为推动世界和平与发展、构建人类命运共同体作出的中国贡献。中国共产党创造性地把马克思主义基本原理同本国实际相结合，坚持和发展中国特色社会主义，走出了一条与西方资本主义迥异的社会主义现代化之路，这是在主要资本主义国家已经完成现代化进程的基础上，开辟的一条现代化新路，打破了对于西方式现代化的选择惯性，破解了现代化等同于选择西方资本主义道路的思维定式，将世界现代化道路和现代化模式由单数变为复数，中国社会主义现代化国家建设的成功实践，将为发展中国家现代化建设提供了中国范式与中国样本，将极大拓展发展中国家走向现代化的途径，为谋求国家进步的国家提供了实现现代化的重要启示与全新选择。中国现代化建设将不仅实现自身的繁荣发展，还将继续在全球经济发展中扮演"压舱石""稳定器"的重要作用，推动世界格局和力量对比向更有利于维护和平安全与稳定的方向发展，从而加快构建人类命运共同体。

第二节　消除绝对贫困是全面小康的底线任务

绝对贫困问题是全面建成小康任务的短板，到 2020 年，全面建成小康社会，实现第一个百年奋斗目标，是中国共产党对全国人民的庄严承诺。确保现行标准下农村贫困人口实现脱贫，贫困县全部摘帽，解决区域性整体贫困，是全面建成小康社会的底线任务和基本标志。

一、什么是绝对贫困

绝对贫困的概念最早是由 19 世纪末英国学者朗特里（S.Rowntree）提出来的，其在著作《贫困：城镇生活的研究》（*Poverty：A Study of Town Life*）指出："一个家庭处于贫困状态是因为其所拥有的收入不足以维持其生理功能的最低需要,这种最低需要包括食品、住房、衣着和其他必需品。"[1] 此后,贫困问题的研究学者将最低生理需求扩展为人的基本需求。绝对贫困就意味着人的基本需求没有得到满足,人的基本需求通常包括食物、饮用水、衣着、住房、教育、医疗等。解决绝对贫困就是要满足人的基本需求,国际上通常叫基本需求战略。

二、中国的贫困标准

贫困标准是测量贫困人口规模和贫困程度的重要基础和工具,客观准确总结中国的减贫成就需要充分了解中国的贫困标准,深入分析中国农村贫困标准所代表的实际生活水平。我国农村贫困标准定义,是指在一定的时间、空间和社会发展阶段的条件下,维持人们的基本生活所必须消费的食物、非食物(包括服务)的基本费用。中国的贫困标准是国家统计局利用住户调查数据和世界银行推荐的基本需求成本法估计出来的。

总的来看,中国政府先后采用过三个贫困标准用于指导扶贫实践,分别是"1978 年标准""2008 年标准""2010 年标准"。"1978 年标准"指的是按 1978 年价格每人每年 100 元。这条标准保证每人每天 2100 大卡热量的食物支出,食物支出比重约占 85%。基于当时农村的实际情况,基本食物需求质量较差,其中主食中粗粮比重较高,副食中肉蛋比重很低,且标准中食物比重过高,因而只能勉强果腹。"2008 年标准"实际上是从 2000 年开始使用的,由于在 2008

---

① B. Seebohm Rowntree. *Poverty*: *A Study of Town Life*[M]. London: Garland Publishing, 1980.

年正式作为扶贫标准使用，因而也称"2008 标准"，这条标准是按 2000 年价格，每人每年 865 元，这是基本温饱标准，保证每人每天 2100 大卡热量的食物支出，是在"1978 年标准"上适当扩展非食物部分，将食物支出比重降到 60%。可基本实现"有吃、有穿"，满足基本温饱。在此之前，各年的贫困线根据农村消费价格指数（CPI）进行调整。"2010 年标准"是按 2010 年价格每人每年 2300 元，按照 2020 年价格每人为 4000 元。这是结合"两不愁三保障"测定的基本需求标准。根据对全国居民家庭的直接调查结果测算，在义务教育、基本医疗和住房安全有保障（即三保障）的情况下，这条贫困标准包括食物支出，确保每人每天 2100 大卡和 60 克左右蛋白质，以满足基本维持温饱的需要，同时还包括较高的非食物支出，2014 年实际食物支出比重为 53.5%。此外，在实际测算过程中，对高寒地区采用 1.1 倍贫困线。[1]

中国消除绝对贫困的标准可以总结为"一收入两不愁三保障"，"一收入"指贫困户当年家庭人均纯收入超过当年国家扶贫标准，"两不愁三保障"指贫困人口不愁吃、不愁穿，义务教育、基本医疗和住房安全有保障。"一收入两不愁三保障"的贫困标准不仅从收入上对贫困人口的基本生活水平提出了要求，而且从人类基本生存条件出发进行了全面的要求。

在中国的贫困标准中，"两不愁三保障"是核心指标，是改善贫困人口生产生活条件，提升贫困人口个人福祉的重要内容，也是由贫困的多维性和可逆性的特征所决定的。阿玛蒂亚·森认为，贫困

---

[1] 汪三贵. 消除贫困：中国的承诺 [M]. 中国人民大学出版社："认识中国·了解中国"书系，2021.

是一种复杂而综合的社会现象，除了收入之外，还应包括收入尺度自身所无法衡量的权利的缺失。[①] 一个家庭可能具有充足的资金去购买最基本的一小篮子食品，但是如果喝不到安全的自来水，接受不到良好的教育，常见的疾病无法被治愈，这对当代人所处的贫困地位以及贫困的代际传递都会产生一定的影响。此外，贫困还可以从另外一个角度来看，即面对风险冲击的抵抗能力。某一个时期的支出可能将家庭拉到贫困线之上，但是随后突如其来的自然灾害、市场风险、家庭人员健康状况的恶化或家庭劳动力的死亡都会使家庭再度陷入贫困。不少农村家庭经常在贫困线上下游移不定，减贫的本质要求包括了降低家庭这种脆弱性。因此，贫困人口贫困不仅仅是收入上的要求，更重要的是赋予贫困人口基本生存的权利，聚焦于"两不愁三保障"是提升贫困人口内生动力，建立解决绝对贫困长效机制的必然要求。只注重贫困人口收入，不彻底改善贫困人口生产生活条件和权利缺失的现实情况，即使减贫取得突出成效，也很难得到大众的认可。

三、全面小康为什么一定要消除绝对贫困

2011 年，中共中央、国务院印发《中国农村扶贫开发纲要（2011—2020 年）》，确定当时的扶贫对象到 2020 年要稳定实现不愁吃、不愁穿，义务教育、基本医疗和住房安全有保障，贫困地区农民人均纯收入增长幅度高于全国平均水平，基本公共服务主要领域指标接近全国平均水平。

---

① [印] 阿马蒂亚·森（Amartya Sen）. 以自由看待发展 [M]. 北京：中国人民大学出版社，2002.

消除绝对贫困是全面建成小康社会的标志性指标和底线任务。习近平总书记指出，"全面建成小康社会、实现第一个百年奋斗目标，农村贫困人口全部脱贫是一个标志性指标。"① 全面小康不是一个人的小康，是所有人的小康，要考虑所有人，全面小康提出的目标要求是对全国的要求。全面建成小康社会补短板，着力解决好发展不平衡问题，最主要的问题是贫困地区和贫困人口。全面建成小康社会，强调的不仅是"小康"，而且更重要的也是更难做到的是"全面"。"小康"要求的是发展水平，"全面"要求的是发展的平衡性、协调性、可持续性。若在总量和速度上完成了目标，但发展不平衡、不协调、不可持续问题更加严重，短板更加突出，就算不上真正实现了目标，即使最后宣布实现了，也无法得到人民群众和国际社会认可。全面小康，覆盖的人口要全面，是惠及全体人民的小康。全面建成小康社会突出的短板主要在民生领域，发展不全面的问题很大程度上也表现在不同社会群体民生保障方面。全面小康最低要求不能有人还生活在绝对贫困状况，就贫困人口而言，即要实现"两不愁三保障"，收入到达脱贫标准。农村贫困人口脱贫是全面建成小康社会最突出的短板。虽然全面小康不是人人同样的小康，但若仍存在贫困人口生活水平没有明显提高，全面小康也不能让人信服。所以，把消除绝对贫困作为全面建成小康社会的基本标志，通过实施精准扶贫、精准脱贫，以更大决心、更精准思路、更有力措施，采取超常举措，实施脱贫攻坚工程，确保我国农村贫困人口实现脱贫、贫困县全部摘帽、解决区域性整体贫困。"十三五"时期，是全

---

① 习近平.在中央扶贫开发工作会议上的讲话（2015 年 11 月 27 日）.十八大以来重要文献选编：下 [M].北京：中央文献出版社，2018.

面建成小康社会、实现第一个百年奋斗目标的决胜阶段，也是打赢脱贫攻坚战的决胜阶段。

脱贫攻坚的目标是要解决绝对贫困问题，补齐全面建成小康社会的短板，全面小康是整体而言的，但底线是没有人生活在绝对贫困状况，贫困人口摆脱绝对贫困只是意味着基本需求得到了满足，迈入了小康的门槛，贫困人口要过上真正的小康生活还需要继续努力。

第三节　振兴乡村是全面建成社会主义现代化强国最艰巨最繁重的任务

一、现代化国家的基本特征

社会变化是自古就有的现象。任何社会相对于过去的社会都是现代社会。如何界定现代化，在西方，有"两分法"和"关键项"理论。"两分法"把现代化视为从传统到现代的转变；"关键项"把现代化视为工业化或合理化。学者们认为现代化指工业革命以来随着科学技术在生产过程中的广泛应用而导致的社会生产力大发展以及社会结构的根本变革。西方国家的现代化过程，从生产力发展看，先工业化后信息化；从体制机制看，先商品化后市场化；从空间布局看，先城市化后国际化。我国是后发国家，现代化过程是把工业化和信息化结合、商品化和市场化结合、城市化和国际化结合的。最为典型的是，我国的工业化起飞还没有完全完成，信息化就已经开始了。另外，从体制机制看，我国从自然经济、计划经济转向商品经济的过程中，瞄准市场经济发展的大趋势，发挥后发优势，把商品化和市场化融合起来推进，这也是改革开放 40 多年我国推进现代化建设最突出的特征之一。现代化国家是一个整体，涵盖各个方面，包括大国向强国迈进的现代化、"并联式"的现代化、后发赶超型的现代化。

全面建设社会主义现代化国家是在全面建成小康社会的基础上，对以往现代化建设的全面总结和提升。新中国成立特别是改革开放以来，我国坚持以现代化为发展目标，经过 70 多年的艰苦奋斗，取得了举世瞩目的发展成就，创造了经济持续几十年高速增长的人间奇迹。时至今日，在过往现代化辉煌成就上续写全面建设社会主义现代化国家新的篇章。全面建设社会主义现代化国家标志着社会主义现代化建设进入新的历史方位，是对以往现代化建设的继承发展和超越，是在中国共产党领导下，努力实现 14 亿多人口和经济规模巨大的现代化、全体人民共同富裕的现代化、物质文明和精神文明相协调的现代化、传承中华文化和光耀中华文明的现代化、国家治理体系和治理能力的现代化、人与自然和谐共生的现代化和走和平发展道路的现代化，全面建设社会主义现代化国家成为时代发展最鲜明的标识。由此可见，全面建设社会主义现代化国家开启从"富起来"走向"强起来"、从大国迈向强国的伟大历程。从"富起来"走向"强起来"，到 2035 年基本实现现代化，到本世纪中叶建成社会主义现代化强国等战略安排，是基于世情、国情、党情变化的科学判断而提出的，是中国最新和最重要的战略安排。

与西方发达国家"串联式"现代化相比，我国是一个"并联式"的现代化。西方发达国家在几百年的时间内完成的现代化，表现为工业化、城镇化、农业现代化、信息化等顺序的发展过程。在此过程中，西方国家有着充分的发展时间处理消化各种接踵而至的难题与任务。我国在100年左右的时间内走完西方几百年走的路，决定了我国的现代化必然是一个"并联式"的过程，直接表现为工业化、信息化、城镇化、农业现代化等任务叠加发展的时空压缩过程，而这就决定了中国的现代化将在更短的时间内面临更大的挑战，即在同一时间内直面多重任务、风险与挑战。我国现代化进程是政治、经济、社会、文化以及生态环境等的急剧变革，在西方发达国家几分之一的时间内消化工业化、信息化、城镇化、农业现代化等快速发展过程中带来的矛盾和冲突，这就对我国治理水平和治理能力现代化，特别是应对各种风险挑战的能力提出了更高的要求。

作为后发的发展中国家，我国现代化是在西方发达国家基本实现现代化后才开始的，因而是赶超型的现代化。赶超型现代化使我国面临的国际国内环境与西方发达国家有很大的不同，将更加复杂，挑战也更加艰巨。综合而言，全面建设社会主义现代化国家面临着新机遇、新挑战，"两个大局"构成了我国开启全面建设社会主义现代化国家新征程的时代背景，同时面临跨越"中等收入陷阱"和"第二大经济体陷阱"的巨大考验。一方面，全面建设社会主义现代化国家新征程的时期，仍然是我国发展的重要战略机遇期，但所直面的机遇与条件在新形势下具有了新的内涵与特征。随着对西方国家的不断赶超，我国发展面临的国际旧格局和发达国家的阻挠和挑战将越来越大，特别是美国等守成大国的遏制和打压将越来越大。

二、中国的发展状况及城乡差距

中国全面建成了小康社会，但发展不平衡不充分问题仍然突出。重点领域关键环节改革任务仍然艰巨，创新能力不适应高质量发展要求，农业基础还不稳固，城乡区域发展和收入分配差距较大，生态环保任重道远，民生保障存在短板，社会治理还有弱项。在实现共同富裕过程中，仍面临诸多重大挑战。党的十九大报告首次指出，我国社会主要矛盾是人民日益增长的美好生活需要和不平衡不充分的发展之间的矛盾。具体可体现为如下三方面：

一是各地区发展不平衡。我国人口多，且地理分布极不均衡；地域广，且地理差异（自然资源、气候条件、生态环境等）呈现多样性，各地区发展水平极不平衡。在我国西部与边疆地区的一些省份（如西藏、甘肃、青海、宁夏、新疆、内蒙古等地），人口占全国总数比重小，而国土面积占全国总数比重较大，这些地区区域内生态多样性明显，经济社会发展相对滞后，地区生产总值占全国比重在全国范围内也处于较低水平。这些社会自然地理条件难以改变。但是，这些地区需要与全国同向同行，逐步实现社会主义现代化，还要承担着不可取代的维护国家边防安全、生态安全、资源安全、民族团结、长治久安的全国性公共产品。从全国来看，在"十三五"时期，出现了明显的"南北分化"。其中，天津、辽宁、吉林三地名义人均GDP均为负增长，内蒙古增速为0.3%，黑龙江为1.6%，均创下了历史新低，已成为突出的地区差距扩大的新挑战。

二是城乡发展差异较大，始终是长期制约中国现代化发展的重要因素。2020年，我国城镇人口比重达到63.89%，农村人口比重仍占 1/3。农村总人口规模大，目前仍是基本实现社会主义现代化强国的突出短板。若按城乡居民收入五等分组，2020 年，我国有约 4 亿农村人口人均收入水平仍低于全国中等收入最低标准（人均 3 万元，相当于每人每日人均收入 20 国际元），占人口比重约为 20%。我国城乡发展差距仍将长期存在。逐步减小城乡发展差距，是乡村振兴战略长期且重中之重的任务。

三是相对贫困群体仍占一定比例。我国已脱贫的农村贫困人口仍是需要提高收入水平的重点困难人群。我国存在各种特殊困难人群，调查显示，城镇有 5% 左右的失业率人群（2300 万人以上），有700 多万建档立卡的贫困残疾人如期脱贫，963.4 万残疾人纳入最低生活保障，近 300 万贫困重度残疾单独施保人员、农村留守老人和儿童等。无论中国发展到什么水平，总会有 5% 左右的人口（7000万人左右）属于相对困难人群，这部分人群也是国家与全社会帮困帮扶的重点目标群体，是推进社会主义共同富裕进程中不可忽视的主体。[1]

三、全面建成现代化强国必须全面振兴乡村

面对本世纪中叶全面建成富强民主文明和谐美丽的社会主义现代化强国，必须针对当前中国发展状况和存在的突出问题，采取切实措施，实现到 2035 年使全体人民共同富裕取得更为明显的实质性进展、本世纪中叶基本实现全体人民共同富裕的战略目标。要想顺利实现建设社会主义现代化强国的基本目标，就必须要加速推进农

---

[1] 胡鞍钢，周绍杰.2035 中国：迈向共同富裕 [J]. 北京工业大学学报（社会科学版），2022，22（01）：1-22.

业农村现代化，改善农业农村发展不充分、不平衡的短板。农业农村现代化不仅是全面现代化的核心任务，更摆在高质量发展的突出位置。习近平总书记指出，"农业强不强、农村美不美、农民富不富，决定着全面小康社会的成色和社会主义现代化的质量。"[1]

党的十九大报告首次明确提出，我国在建设现代化农业农村方面要实行乡村振兴战略，按照产业兴旺、生态宜居、乡风文明、治理有效、生活富裕的总要求，实现产业振兴、人才振兴、生态振兴、文化振兴、组织振兴和城乡融合发展的目标，从而确保农业农村的全面现代化。党的二十大报告还明确指出，要全面推进乡村振兴，坚持农业农村优先发展，巩固拓展脱贫攻坚成果，加快建设农业强国，扎实推动乡村产业、人才、文化、生态、组织振兴。总的来说，乡村振兴战略是对构建社会主义新农村目标的全面推进和提升，比以往的规划目标要求更高，更加全面。

农村的发展对国家整体建设具有重要的影响。中国要强，农村必须强，在我国现代化事业建设中振兴乡村具有重要作用，无论是实现农业现代化，还是社会主义现代化，都必须实现振兴乡村。通过补齐当前乡村发展中的一些短板，促进建设社会主义现代化国家。虽然我国乡村经历了历史性变革，农业农村发展取得历史性成就，但离全面现代化还有相当大的差距。实现建成社会主义现代化强国这一目标，就离不开振兴乡村，离不开农村现代化。党和国家一直在积极探索我国振兴乡村发展道路。

振兴乡村是新型城乡关系发展的客观要求。通过振兴乡村，实现农村高质量发展，缩小城乡差距。习近平总书记强调，"在现代化

---

[1] 习近平. 在参加全国两会山东代表团审议时的讲话. 2018.

进程中，如何处理好工农关系、城乡关系，在一定程度上决定着现代化的成败。"① 当前，农业和农村是社会主义现代化的短板，农业现代化和城镇化相比，步伐还需要加快，两者在公共服务和基础设施方面差距较大，通过振兴乡村，能够强化以工补农、以城带乡，投入更多力量和资源到农业领域并优先发展农业，确保实现农业的工业化和信息化。通过振兴乡村，实施农业领域改革推进和一体化设计，可有效克服各方面的风险挑战，推动农村产生重大历史性变革和取得重要历史性成就。通过乡村振兴和新型城镇化的有机衔接，大幅度缩小城乡发展差距，实现全体人民的共同富裕。

---

① 习近平. 在中共中央政治局就实施乡村振兴战略进行第八次集体学习时的讲话. 2018.

第二章　脱贫攻坚与精准扶贫

　　消除贫困、改善民生、逐步实现共同富裕，是社会主义的本质要求，也是中国共产党的重要使命。新中国成立以来，中国共产党带领人民不断改善生活状况，持续向贫困宣战，并成功走出了一条中国特色的扶贫开发道路。全面建成小康社会是实现中华民族伟大复兴中国梦的关键一步，到2020年全面建成小康社会，是我们党向人民、向历史作出的庄严承诺。贫困问题是全面建成小康社会的关键所在，是实现第一个百年奋斗目标的标志性指标和底线任务。全面小康不是一个人的小康，是所有人的小康，其最主要的问题是贫困地区和贫困人口。习近平总书记指出，"全面建成小康社会、实现第一个百年奋斗目标，农村贫困人口全部脱贫是一个标志性指标。""小康不小康，关键看老乡，关键看贫困老乡能不能脱贫。全面建成小康社会，是我们对全国人民的庄严承诺"①。

第一节　脱贫攻坚战

　　虽然中国的减贫措施成效显著，但没有实现彻底消除绝对贫困，

---

　　① 中共中央文献研究室．十八大以来重要文献选编：下 [M]．北京：中央文献出版社，2018．

总有一部分贫困程度很深的群体没有摆脱贫困。为确保到 2020 年所有贫困地区和贫困人口同全国人民一道迈入全面小康社会，如期实现贫困人口全部脱贫，必须以更大的决心、更明确的思路、更精准的举措、超常规的力度。党的十八大以来，习近平总书记亲自部署，提出了精准扶贫精准脱贫方略，毅然打响脱贫攻坚战。

一、为什么要打脱贫攻坚战

脱贫攻坚战是消除绝对贫困的必然选择。经济增长的涓滴效应和区域扶贫开发政策不能使所有贫困群体脱贫。大量研究表明，从上世纪 80 年代开始，持续快速的经济增长是中国减贫取得重要成就的主因，扶贫开发起到了重要的补充作用，其主要的扶贫策略是采用区域开发。区域开发政策明显改善了贫困地区的生产生活条件，进而使贫困地区的人口也享受到了发展红利。但是，经济发展的涓滴效应与个体禀赋密切相关，能力强的个体在经济发展的带动下容易实现脱贫，而发展能力弱的群体很难从一般的经济增长和区域扶贫开发政策中受益。数次大规模区域性扶贫计划都没有彻底解决贫困问题，总有一部分人没有摆脱贫困。如八七扶贫攻坚结束后，即到 2000 年的时候还剩下 3200 万人没有解决温饱问题。既往经验表明，缩小瞄准区域能够提高帮扶效率。2000—2012 年期间，政府开始缩小扶持对象的瞄准范围，将贫困村作为主要的扶贫开发对象，并对贫困村专门实施了整村推进项目。整村推进改善了村内的基础设施和公共服务设施，并培育出一些扶贫产业。但从个体收益来看，非贫困户从村级综合开发受益更多[1]，很难解决贫困户全部脱贫的难

---

[1]Park，Albert，Sangui Wang and Guobao Wu. 2002. "Regional poverty targeting in China." *Journal of Public Economics*，86（1）：123‐153.

题。按照现行贫困标准，到 2012 年底，我国贫困人口还有 9899 万人，贫困发生率为 10%，减贫进入了"最艰难阶段"，余下的都是难啃的"硬骨头"。没有精准到人到户的帮扶，延续之前以区域为对象的扶贫措施，剩余贫困人口将依然无法全部实现脱贫。因此，中央作出了打赢脱贫攻坚战的决定，并以精准扶贫作为基本方略。

二、脱贫攻坚战的目标

脱贫攻坚的目标是要彻底解决绝对贫困问题，明确到 2020 年确保现行标准下农村贫困人口实现脱贫，贫困县全部摘帽，解决区域性整体贫困。《中国农村扶贫开发纲要（2011—2020 年）》提出了全面消除农村贫困的目标。在此目标上衍生出一些量化指标，核心是稳定实现农村扶贫对象不愁吃、不愁穿，义务教育、基本医疗和住房安全有保障（即"两不愁三保障"），贫困人口的收入超过贫困线。同时还提出了确保贫困地区农民人均纯收入增长幅度高于全国平均水平，基本公共服务主要领域指标接近全国平均水平，并对贫困地区基础设施建设、基本公共服务等方面也提出了具体目标要求。在 2015 年提出"脱贫攻坚"后，又进一步明确了脱贫攻坚的总体目标，《中共中央 国务院关于打赢脱贫攻坚战的决定》在"两不愁三保障"和收入增长目标之外，明确提出，到 2020 年，我国现行标准下农村贫困人口实现脱贫，贫困县全部摘帽，解决区域性整体贫困。2016 年 12 月，国务院印发《"十三五"脱贫攻坚规划》再次强调了脱贫攻坚的总体目标，并进一步量化增收目标，即人均可支配收入稳定超过国家扶贫标准，贫困地区农民人均可支配收入要比 2010 年翻一番以上。规划对贫困县基础设施和基本公共服务能力和水平有了更多要求，提出要全面解决出行难、上学难、就医难等问题，实现社会保障全覆盖等。这在 2018 年《中共中央　国务院关于打赢脱贫攻坚战三年行动的指导意见》中得以进一步扩充，对贫困地区的路、水、电建设有更高的要求，如要求贫困地区具备条件的乡镇和建制村要通硬化路，贫困村要全部实现通动力电，全面解决贫困人口的住房和饮水安全问题，贫困村达到人居环境干净整洁的基本要求，切实解决义务教育学生因贫失学辍学问题，基本养老保险和基本医疗保险、大病保险实现贫困人口全覆盖，最低生活保障实现应保尽保。综上，伴随脱贫攻坚持续推进，脱贫攻坚目标得以不断丰富，其范围从贫困人口扩展到贫困地区，特别强调了集中连片特困地区和革命老区、民族地区、边疆地区、深度贫困地区全面脱贫；其内容从"两不愁三保障"和收入达标逐步扩展细化到基础设施和基本公共服务，且标准不断提高。脱贫攻坚目标越丰富，贫困人口和贫困地区的改善越明显，也意味着脱贫质量越高。

三、脱贫攻坚战的组织体系

脱贫攻坚组织机构。脱贫攻坚延续了已有的组织架构体系，依托行政体系建立了自上而下的组织机构，共分为五级，依次是中央政府、省、市、县和乡。中央政府成立了由相关行政职能部门组成的国务院扶贫开发领导小组，统筹国家扶贫开发，负责组织、指导、协调、监督和检查扶贫开发总体工作。国务院扶贫开发领导小组下设办公室，负责承担领导小组的日常工作。领导小组的组长通常由国务院副总理兼任，领导小组成员单位来自多个党政相关组织和部门。扶贫开发领导小组成立后，历经 4 次较大的领导小组成员调整，成员数量从 22 个增加至 2015 年的 37 个。扶贫开发领导小组不断扩充使得领导小组的统筹协调能力越来越强，为建立大扶贫格局奠定了基础。省（自治区、直辖市）、州（市）和县（市、旗）也建立了相应的领导小组，领导和协调当地的扶贫开发工作。各层级小组成员单位基本效仿上级政府的安排，组长由党政部门主要负责人担任，成员则由各个部门的主要负责人担任。此外，村一级本身不纳入行政体系，但村是落实各项扶贫政策的"最后一公里"。由于部分贫困村干部缺乏高效治理能力，基层组织软弱涣散，政府制定了驻村帮扶制度，对所有的贫困村和基层组织涣散村派驻工作队，原则上每个驻村工作队一般不少于 3 人，每期驻村时间不少于 2 年。干部驻村期间不承担原单位工作，党员组织关系转接到所驻贫困村，确保全身心专职驻村帮扶。驻村干部为落实各项帮扶政策发挥了重要作用，党的十八大以来，全国各地累计选派驻村干部 279 万人，派出驻村工作队 25.5 万个[①]，不但实现了建档立卡贫困村驻村工作队选派全覆盖，还逐步向有扶贫任务的非贫困村拓展。脱贫攻坚结束后，依然执行驻村帮扶制度，继续巩固拓展脱贫攻坚成果，确保不发生规模性返贫。

脱贫攻坚的责任制度。早期中国的扶贫开发实行分级负责、以省为主的行政领导扶贫工作责任制。脱贫攻坚期间，按照中央统筹、省负总责、市县抓落实的工作机制，主体责任下移至市县，并构建了"五级书记抓扶贫"的责任机制，实施中央、省、市、县、乡层层签订脱贫攻坚责任书。党中央、国务院主要负责制定脱贫攻坚大

---

① 国务院扶贫办. 脱贫攻坚网络展. http://fpzg.cpad.gov.cn/429463/430986/430988/index.html.

方针，颁布重大政策措施，完善制度和机制，规划重大工程项目，协调全局性重大问题和全国共性问题。省级党委和政府全面负责辖区内的脱贫攻坚工作，并确保责任层层落实，全面贯彻党中央、国务院的重大方针政策，并结合本地区实际情况进行具体实施，根据脱贫目标制定省级脱贫攻坚滚动规划和年度计划，并按计划实施。市县级党委和政府承担脱贫攻坚主体责任，落实省级党委和政府的政策。市级党委和政府监督辖区内跨县扶贫项目的落实、资金使用和管理，督促脱贫目标任务的完成。县级党委和政府负责制定实施规划，优化资源要素配置，指导乡、村实施贫困村、贫困人口建档立卡和退出工作，因地制宜地制定乡、村精准扶贫的指导意见并监督实施，确保贫困县退出的真实性和有效性。此外，要求贫困县党政正职在脱贫攻坚期内保持稳定，为打赢脱贫攻坚战提供组织保障。在责任制度的影响下，脱贫攻坚成为"三农"工作的重要抓手。在此过程中市县两级政府充分调动贫困群众的主动性和创造性，把脱贫攻坚政策落实到村到户到人，并强化贫困村基层党组织建设，选优配强和稳定基层干部队伍，推动了"三农"事业取得长足进展。

脱贫攻坚的动员机制。全党全国全社会的集体动员是打赢脱贫攻坚战的重要保障。政府积极鼓励政府机关、事业单位、国有大中型企业、军队和武警部门、东部发达地区、民营企业、民间组织等多方力量广泛参与脱贫攻坚。一方面，政府通过制度化和组织化的方式将扶贫工作纳入了自上而下的工作机制，除了由扶贫部门开展的专项扶贫，各行业职能部门也被动员起来，按照其法定职能分工和国家确定的扶贫任务，承担完成行业扶贫开发。另一方面，通过积极引导社会组织、社会团体、企事业单位等社会力量也充分参与到脱贫攻坚中，充分调动各方资源，在资金支持、产业发展、干部交流、人员培训以及劳动力转移就业等方面为贫困地区提供帮扶，不仅补充了政府专项扶贫资源的不足，也使脱贫攻坚成为全社会的共识。

脱贫攻坚的监督机制。为有效推进脱贫攻坚政策落实，政府建立起完备的监督体系、形成了多元主体参与的监督机制，并使监督机制贯穿脱贫攻坚全过程各环节，主要包括督查巡查、民主监督、社会监督三部分内容。一是督查巡查。2016年开始，党中央将脱贫攻坚作为巡视工作重要内容，开展脱贫攻坚专项巡视。中共中央办公厅、国务院办公厅颁布《脱贫攻坚督查巡查工作办法》指出，督查工作坚持目标导向，着力推动工作落实，重点内容包括脱贫攻坚责任落实情况，专项规划和重大政策措施落实情况，减贫任务完成情况以及特困群体脱贫情况，精准识别、精准退出情况，行业扶贫、专项扶贫、东西部扶贫协作、定点扶贫、重点扶贫项目实施、财政涉农资金整合等情况。巡查工作坚持问题导向，着力解决突出问题，根据工作需要组织开展省级之间交叉督查和巡查。巡查的重点问题包括干部在落实脱贫攻坚目标任务方面存在失职渎职，不作为、假作为、慢作为，贪占挪用扶贫资金，违规安排扶贫项目，贫困识别、退出严重失实，弄虚作假搞"数字脱贫"，以及违反贫困县党政正职领导稳定纪律要求和贫困县约束机制等。二是民主监督。由民主党派开展脱贫攻坚民主监督是颇具中国特色的体制创新。8个民主党派中央分别对口8个全国贫困人口多、贫困发生率高的中西部地区，其中民革中央对口贵州、民盟中央对口河南、民建中央对口广西、民进中央对口湖南、农工党中央对口云南、致公党中央对口四川、九三学社中央对口陕西、台盟中央对口甘肃。民主监督内容主要包括贫困人口精准识别情况，贫困人口精准脱贫情况，贫困县摘帽情况，落实脱贫攻坚责任制情况，重大政策措施执行情况，扶贫资金项目管理使用情况。三是社会监督。社会监督主要是媒体、个人等社会力量对脱贫攻坚进行监督。推进党务公开和脱贫攻坚重大政策公示公告制度，让人民群众充分了解涉及自身切身利益的重要决策，对政策落实起到群众监督的作用。建立信访监督渠道，设立12317扶贫监督举报电话，畅通人民群众举报和监督渠道。强化新闻媒体的舆论监督功能，加强对脱贫攻坚重大政策落实情况、党规党纪执行情况的监督，加大对扶贫领域微腐败等侵害群众利益行为的曝光力度。

脱贫攻坚的考核机制。考核机制是脱贫攻坚工作的指挥棒。中央先后出台省级党委和政府扶贫开发工作成效考核办法、东西部扶贫协作考核办法、中央单位定点扶贫考核办法等，建立了完备的考核评估制度。在考核方式上，2015年组织实施了扶贫成效考核第三方评估，2016年增加了省际间交叉考核，2017年和2018年增加媒体暗访[①]。省级党委和政府扶贫开发工作成效考核每年进行一次，主要考核减贫成效、精准识别、精准帮扶、扶贫资金管理使用等4项内容。根据考核结果进行奖优惩劣，对综合评价好的省份通报表扬，并给予一定奖励，对综合评价较差且发现突出问题的省份，约谈省党政主要负责人。东西部扶贫协作考核于2017年开始实施，东部地区主要考核组织领导、人才支援、资金支持、产业合作、劳务协作、

---

① 刘永富.以习近平总书记扶贫重要论述为指导坚决打赢脱贫攻坚战[J].行政管理改革，2019（05）：4-11.DOI：10.14150/j.cnki.1674-7453.2019.05.001.

携手奔小康行动六个方面的内容,考核指标有 22 项;西部地区主要考核组织领导、人才支援、资金支持、产业合作、劳务协作、携手奔小康行动六个方面的内容,考核指标有 14 项。中央单位定点扶贫工作考核主要涉及帮扶成效、组织领导、选派干部、督促检查、基层满意情况、工作创新等。贫困县退出专项评估全部采用第三方评估方式,2015 年到 2017 年退出的贫困县由国务院扶贫办组织实施第三方评估检查,2018 年及以后退出的贫困县由各省(自治区、直辖市)统一组织实施第三方评估检查,中央结合脱贫攻坚督查巡查工作,对贫困县退出进行抽查。考核主要指标是综合贫困发生率,中部贫困发生率低于 2%,西部地区低于 3%,参考指标包括脱贫人口错退率、贫困人口漏评率、群众认可度,以及脱贫攻坚部署、重大政策措施落实、基础设施和公共服务改善、后续帮扶计划及巩固提升工作安排等情况。

四、脱贫攻坚战的政策体系

专项扶贫政策。专项扶贫是指安排专项扶贫资金、设立专项扶贫项目的扶贫方式。财政专项扶贫资金是脱贫攻坚最大的资金投入来源,其支出方向包括扶贫发展、少数民族发展、以工代赈、国有贫困农场扶贫、国有贫困林场扶贫、"三西"农业建设。资金使用主要围绕培育和壮大贫困地区特色产业、改善小型公益性生产生活设施条件、增强贫困人口自我发展能力和抵御风险能力等。[1] 党的十八大以来,各级财政和扶贫部门全力保障脱贫攻坚资金投入,一

---

[1] 财政部等 6 部门 . 关于印发《中央财政专项扶贫资金管理办法》的通知 [EB/OL].2017-03-13.http://www.gov.cn/xinwen/2017-03/24/content_5180423.htm.

般性转移支付资金、各类涉及民生的专项转移支付资金和中央预算内投资进一步向贫困地区和贫困人口倾斜，为如期打赢脱贫攻坚战提供了财力保障。中央财政专项扶贫资金累计下达 6500 多亿元，从 2016 年开始每年新增 200 亿元，同时，累计投入中央专项彩票公益金 100 亿元[①]。2018—2020 年共安排支持"三区三州"等深度贫困地区增量资金 2800 多亿元[②]。2016 年，建立贫困县涉农资金整合机制，改变了原来财政涉农资金"撒胡椒面"的做法，以扶贫规划为引领，以重点扶贫项目为平台，把专项扶贫资金、相关涉农资金和社会帮扶资金捆绑集中使用，累计整合各级财政涉农资金超过 1.5 万亿元，贫困县年均整合资金规模超过 3.6 亿元[③]。

行业扶贫政策。行业扶贫作为"三位一体"大扶贫格局的重要举措之一，主要是指农业、水利、交通、住建、教育、卫生等行业部门，支持贫困地区和贫困人口发展的政策和项目，承担着改善贫困地区发展环境、提高贫困人口发展能力的任务。在脱贫攻坚期间，各行业部门围绕"两不愁三保障"重点问题，切实履行本行业职能范围内的业务指导等职责，科学制定行业扶贫专项政策，配置公共资源（包括财政资源、自然资源、人才资源、技术资源、文化资源、项目资源、政策资源等），在规划制定、产业布局、项目投资、转移支付、政策优惠等方面，向贫困地区和贫困人口倾斜，极大改善了贫困地区和贫困群众的生产生活条件。如党的十八大以来，交通

① 国务院扶贫办. 脱贫攻坚网络展. http://fpzg.cpad.gov.cn/429463/430986/430988/index.html.

② 国务院新闻办发布会：介绍财税支持脱贫攻坚有关情况. 2020 年 12 月 2 日，中国政府网，http://www.gov.cn/xinwen/2020-12/02/content_5566482.htm.

③ 国务院新闻办发布会：介绍财税支持脱贫攻坚有关情况. 2020 年 12 月 2 日，中国政府网，http://www.gov.cn/xinwen/2020-12/02/content_5566482.htm.

运输部安排贫困地区公路建设的车购税资金超过 11570 亿元，贫困地区实现了具备条件的建制村 100% 通硬化路[①]。水利部累计投入农村饮水资金 265 亿元，解决饮水安全问题，全国农村集中供水率达 87%，自来水普及率达 82%[②]。

社会扶贫政策。社会扶贫是中国扶贫工作的一大特色，通过动员、鼓励和号召的方式充分调动广大人民群众、社会组织、社会团体、企事业单位的积极性，主动加入到脱贫攻坚中。社会扶贫包括定点扶贫、东西部扶贫协作、企业和社会各界参与扶贫等。定点扶贫工作始于 1986 年，最初是由科技、农业、林业、地质矿产等 10 个部委分别在全国 18 个集中连片贫困地区开展定点扶贫，到新世纪，参与定点扶贫的单位扩大到党政军机关、企事业单位，对国家扶贫开发工作重点县实现了全覆盖。脱贫攻坚战以来，中央和国家机关共派驻千余名扶贫干部，定点帮扶 233 个贫困县、千余个贫困村，累计向定点扶贫县投入帮扶资金 142 亿元，引进帮扶资金 399 亿元，培训基层干部 44.5 万名，培训技术人员 86.7 万人，购买贫困地区农产品 18 亿元，帮助销售贫困地区农产品 1030 亿元[③]。国有企业、外资企业、民营企业都以不同的形式发挥资金、技术、市场、管理等优势参与脱贫攻坚，通过资源开发、产业培育、市场开拓、村企共建等多种形式到贫困地区投资兴业、培训技能、吸纳就业、捐资助贫等，发挥辐射和带动作用。由中华全国工商业联合会、

---

① 国务院扶贫办. 脱贫攻坚网络展. http://fpzg.cpad.gov.cn/429463/430986/430988/index.html.

② 国务院扶贫办. 脱贫攻坚网络展. http://fpzg.cpad.gov.cn/429463/430986/430988/index.html.

③ 党旗在脱贫攻坚战场高高飘扬——中央和国家机关定点扶贫工作综述. http://www.nrra.gov.cn/art/2021/3/30/art_40_188091.html.

国务院扶贫办、中国光彩事业促进会于 2015 年 10 月发起"万企帮万村"。截至 2020 年 6 月底,进入"万企帮万村"精准扶贫行动台账管理的民营企业有 10.95 万家,精准帮扶 12.71 万个村(其中建档立卡贫困村 6.89 万个),产业投入 915.92 亿元,公益捐赠 152.16 亿元,安置就业 79.9 万人,技能培训 116.33 万人,带动和惠及 1564.52 万建档立卡贫困人口脱贫[①]。2014 年,国家将每年的 10 月 17 日设立为"扶贫日",在扶贫日前后组织开展系列活动,动员社会各界参与脱贫攻坚。

五、脱贫攻坚战的实施方式

党的十八大以来,习近平总书记亲自部署和推动脱贫攻坚,2013 年 11 月,在湖南省花垣县十八洞村提出精准扶贫,之后不断丰富和完善精准扶贫思想,使精准扶贫、精准脱贫成为我国脱贫攻坚的基本方略。精准扶贫针对"扶持谁""谁来扶""怎么扶""如何退"这四个关键问题,提出扶贫对象的精准识别、精准管理、精准帮扶和对扶贫效果的精准考核[②]。

精准识别。精准扶贫、精准脱贫的基础就是精准识别。习近平总书记强调,精准扶贫是要"扶真贫、真扶贫"[③]。精准扶贫的基本前提就是要"识真贫",解决好"扶持谁"的问题,确保把真正的贫困人口弄清楚,把贫困人口、贫困程度、致贫原因等搞清楚,以便做到因户施策、因人施策。2013 年底,中办、国办印发《关于创

---

① 中国民企参与脱贫攻坚显担当 百家民企获官方表彰.中国新闻网,https:// baijiahao.baidu.com/s?id=1683221846575936930&wfr=spider&for=pc.

② 汪三贵.习近平精准扶贫思想的关键内涵 [J].人民论坛,2017(30):54-55.

③ 习近平总书记在陕甘宁革命老区脱贫致富座谈会上的讲话.2015 年 2 月 13 日.

新机制扎实推进农村扶贫开发的意见》，提出建立精准扶贫工作机制。2014年，全国统一部署开展建档立卡工作，把户年人均纯收入低于贫困标准且未实现"两不愁三保障"作为基本识别标准，明确了识别建档立卡贫困户和贫困村的目标、方法、工作要求等，全国组织了80多万人逐村逐户开展贫困识别。各省按照县为单位、规模控制、分级负责、精准识别、动态管理的原则，建立起"省—贫困县—贫困村—贫困户"由上而下的贫困识别体系，根据贫困状况，逐户、逐村、逐县、逐区域建档立卡，实现"户有卡、村有册、乡镇有簿、县有档、省市有信息平台"的多维立体档案体系，形成了覆盖所有贫困户、贫困村的全国扶贫信息网络系统。在贫困户识别方面，采用"两公示、一公告"的认定程序，即村里民主评议后公示、乡镇审核后公示、县里进行比对后公告[①]。在贫困村识别方面，按照"一高、一低、一无"，即贫困发生率高于全省贫困发生率1倍以上、农民人均纯收入低于全省平均水平60%、无集体经济收入的标准进行识别，由行政村自行申请，报乡镇审核，最后由县审定。2014年，共识别出12.8万个贫困村、2948万贫困户、8962万贫困人口[②]。随后四年间通过"回头看"和动态调整，累计补录了1656万贫困人口，剔除了识别不准人口1341万[③]。2018年，进一步优化指标体系，完整记录了贫困人口识别、帮扶、退出的全过程，确保把真正的贫困人口弄清楚，解决了"扶持谁"的问题，使我国农村贫

① 刘永富.以习近平总书记扶贫重要论述为指导坚决打赢脱贫攻坚战[J].行政管理改革，2019（05）：4-11.DOI：10.14150/j.cnki.1674-7453.2019.05.001.

② 刘永富.以习近平总书记扶贫重要论述为指导坚决打赢脱贫攻坚战[J].行政管理改革，2019（05）：4-11.DOI：10.14150/j.cnki.1674-7453.2019.05.001.

③ 叶兴庆，殷浩栋.从消除绝对贫困到缓解相对贫困：中国减贫历程与2020年后的减贫战略[J].改革，2019（12）：5-15.

困数据第一次实现了到村到户到人。

精准管理。习近平总书记指出，精准扶贫，就是要对扶贫对象实行精细化管理，对扶贫资源实行精确化配置，对扶贫对象实行精准化扶持，确保扶贫资源真正用在扶贫对象身上、真正用在贫困地区[①]。通过对扶贫对象、参与扶贫的主体、扶贫资金、扶贫项目等进行系统、科学、精准的管理，做到既各司其职、各尽其责，又协调运转、协同发力。扶贫项目的审批管理权限下放到县，实行目标、任务、资金和权责"四到县"制度。各级财政部门共同配合，推动扶贫项目资金实施全过程绩效管理，加强财政监督检查和审计、稽查等工作，建立扶贫资金违规使用责任追究制度。从严惩处扶贫领域虚报冒领、截留私分、贪污挪用、挥霍浪费等违法违规问题。建立扶贫公告公示制度，省市县扶贫资金分配结果一律公开，乡、村两级扶贫项目安排和资金使用情况一律公告公示[②]，接受群众和社会监督，保障资金在阳光下运行。

精准帮扶。精准帮扶是在精准识别的基础上，根据贫困人口的状况和致贫原因，因人因户施策，量身定制扶持措施，总体思路是实施"五个一批"[③]。一是通过发展生产和就业脱贫一批。各地把培育产业作为推进脱贫攻坚的主要出路，立足当地资源，采取宜农则农、宜林则林、宜牧则牧、宜商则商、宜游则游，因地制宜发展对贫困户增收带动作用明显的种植业、养殖业、林草业、农产品加工

① 习近平总书记在参加十二届全国人大二次会议贵州代表团审议时的讲话.
2014 年 3 月 7 日.

② 中共中央党史和文献研究院.习近平扶贫论述摘编[M].北京：中央文献出版
社，2018.

③ 中共中央文献研究室.十八大以来重要文献选编：中[M].北京：中央文献出
版社，2016.

业、特色手工业、休闲农业和乡村旅游等，积极培育和推广有市场、有品牌、有效益的特色产品，建立了基本覆盖所有建档立卡贫困人口的扶贫产业体系。脱贫攻坚期间，全国832个贫困县培育市级以上龙头企业1.44万家、发展农民合作社71.9万家、带动建档立卡贫困户626.6万户，90%以上的建档立卡贫困户从扶贫产业项目中受益①。二是通过易地搬迁脱贫一批。对居住在生存条件恶劣、自然灾害频发、"一方水土养活不了一方人"地方的贫困人口，实施易地扶贫搬迁。"十三五"期间，按规划、分年度、有计划组织实施，全国共搬迁约960万建档立卡贫困人口。三是通过生态补偿脱贫一批。国家实施的重大生态工程，在项目和资金安排上进一步向贫困地区倾斜，加大贫困地区生态保护修复力度。脱贫攻坚期间，全国2/3以上的造林绿化任务安排到贫困地区，80%新增退耕还林还草任务安排到贫困县。160多万贫困户享受退耕还林还草补助政策，户均得到补助资金2500元。享受过生态扶贫政策的建档立卡户有1111.3万户②，共带动300多万贫困群众实现脱贫③。四是通过发展教育脱贫一批。治贫先治愚，扶贫先扶智，教育是阻断贫困代际传递的治本之策。我国已形成涵盖学前教育、基础教育、职业教育、特殊教育等类型的综合性教育扶贫体系。脱贫攻坚期内，以保障义务教育为重点，进一步降低贫困地区义务教育辍学率，稳步提升贫困地区义

---

① 韩长赋.扎实推进贫困地区产业发展 为高质量打赢脱贫攻坚战提供有力支撑 [N].学习时报，2020-09-07（001）.DOI：10.38216/n.cnki.nxxsb.2020.001787.

② 国家统计局，国家脱贫攻坚普查领导小组办公室.国家脱贫攻坚普查公报（第三号）——国家贫困县建档立卡户享受帮扶政策情况.2021年2月，国家统计局网站.

③ 脱贫攻坚：风劲扬帆奔小康 蓄力再谋新篇章.2021年1月15日.http：//rmfp.people.com.cn/n1/2021/0115/c406725-32000676.html.

务教育质量。十八大以来，教育部累计投入中央"全面改薄"专项补助资金 1699 亿元，新建、改扩建校舍 2.6 亿平方米[①]，10.8 万所义务教育薄弱学校办学条件得到改善，全国 99.8% 的义务教育学校办学条件达到基本要求[②]。56 人以上的大班额已经降至 3.98%，超过 66 人的超大班额基本上消除[③]。五是通过社会保障兜底一批。兜底保障是脱贫攻坚最后一道防线。脱贫攻坚期间，中央不断完善农村低保、特困人员救助供养、临时救助等基本生活救助制度，做到所有符合条件的贫困家庭都纳入低保范围，实现"应保尽保、应兜尽兜"，全国共有 1852 万建档立卡贫困人口纳入低保供养范围。享受过残疾人帮扶政策的建档立卡户有 338.3 万户。其中，困难残疾人生活补贴覆盖 261.0 万户，重度残疾人护理补贴覆盖 171.3 万户，其他残疾人补贴覆盖 82.0 万户[④]。

精准考核。精准扶贫是为了精准脱贫，必须发挥考核的指挥棒作用，解决"如何退"的问题。一方面，建立严格的考核评估制度，考核各地各部门责任、政策和工作落实情况，把脱贫攻坚实绩作为选拔任用干部的重要依据，表彰并提拔使用长期在贫困地区一线、

---

① 教育部 . 关于政协十三届全国委员会第三次会议第 1272 号（教育类 116 号）提案答复的函 . http://www.moe.gov.cn/jyb_xxgk/xxgk_jyta/jyta_ddb/202010/t20201015_494777.html.

② 国务院新闻办公室 .《人类减贫的中国实践》白皮书 . 2021 年 4 月，中国政府网，http://www.gov.cn/zhengce/2021-04/06/content_5597952.htm.

③ 国新办举行决战决胜教育脱贫攻坚 实现义务教育有保障新闻发布会 . 2020 年 9 月，国新网，http://www.scio.gov.cn/xwfbh/xwbfbh/wqfbh/42311/43774/wz43776/Document/1688124/1688124.htm.

④ 国家统计局，国家脱贫攻坚普查领导小组办公室 . 国家脱贫攻坚普查公报（第三号）——国家贫困县建档立卡户享受帮扶政策情况 . 2021 年 2 月，国家统计局网站 .

实绩突出的干部。对落实不力的部门和地区，由国务院扶贫开发领导小组约谈其党政主要领导，同时问责不作为的领导干部，对问题严重的、违法违纪的相关人员进行严肃处理①。另一方面，对贫困退出进行考核评估，规范贫困县、贫困村、贫困人口退出组织实施工作，确保如期实现脱贫攻坚目标。2016 年 4 月，中共中央办公厅、国务院办公厅印发《关于建立贫困退出机制的意见》，明确了贫困退出的标准与程序，设定了时间表，实现有序退出。贫困人口脱贫退出以户为单位，主要衡量标准是该户年人均纯收入稳定超过国家扶贫标准且吃穿不愁，义务教育、基本医疗、住房安全有保障。贫困村退出以贫困发生率为主要衡量标准，统筹考虑村内基础设施、基本公共服务、产业发展、集体经济收入等综合因素。原则上贫困村贫困发生率降至 2% 以下（西部地区降至 3% 以下）。贫困县退出以贫困发生率为主要衡量标准，主要由各省（自治区、直辖市）统一组织第三方评估，中央结合脱贫攻坚督查巡查工作，对贫困县退出进行抽查。2016 年 28 个贫困县实现脱贫摘帽，2017 年退出 125 个，2018 年退出 283 个，2019 年退出 344 个，2020 年退出 52 个。

第二节　脱贫攻坚的成效和意义

脱贫攻坚战对中国农村带来历史性的改变，深刻改变了贫困地区落后面貌，历史性地首次消除绝对贫困，补齐了全面建成小康社会最突出短板，为全面建设社会主义现代化国家、实现第二个百年

---

① 中共中央党史和文献研究院 . 习近平扶贫论述摘编 [M]. 北京：中央文献出版社，2018.

奋斗目标奠定了坚实基础。

一、贫困人口全部脱贫

经过脱贫攻坚战，到 2020 年底，中国如期完成新时代脱贫攻坚目标任务，按现行农村标准，2012 年末的 9899 万农村贫困人口全部脱贫，年均减贫 1000 万人以上。实施脱贫攻坚战以来，贫困人口的"两不愁三保障"全面实现，收入和福利水平大幅提高，教育、医疗、住房等条件明显改善。建档立卡贫困人口人均纯收入由 2015 年的 3416 元增长到 2020 年 10740 元，贫困地区农村居民人均可支配收入，从 2013 年的 6079 元增长到 2020 年的 12588 元，年均增长 11.6%，比同期全国农村居民人均可支配收入增长速度高 2.3 个百分点[1]。贫困人口收入结构明显改善，工资性收入和经营净收入占比逐年上升，2/3 的建档立卡贫困户有人外出务工，这些家庭 2/3 左右的收入来自务工[2]，自主创收能力持续增强。建档立卡贫困户全面实现不愁吃、不愁穿，平时吃得饱且能适当吃好，贫困县 98.9% 的建档立卡贫困户随时能吃肉蛋奶或豆制品[3]。建档立卡贫困户一年四季都有应季的换洗衣物和御寒被褥，累计解决 2889 万贫困人口的饮水安全问题[4]。贫困人口受教育水平持续提高，农村贫困家庭子女

---

① 国务院新闻办公室.《人类减贫的中国实践》白皮书. 2021 年 4 月，中国政府网，http://www.gov.cn/zhengce/2021-04/06/content_5597952.htm.

② 国务院新闻办公室. 国新办举行就业扶贫实施有关工作情况和主要成效发布会. 2020 年 11 月，国务院新闻办公室网站.

③ 国家统计局，国家脱贫攻坚普查领导小组办公室. 国家脱贫攻坚普查公报（第二号）——建档立卡户"两不愁三保障"和饮水安全有保障实现情况. 2021 年 2 月，国家统计局网站.

④ 国务院新闻办公室.《人类减贫的中国实践》白皮书，2021 年 4 月，中国政府网，http://www.gov.cn/zhengce/2021-04/06/content_5597952.htm.

义务教育阶段辍学问题实现动态清零，贫困县义务教育巩固率达到94.8%[1]。基本医疗保障得到极大改善，贫困人口全部纳入基本医疗保险、大病保险、医疗救助三重制度保障范围，99.9%以上的贫困人口参加基本医疗保险，2000多万贫困患者得到分类救治，全面实现贫困人口"能看病、看好病"[2]。贫困人口全面实现住房安全有保障，790万户、2568万贫困群众的危房得到改造，2341.6万户建档立卡贫困户实现住房安全有保障[3]。

二、贫困地区全面发展

贫困地区以脱贫攻坚统领经济社会发展全局，贫困地区经济社会面貌焕然一新。全国12.8万个贫困村、832个贫困县全部脱贫摘帽，28个人口较少民族全部整族脱贫，所有深度贫困地区的最后堡垒被全部攻克。通过基础设施和公共服务设施建设，显著改善贫困地区群众生产生活条件，行路难、吃水难、用电难、通信难、上学难、就医难等问题得到历史性解决。截至2020年底，全国贫困地区新改建公路110万公里、新增铁路里程3.5万公里，具备条件的乡镇和建制村全部通硬化路、通客车、通邮路[4]。2016年以来，新增和

---

① 国务院新闻办公室.《全面建成小康社会：中国人权事业发展的光辉篇章》白皮书.2021年8月，国新网，http://www.scio.gov.cn/zfbps/32832/Document/1710544/1710544.htm.

② 国务院新闻办公室.《全面建成小康社会：中国人权事业发展的光辉篇章》白皮书.2021年8月，国新网，http://www.scio.gov.cn/zfbps/32832/Document/1710544/1710544.htm.

③ 国务院新闻办公室.《人类减贫的中国实践》白皮书，2021年4月，中国政府网，http://www.gov.cn/zhengce/2021-04/06/content_5597952.htm.

④ 国务院新闻办公室.《人类减贫的中国实践》白皮书.2021年4月，中国政府网，http://www.gov.cn/zhengce/2021-04/06/content_5597952.htm.

改善农田有效灌溉面积 8029 万亩，新增供水能力 181 亿立方米[①]。农村地区基本实现稳定可靠的供电和通信服务全覆盖，贫困地区农网供电可靠率达到 99%，大电网覆盖范围内贫困村通动力电比例达到 100%，贫困村通光纤和 4G 比例均超过 98%[②]。贫困地区信息化建设实现跨越式发展，远程医疗、电子商务覆盖所有贫困县，贫困县中有电子商务配送站点的行政村比重提高到 62.7%[③]。2013 年以来，累计改造贫困地区义务教育薄弱学校 10.8 万所，98% 的贫困县至少有一所二级以上医院，有卫生室或联合设置卫生室的行政村比重达到 96.3%，基本实现村级文化设施全覆盖，有图书室或文化站的行政村比重达到 98.8%[④]。此外，贫困地区通过产业就业扶贫等帮扶措施，培育和发展了一批特色优势产业，电商贸易、农光结合、农旅结合等新业态迅速发展，资产收益扶贫、公益岗位扶贫等新型帮扶措施成效显著。

三、绝对贫困的消除确保了全面小康社会的建成

全面小康是全体人民共享的小康。习近平总书记反复强调，"小康不小康，关键看老乡，关键看贫困老乡能不能脱贫。""全面建成小康社会、实现第一个百年奋斗目标，农村贫困人口全部脱贫是一

---

① 国务院新闻办公室.《人类减贫的中国实践》白皮书. 2021 年 4 月，中国政府网，http://www.gov.cn/zhengce/2021-04/06/content_5597952.htm.

② 国务院新闻办公室.《人类减贫的中国实践》白皮书. 2021 年 4 月，中国政府网，http://www.gov.cn/zhengce/2021-04/06/content_5597952.htm.

③ 国家统计局，国家脱贫攻坚普查领导小组办公室. 国家脱贫攻坚普查公报（第四号）——国家贫困县基础设施和基本公共服务情况. 2021 年 2 月，国家统计局网站.

④ 国务院新闻办公室.《人类减贫的中国实践》白皮书. 2021 年 4 月，中国政府网，http://www.gov.cn/zhengce/2021-04/06/content_5597952.htm.

个标志性指标"[①]。改革开放 40 多年来，中国共产党领导人民创造了举世罕见的经济快速发展奇迹和社会长期稳定奇迹，群众生活水平得以大幅提高。由于区位条件非常不利、人力资本极度匮乏，总有一部分乡村和农户，涓滴效应难以惠及，包容性增长难以覆盖。因为老弱病残等各种原因而缺乏劳动能力与生活来源的人口依然存在，因为天灾人祸导致抗风险能力低的家庭和个人陷入生活困境的现象依然存在，因为资源禀赋不足而长期贫困的深度贫困地区依然存在。打赢脱贫攻坚战是决胜全面建成小康社会的底线目标和标志性指标。到 2020 年全面建成小康社会，是中华民族伟大复兴进程中的关键性节点目标，既意味着经过多年奋斗全体人民过上了殷实的生活，也意味着为乘势而上开启全面建设社会主义现代化国家新征程、向第二个百年奋斗目标进军打下了坚实基础。全面小康的成色和含金量，将决定其在复兴进程中的历史地位。而要提高全面小康的成色和含金量，必须补齐脱贫攻坚这一突出短板。正是基于这一认识，党的十八大以来，以习近平同志为核心的党中央把扶贫开发工作纳入"五位一体"总体布局、"四个全面"战略布局，作为实现第一个百年奋斗目标的重点任务，作出一系列重大部署和安排，举全国全社会之力，毅然全面打响脱贫攻坚战，以此确保全面建成小康社会圆满收官，并经得起人民和历史的检验。全面建成小康社会必须彰显共同富裕的特征，必须具有平衡性、协调性、可持续性。要坚持以人民为中心的发展思想，把增进人民福祉、促进人的全面发展、朝着共同富裕方向稳步前进作为经济发展的出发点和落脚点。习近平

---

① 习近平 . 在中央扶贫开发工作会议上的讲话（2015 年 11 月 27 日）. 十八大以来重要文献选编：下 [M]. 北京：中央文献出版社，2018.

总书记指出："全面小康，覆盖的人口要全面，是惠及全体人民的小康。""不能到了时候我们说还实现不了，再干几年。也不能到了时候我们一边宣布全面建成了小康社会，另一边还有几千万人生活在扶贫标准线以下。如果是那样，必然会影响人民群众对全面小康社会的满意度和国际社会对全面小康社会的认可度，也必然会影响我们党在人民群众中的威望和我们国家在国际上的形象。我们必须动员全党全国全社会力量，向贫困发起总攻，确保到二〇二〇年所有贫困地区和贫困人口一道迈入全面小康社会。"[①]

四、为全球减贫提供了中国方案

习近平总书记强调，"中国是世界上最大的发展中国家，一直是世界减贫事业的积极倡导者和有力推动者。"[②] 我国是世界上减贫人口最多的国家，是世界上率先完成联合国千年发展目标的国家，提前10年实现《联合国2030年可持续发展议程》减贫目标。如期全面完成脱贫攻坚目标任务，大大加快了全球减贫进程，这是对全球减贫事业的巨大贡献。脱贫攻坚战是推动世界减贫事业、为发展中国家消除绝对贫困提供"中国方案"的生动实践。我国创造的精准扶贫、社会动员、包容性发展等经验，受到国际社会的高度评价。我国脱贫攻坚战的巨大成就，为探索和实践解决贫困这一世界性难题，提供了中国智慧和中国方案。我国在致力于消除自身贫困的同时，积极参与全球贫困治理，不断深化减贫领域交流合作，积极支持和

[①] 习近平.在中央扶贫开发工作会议上的讲话（2015年11月27日）.十八大以来重要文献选编：下 [M].北京：中央文献出版社，2018.

[②] 习近平.携手消除贫困　促进共同发展——在2015减贫与发展高层论坛的主旨演讲（2015年10月16日）.

帮助广大发展中国家特别是最不发达国家消除贫困，先后为 120 多个发展中国家落实联合国千年发展目标、2030 年可持续发展目标提供帮助。与有关国家和地区组织合作开展国际减贫培训，2012 年以来，共举办 130 余期国际减贫培训班，来自 116 个国家（组织）的官员参加培训，充分展现了我国担当大国责任、共建人类命运共同体的国家形象 [①]。

第三节　脱贫攻坚全面胜利的原因

中国能够打赢脱贫攻坚战，最根本的原因是坚持了中国共产党的领导，充分发挥了中国特色社会主义的制度优势。始终把发展放在首位，在发展中消除贫困，让全民共享发展红利，通过构建"三位一体"大扶贫格局，充分调动社会各方力量参与脱贫攻坚，创造公平竞争的市场环境，不断加大脱贫攻坚的各项资源投入，不断调整与完善扶贫战略和政策，都是中国脱贫攻坚实践积累的重要经验。

一、发挥制度优势

集中力量办大事是中国特色社会主义制度优势的重要体现。在政治制度方面，中国共产党的领导为脱贫攻坚提供了组织保障。中国共产党一直把消除贫困作为重要目标，一以贯之地推进减贫工作。特别是党的十八大以来，将脱贫攻坚工作摆在了更加突出的战略地位，把脱贫攻坚纳入"五位一体"总体布局、"四个全面"战略布

---

① 国务院新闻办公室.《人类减贫的中国实践》白皮书.2021 年 4 月，中国政府网，http：//www.gov.cn/zhengce/2021−04−06/content_5597952.htm.

局，凝聚全党全国共识，统筹谋划，强力推进。建立中央统筹、省负总责、市县抓落实的工作机制，通过层层签订脱贫攻坚责任书，层层落实责任制，为脱贫攻坚提供坚强政治保证。只有在党的领导下，将脱贫攻坚作为核心议题，才能将脱贫攻坚责任明确到不同层级的党委政府、明确到具体个人，确保脱贫攻坚的顺利实施。稳定的政治格局和长期一致的战略谋划也是顺利推进脱贫攻坚的政治保障。基本经济制度为脱贫攻坚奠定了经济基础，政府凭借其强大的政治动员和资源整合能力在脱贫攻坚中处于领导地位，充分平衡经济发展的效率和公平性，促进经济结构的协调和生产力布局的优化，优化扶贫资源的宏观调控。按劳分配为主体、多种分配方式并存稳定了基本的收入分配格局，并使得政府能够通过以税收、社会保障、转移支付等为主要手段的再分配调节机制，合理调节城乡、区域、不同群体间分配格局，这也是脱贫攻坚资源配置与投入的重要基础。

二、以改革开放推动包容性增长

经济增长是减贫的最大推动力量。一方面，经济发展为贫困人口提供了更多和更好的就业和创收机会，如农业发展为贫困农户提供了抵御风险的经济基础，粮食增产消除了饥饿，农业生产的多元化也为贫困农户提供多元化收入渠道。通过工业化城镇化的快速发展，吸纳了大量农业剩余劳动力，提高了农民的工资性收入，这些都直接推动了贫困人口的大量减少。另一方面，经济增长带来了政府财政收入的增加，使政府更有能力去配置资源帮助贫困人口。不断增长的脱贫攻坚财政投入，依托的是持续稳定增长的财政收入。此外，政府实施了一系列包容性发展战略，使贫困地区和农村获得更多的发展机会。如西部大开发战略，加大西部地区的扶持力度，促进了区域的协调发展；逐步在农村建立起低保、医疗、养老等各种社会保障制度，促进了基本公共服务均等化；推进农村税费改革，全面取消农业税，降低了农民的税费负担；实施粮食直补、良种补贴、农资综合补贴、农机具购置补贴等多项惠农补贴政策来增加农民收入，为大规模减贫战略的实施奠定了基础。

三、坚持精准扶贫方略

中国贫困瞄准的单元由粗转精、不断细化，是扶贫战略审时度势的应对之举。瞄准政策内涵不断变化，从最初的瞄准集中连片困难区域，到后来的瞄准贫困县，再到瞄准贫困村，到最后瞄准贫困户，既是基于对贫困成因的深刻认识，也是减贫发展阶段的必要应对。党的十八大以来，中央把精准扶贫作为基本方略，围绕扶持谁、谁来扶、怎么扶、如何退等问题，对扶贫对象实行精细化管理，对扶贫资源实行精确化配置。建立贫困片区、贫困县、贫困村和贫困户的四级扶贫瞄准机制，精准识别扶贫对象，查明致贫原因，因村因户因人施策，对扶贫对象实行精准化扶持，使工作重心和扶贫资源不断下沉，确保扶贫资源真正用在扶贫对象上、真正用在贫困地区，这是彻底消除绝对贫困的根本之策。

四、全社会动员

构建专项扶贫、行业扶贫、社会扶贫互为补充的大扶贫格局，实现全社会的广泛参与，是中国减贫事业取得显著成效的重要力量。我国在扶贫开发中历来重视发挥政府和社会两方面力量作用，引领市场与社会协同发力，形成跨地区、跨部门、跨单位、全社会共同参与的社会扶贫体系。坚持发挥政府投入主体和主导作用，不断增加专项资金投入，并建立了包括财政、金融、土地等领域的立体脱贫攻坚投入体系。组织开展定点扶贫和东西部扶贫协作，推动省市县各层面结对帮扶，动员个人、企业、其他团体广泛参与脱贫攻坚，有效弥补政府主导的不足。利用市场机制提高扶贫资源的配置效率，充分调动科学、教育、文化、卫生、环保等领域的市场主体参与脱贫攻坚事业，提高扶贫措施的精准度。各行各业发挥专业优势，在产业扶贫、教育扶贫、健康扶贫、消费扶贫、志愿服务等多个扶贫领域均发挥了显著作用。

五、发挥贫困群众主体作用

贫困群众是脱贫攻坚的主体。中国的扶贫开发一直尊重、积极发挥贫困群众主体作用，强调增强贫困人口的脱贫能力和内生动力，始终坚持依靠人民群众，尊重人民群众主体地位和首创精神，注重扶贫和扶志、扶智相结合，充分调动贫困群众积极性、主动性、创造性，增强参与发展、共享发展、自主发展的能力，使贫困群众不仅成为减贫的受益者，也成为发展的贡献者。依托讲堂、农民夜校、新时代讲习所等，加强教育培训，宣传自强不息、奋斗脱贫的先进典型，引导贫困群众树立"宁愿苦干、不愿苦熬"的观念，提升贫困群众发展生产和务工经商的基本技能。改进扶贫方式，由偏重"输血"转为注重"造血"，建立正向激励机制，更多采用生产奖补、劳务补助、以工代赈等方式，注重提高人民群众自力更生、艰苦奋斗的内生动力。

第四节　脱贫攻坚为乡村振兴奠定了坚实基础

脱贫攻坚已取得了决定性成就，832个贫困县全部脱贫摘帽，现行标准下贫困人口全部脱贫，为全面推进乡村振兴奠定了坚实的发展基础。脱贫攻坚搭建了较完备的制度和政策框架，为实施乡村振兴战略提供可借鉴的经验。脱贫攻坚所培育的产业体系、治理体系等，都是实施乡村振兴战略目标的重要板块。

一、消除绝对贫困是乡村振兴的前提

脱贫攻坚和乡村振兴都是党中央为实现"两个一百年"奋斗目标提出的重大战略决策，是实现中华民族伟大复兴中国梦的必经之路。消除绝对贫困是实现第一个百年奋斗目标的前提条件，是全面建成小康社会的底线目标。乡村振兴涉及面广，战略目标蕴含了农村的经济、政治、文化、社会、生态各个方面，以实现"产业兴旺、生态宜居、乡风文明、治理有效、生活富裕"为总要求，旨在实现农业农村现代化和农民农村共同富裕。消除绝对贫困是实现乡村振兴战略的先决条件。不解决绝对贫困问题，乡村振兴就不可能实现，"三农"问题就不会得到根本解决[①]。脱贫攻坚瞄准现行标准下农村贫困人口的"两不愁三保障"问题，重点解决吃、穿、住、学、医五个方面的基本需求，是实现"生活富裕"的应有之义。从目标群体来看，乡村振兴是覆盖所有农民群体的战略谋划，绝对贫困群体

---

① 汪三贵，冯紫曦. 脱贫攻坚与乡村振兴有机衔接：逻辑关系、内涵与重点内容 [J]. 南京农业大学学报（社会科学版），2019，19（05）：8-14+154.DOI：10.19714/j.cnki.1671-7465.2019.0066.

无疑是其最大的挑战。从乡村振兴实现的顺序上看，短期总体目标是确保打赢脱贫攻坚战，长期目标是在消除绝对贫困的基础上，实现农业和农村的全面现代化，从根本上缩小城乡在生活水平和质量上的差距。消除绝对贫困是短期内需要解决的底线问题，建立健全稳定脱贫长效机制、巩固拓展脱贫攻坚成果等属于长期性问题，需要在乡村振兴阶段创造条件逐步解决[①]。

二、脱贫攻坚全面改善了贫困地区农村的发展条件

脱贫攻坚极大释放了贫困地区蕴含的潜力，使贫困农村发生翻天覆地的变化，特别是 12.8 万个贫困村彻底改变了落后面貌，为推进乡村振兴奠定了坚实基础。通过扶持特色优势产业发展，培育农村新产业新业态，大部分贫困村形成了一定规模的产业和集体经济。到 2020 年底，全国贫困村的村均集体经济收入超过 12 万元。贫困农村基础设施显著改善，建制村全部通硬化路，并逐步拓展到向通组通户，客车到村实现了全覆盖。农村信息化建设实现跨越式发展，到 2021 年底，全国行政村通光纤和 4G 比例均超过 99%，农村地区互联网普及率达 57.6%[②]。贫困地区农村基本公共服务水平明显提升，适龄儿童都能在所在村上幼儿园和小学，乡村医疗卫生机构和人员"空白点"全面消除，村级文化设施基本实现全覆盖。通过生态扶贫、农村人居环境整治、易地扶贫搬迁等措施，贫困地区农村生态

---

① 汪三贵. 巩固拓展脱贫攻坚成果与乡村振兴有效衔接 [J]. 中国乡村发现，2021（03）：28-29.

② 国家统计局. 深入贯彻落实新发展理念 交通通信实现跨越式发展——党的十八大以来经济社会发展成就系列报告之六. http://www.stats.gov.cn/xxgk/jd/sjjd2020/202209/t20220921_1888529.html.

保护水平明显改善。通过大力推进贫困地区传统文化、特色文化、民族文化的保护、传承和弘扬，贫困地区农村民族文化、红色文化、乡土文化等得到繁荣发展。精准选派贫困村党组织第一书记、驻村工作队，选配优秀党员担任村干部，基层党组织的战斗堡垒作用不断增强。脱贫攻坚有力推动了贫困地区农村基层民主政治建设，发挥村规民约作用，推广道德评议会、红白理事会等做法，开展移风易俗行动，开展弘扬好家风等活动，群众参与基层治理的积极性主动性创造性进一步增强，贫困地区文明程度显著提升。

三、脱贫攻坚缩小了区域差距

脱贫攻坚明显改善了中西部地区的发展条件，区域间居民生活和公共服务的差距都呈现不同程度的缩小趋势，为缩小区域差距作出重要贡献。一是充分利用中西部地区资源优势，加大综合开发力度。加大中西部地区产业支持力度，立足当地资源状况，发展具有当地特色的产业，引导产业从东部地区转移至中西部地区，农村居民特别是建档立卡贫困户的收入得以快速增长，进而使城乡之间、不同省份之间居民收入差距明显下降。2010年与2020年相比，90%的省份城乡居民可支配收入之比下降幅度超过10%，其中下降最明显的省份均来自中西部地区，前7位分别为广西、云南、重庆、陕西、河南、山西，这些省份都是脱贫攻坚的主战场。不同省份之间居民可支配收入和人均消费支出的差距都出现了较大幅度的缩小，反映区域间居民消费水平差距的变异系数从2010年的0.436下降至2020年的0.272，居民消费水平最高的上海与最低的西藏之间人均消费支出之比由 2010 年的 7.2 快速下降至 2019 年的 3.2[①]。二是加快中西部地区基础设施和公共服务配套建设，在交通、水利、电力、信息、网络、金融等方面加大投入，补足中西部地区发展短板。义务教育阶段生均教育财政支出、平均受教育年限、每万人拥有执业（助理）医师数、卫生总费用中个人支出比率、每千人口社会服务床位数、每百万人口社工助工师、社区服务机构覆盖率等指标的 2019 年区域差距都要小于 2010 年。三是构建益贫性经济增长机制。建立对中西部地区自然资源的开发利用和保护制度，合理利用中西部地区的土地、资源和自然环境，注重生态环境的改善。大部分省份森林草原覆盖率有所增长，其中中西部增长最明显，建成区绿化覆盖率、城市生活垃圾无害化处理率和无害化卫生厕所普及率等指标均明显提高。

四、脱贫攻坚为乡村振兴积累了经验

在全面建成小康社会后，一定程度的贫困问题仍将长期存在，返贫现象也可能在一定范围内、一定程度上发生，长期存在的相对贫困问题也需要着眼长远进行统筹考虑。这些问题必然要在乡村振兴框架内予以解决。脱贫攻坚的政策措施与乡村振兴的战略举措具有同质性。两大战略在制定主体、实施主体和参与主体层面均基本一致，在制度构建、资金安排、项目实施等多方面具有诸多相同之处。总结脱贫攻坚期间各地好的做法和成功经验，把行之有效的制度安排和政策措施进行优化延伸，特别是将一些业已成型的做法制度化、规范化，为乡村振兴战略实施提供可借鉴的经验。脱贫攻坚

---

① 国家统计局 . 中国统计年鉴 [M]. 北京：中国统计出版社，2021.

与乡村振兴的最大的区别在于目标群体有大小之分。脱贫攻坚的目标群体是贫困人口，相比整体农村人口而言，是特殊的小群体。而乡村振兴要面对所有农民，涵盖了贫困群体。所以，乡村振兴的措施具备普惠性质，确保所有农民都可以从中获益，但因为弱势群体的异质性可能会出现受益不均。而推进乡村振兴需要实现共同富裕，只有在实施乡村振兴中，将脱贫攻坚的靶向瞄准举措应用到弱势群体、低收入群体，才能在所有农民群体都能受益的同时，让这些特殊群体受益更多，以缩小他们与其他群体的差距，从而推动共同富裕目标的实现。

第三章　乡村振兴战略

　　乡村振兴战略旨在实现农业农村现代化，是达成社会主义现代化目标的必经之路。民族要复兴，乡村要振兴。我国是农业大国，"三农"问题始终是关系国计民生的根本性问题，要实现社会主义现代化的目标，必然离不开农业农村的现代化。2018年9月，习近平同志在十九届中央政治局第八次集体学习时的讲话中强调，"没有农业农村现代化，就没有整个国家现代化。在现代化进程中，如何处理好工农关系、城乡关系，在一定程度上决定着现代化的成败。"[①]可见，实现农业农村现代化，是社会主义现代化建设的重要组成部分，也是国家现代化的重要标志。进入新发展阶段，全面建设社会主义现代化国家，最艰巨最繁重的任务仍在农业农村，最坚实的基础和最大的潜力也在农业农村。乡村振兴战略坚持农业农村优先发展，按照产业兴旺、生态宜居、乡风文明、治理有效、生活富裕的总要求，建立健全城乡融合发展体制机制和政策体系，加快推进农业农村现代化，为建设社会主义现代化国家奠定坚实的基础。对于广大农村地区来说，只有实施乡村振兴战略，在巩固脱贫攻坚成果的基础上，以更有力的举措、汇聚更强大的力量推进农业农村现代化，才能向社会主义现代化迈出坚实步伐。

---

　　① 习近平主持中共中央政治局第八次集体学习并讲话 [EB/OL].（2018-09-22）[2022-10-26]. http://www.gov.cn/xinwen/2018/09/22/content_5324654.htm.

第一节　乡村振兴战略

农业农村农民问题是关系国计民生的根本性问题，必须始终把解决好"三农"问题作为全党工作重中之重。党的十九大报告提出实施乡村振兴战略，这是党中央着眼"两个一百年"奋斗目标导向和农业农村短腿短板的问题导向作出的战略安排。坚持农业农村优先发展，是我们党的战略决断，是中国基本国情的必然选择，是以人民为中心的具体体现。实施乡村振兴战略的总目标是农业农村现代化，总方针是坚持农业农村优先发展，总要求是产业兴旺、生态宜居、乡风文明、治理有效、生活富裕，制度保障是建立健全城乡融合发展体制机制和政策体系。实施乡村振兴战略是解决人民日益增长的美好生活需要和不平衡不充分的发展之间的矛盾的必然要求，对全面建成社会主义现代化强国、实现中华民族伟大复兴的中国梦、促进城乡融合发展等具有重大而深远的意义，也为做好新时代农业农村工作指明了前进方向、提供了根本遵循。

一、乡村振兴战略的提出

党的十九大报告首次提出要"实施乡村振兴战略。"即"要坚持农业农村优先发展，按照产业兴旺、生态宜居、乡风文明、治理有效、生活富裕的总要求，建立健全城乡融合发展体制机制和政策体系，加快推进农业农村现代化。"[①] 以习近平同志为核心的党中央

---

① 习近平 . 决胜全面建成小康社会 夺取新时代中国特色社会主义伟大胜利——在中国共产党第十九次全国代表大会上的报告 [EB/OL].（2017-10-27）[2022-10-26]. http://www.gov.cn/zhuanti/19thcpc/baogao.htm.

提出要实施乡村振兴战略，有着深刻的历史背景和现实依据。首先，实施乡村振兴是针对我国社会主要矛盾变化做出的重要选择。党的十九大报告提出，我国社会主要矛盾已转变为人民日益增长的美好生活需要和不平衡不充分的发展之间的矛盾。解决主要矛盾和矛盾的主要方面成为国家政策工作的重点。而我国经济社会发展最大的不平衡是城乡发展不平衡，最大的不充分是农村发展不充分。解决主要矛盾和矛盾的主要方面就是要解决当前城乡发展差距问题，通过乡村振兴战略实现农村与城市发展并重。其次，实施乡村振兴是开启全面建设社会主义现代化国家新征程的必然选择。党的十九大报告清晰描绘了我国全面建成社会主义现代化强国的时间表和路线图。全面建成社会主义现代化强国，必然离不开农业农村的现代化。实施乡村振兴战略，旨在坚持农业农村优先发展，推进农业农村现代化进程，补上社会主义现代化过程中的农业农村这个短板和弱项，顺利实现党的第二个百年奋斗目标。

实施乡村振兴是解决中国城乡发展不平衡问题的重要途径。近年来，农村劳动力外流、产业凋敝、文化不兴、村庄空心化以及生态环境恶化等问题日益加剧，乡村日渐走向衰败。如何建设乡村，如何发展乡村以及如何缩小城乡差距，成为无法逾越的现实问题。只有从根本上调整城乡关系，加快推进农业农村现代化，才能使上述问题得到彻底解决[①]。实施乡村振兴战略是从根本上解决"三农"问题的必由选择。近年来，在党中央的统一部署和一系列强农惠农富农政策支持下，中国"三农"取得了较好进展，城乡关系朝着良

---

① 张海鹏，郜亮亮，闫坤. 乡村振兴战略思想的理论渊源、主要创新和实现路径 [J]. 中国农村经济，2018（11）：2-16.

性互动的方向前进。但是，中国农业竞争力不强、农村发展滞后、农民收入水平较低的状况尚未得到根本性改变，"农业弱、农村穷、农民苦"在局部地区表现得依然相当尖锐。党中央实施乡村振兴战略，就是要从根本上解决"三农"问题。乡村振兴战略突破了过去围绕城市的需要制定农业政策、确定农村发展战略的思路，使农村不再附属于城市，农业也不再从属于工业，为解决"三农"问题创造了基本的制度背景。

2018 年 1 月，中共中央、国务院发布《关于实施乡村振兴战略的意见》，提出了乡村振兴的分阶段目标任务，明确到 2020 年，乡村振兴取得重要进展，制度框架和政策体系基本形成；到 2035 年，乡村振兴取得决定性进展，农业农村现代化基本实现；到 2050 年，乡村全面振兴，农业强、农村美、农民富全面实现。2021 年 1 月，中央一号文件《关于全面推进乡村振兴加快农业农村现代化的意见》把乡村建设摆在社会主义现代化建设的重要位置，全面推进乡村产业、人才、文化、生态、组织振兴，充分发挥农业产品供给、生态屏障、文化传承等功能，走中国特色社会主义乡村振兴道路，加快农业农村现代化。2021 年 6 月，《中华人民共和国乡村振兴促进法》正式实施，这是我国第一部直接以"乡村振兴"命名的法律，填补了国内乡村振兴领域的立法空白，标志着乡村振兴战略迈入有法可依、依法实施的新阶段。2022 年 1 月，中共中央、国务院发布《关于做好 2022 年全面推进乡村振兴重点工作的意见》，对 2022 年全面推进乡村振兴重点工作进行了部署，明确了两条底线任务：保障国家粮食安全和不发生规模性返贫；三方面重点工作：乡村发展、乡村建设、乡村治理；推动实现"两新"：乡村振兴取得新进展、农业农村现代化迈出新步伐。

二、乡村振兴战略的目标

按照党的十九大提出的决胜全面建成小康社会、分两个阶段实现第二个百年奋斗目标的战略安排，实施乡村振兴战略的目标任务也分步进行：第一，到 2020 年，乡村振兴取得重要进展，制度框架和政策体系基本形成。在该阶段，要确保农业综合生产能力稳步提升，农业供给体系质量明显提高，农村一二三产业融合发展水平进一步提升；农民增收渠道进一步拓宽，城乡居民生活水平差距持续缩小；现行标准下农村贫困人口实现脱贫，贫困县全部摘帽，解决区域性整体贫困；农村基础设施建设深入推进，农村人居环境明显改善，美丽宜居乡村建设扎实推进；城乡基本公共服务均等化水平进一步提高，城乡融合发展体制机制初步建立；农村对人才吸引力逐步增强；农村生态环境明显好转，农业生态服务能力进一步提高；以党组织为核心的农村基层组织建设进一步加强，乡村治理体系进一步完善；党的农村工作领导体制机制进一步健全；各地区各部门推进乡村振兴的思路举措得以确立①。第二，到 2035 年，乡村振兴取得决定性进展，农业农村现代化基本实现。在该阶段，要实现农业结构得到根本性改善，农民就业质量显著提高，相对贫困进一步缓解，共同富裕迈出坚实步伐；城乡基本公共服务均等化基本实现，城乡融合发展体制机制更加完善；乡风文明达到新高度，乡村治理体系更加完善；农村生态环境根本好转，美丽宜居乡村基本实现。

---

① 中共中央 国务院关于实施乡村振兴战略的意见 [EB/OL].（2018-02-04）[2022-10-26]. http://www.gov.cn/zhengce/2018-02/04/content_5263807.htm.

第三，到 2050 年，乡村全面振兴，农业强、农村美、农民富全面实现（见图 3-1）。

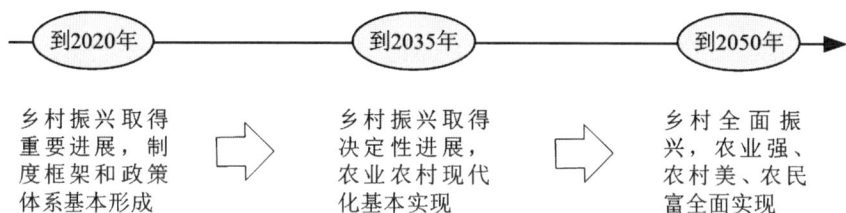

图 3-1 乡振兴战略"三步走"时间表

三、乡村振兴战略的总体要求

党的十九大报告对乡村振兴战略的总要求是"产业兴旺、生态宜居、乡风文明、治理有效、生活富裕"。这 20 个字涉及到农业农村现代化的各个方面，而且是互相关联、不可分割。与社会主义新农村建设的总要求（生产发展、生活宽裕、乡风文明、村容整洁、管理民主）相比，乡村振兴战略是社会主义新农村建设的升华版。"产业兴旺"相比"生产发展"要求更高，在发展生产的基础上培育新产业、新业态和完善产业体系，使农村经济更加繁荣。"生态宜居"相比"村容整洁"更加突出生态引领，强调人与自然和谐共生，体现了农民群众的追求向"美好生活"转变，体现了农村也要像城市一样更具吸引力和宜居性的发展目标[1]。"治理有效"相比"管理民主"更强调人民当家作主，要求加强和创新农村社会治理，使农村社会治理更加科学高效，更能满足农村居民需要。用"生活富裕"

---

[1] 张海鹏，郜亮亮，闫坤. 乡村振兴战略思想的理论渊源、主要创新和实现路径 [J]. 中国农村经济，2018（11）：2-16.

替代"生活宽裕",放在了最后位置上,表明农民生活富裕是乡村振兴的最终目标。"乡风文明"四个字虽然没有变化,但在新时代,其内容进一步拓展、要求进一步提升。总体来看,乡村振兴战略的要求更立体、更高,各要求间的逻辑关系更科学、更自洽。

产业兴旺是实现乡村振兴的基石。发展现代农业是产业兴旺最重要的内容,重点在于通过产品、技术、制度、组织和管理的创新,提高良种化、机械化、科技化、信息化、标准化、制度化和组织化水平,从而推动农业、林业、牧业、渔业和农产品加工业的转型升级。生态宜居是提高乡村发展质量的保证,其内容包括了建立干净整洁的村庄,村里的水、电、路和其他基础设施完善,保护自然,适应自然,倡导保护乡村气息,保护乡村景观和乡村生态系统,管理乡村环境污染,实现人与自然和谐共处,使乡村生活环境有绿色,全面建设美丽乡村。乡风文明是乡村建设的灵魂,包括促进乡村文化教育和医疗卫生等事业发展,改善乡村基本公共服务,大力弘扬社会主义核心价值观,传承遵规守约、尊老爱幼、邻里互助、诚实守信等乡村良好习俗,努力实现乡村传统文化与现代文明的融合,并充分借鉴国内外乡村文明的优秀成果,使得乡风文明与时俱进。治理有效是乡村善治的核心,要健全党委领导、政府负责、社会协同、公众参与、法制保障的现代乡村社会治理体制,健全自治、法治、德治相结合的乡村治理体系,同时加强乡村基层党组织建设,深化村民自治实践,建设平安乡村。生活富裕是乡村振兴的目标,要努力保持农民收入的快速增长,同时继续降低乡村居民的恩格尔系数,不断缩小城乡居民的收入差距,使广大农民和全国群众能够稳步迈向共同富裕的目标。

第二节　乡村五大振兴

在乡村振兴总体要求和目标的引领下，如何统筹谋划、科学推进成为了需考虑的重点。2018 年 3 月，习近平总书记在参加十三届全国人大一次会议山东代表团审议时提出了"五大振兴"的科学论断，即乡村产业振兴、人才振兴、文化振兴、生态振兴、组织振兴。这为乡村振兴战略的实施提供了具体方法和实施路径，是习近平总书记"乡村全面振兴"思想的进一步深化升华和具体化。乡村"五大振兴"是一个有机整体，必须统筹谋划、协调推进。其中，产业振兴是重点，人才振兴是基石，文化振兴是精神动力，生态振兴是关键，组织振兴是保障。只有乡村"五大振兴"全面推进，才能推动乡村农业全面升级、农村全面进步、农民全面发展。

一、产业振兴

产业振兴是乡村振兴的物质基础。只有产业兴旺，农村才能兴旺。习近平总书记多次强调过产业振兴的重要性，曾明确指出，产业兴旺是解决农村"一切问题"的前提。这里的"一切问题"是全方位的，包括提升农业、繁荣农村和富裕农民，其解决都必须依靠乡村产业，通过发展乡村产业来实现。他在河北承德考察时也指出："产业振兴是乡村振兴的重中之重，要坚持精准发力，立足特色资源，关注市场需求，发展优势产业，促进一二三产业融合发展，更多更好惠及农村农民"[①]。可见，产业振兴是源头和基础，有了产业

[①] 农业农村部. 产业振兴是乡村振兴的重中之重 [EB/OL].（2021−09−03）[2022−10−26]. http://www.moa.gov.cn/xw/qg/202109/t20210903_6375598.htm.

的振兴，乡村振兴才有底气，离开产业的支撑，实施乡村振兴战略就无从谈起。为有力推进乡村产业振兴，2019 年 6 月国务院印发了《关于促进乡村产业振兴的指导意见》，全面部署乡村产业发展工作，明确乡村产业的内涵特征、目标任务、发展思路、实现路径等。乡村产业是根植于县域，以农业农村资源为依托，以农民为主体，以一二三产业融合发展为路径，地域特色鲜明、创新创业活跃、业态类型丰富、利益联结紧密的产业体系。乡村产业源于传统种养业和手工业，主要包括现代种养业、乡土特色产业、农产品加工流通业、休闲旅游业、乡村服务业等，具有产业链延长、价值链提升、供应链健全以及农业功能充分发掘、乡村价值深度开发、乡村就业结构优化、农民增收渠道拓宽等一系列特征，是提升农业、繁荣农村、富裕农民的产业。乡村产业振兴力争通过 5—10 年时间取得重要进展，实现农村一二三产业融合发展增加值占县域生产总值的比重较大幅度提高，乡村产业体系健全完备，农业供给侧结构性改革成效明显，绿色发展模式更加成熟。

乡村产业振兴要围绕农村一二三产业融合发展，与脱贫攻坚有效衔接、与城镇化联动推进，充分挖掘乡村多种功能和价值，聚焦重点产业，聚集资源要素，强化创新引领，突出集群成链，延长产业链、提升价值链，培育发展新动能，加快构建现代农业产业体系、生产体系和经营体系，推动形成城乡融合发展格局，为农业农村现代化奠定坚实基础。主要实施路径包括四个方面：一是以科学布局优化乡村产业发展空间结构。强化县域统筹，推进镇域产业聚集，构建县乡联动、以镇带村、镇村一体的格局。二是以产业融合增强乡村产业发展聚合力。发掘新功能新价值，培育融合主体、催生融合业态、搭建融合载体、建立融合机制，发展连接城乡、打通工农、联农带农的多类型多业态产业，让小农户分享产业链增值收益。三是以质量兴农绿色兴农增强乡村产业持续增长力。发展乡村绿色产业，健全绿色标准体系，培育提升产品品牌农业品牌，强化资源保护利用，让乡村产业成为撬动"绿水青山"转化为"金山银山"的"金杠杆"。四是以创新创业增强乡村产业发展新动能。改变过去乡村产业主要依靠人力、地力等传统要素发展的局面，更多依靠科技创新支撑，培育创新创业主体，拓宽创新创业领域。

二、人才振兴

人才振兴是乡村振兴的基石。人才不振兴，乡村难振兴。产业兴旺、生态宜居、乡风文明、治理有效、生活富裕，每一个方面都离不开人才。人才是引领乡村发展的不竭动力，只有牢牢把握这一关键性因素，才能给乡村振兴插上智慧的"翅膀"，只有不断发展壮大人才，才能全面实现乡村振兴战略。习近平总书记在山东考察时强调："乡村振兴，人才是关键。要积极培养本土人才，鼓励外出能人返乡创业，鼓励大学生村官扎根基层，为乡村振兴提供人才保障。"[1]我国政策文件中也多次强调人才振兴的重要性，《关于实施乡村振兴战略的意见》中指出"实施乡村振兴战略，必须破解人才瓶颈制约。要把人力资本开发放在首要位置，畅通智力、技术、管理下乡通道，造就更多乡土人才，聚天下人才而用之。"《乡村振兴战略规划（2018—2022年）》提到应"实行更加积极、更加开放、更

---

① 沿着总书记的足迹·山东篇 [EB/OL].（2022-06-09）[2022-10-26]. https://baijiahao.baidu.com/s？id=1735110072278110177&wfr=spider&for=pc.

加有效的人才政策，推动乡村人才振兴，让各类人才在乡村大施所能、大展才华、大显身手。"2021 年的中央一号文件《关于全面推进乡村振兴加快农业农村现代化的意见》强调要"加强党对乡村人才工作的领导，将乡村人才振兴纳入党委人才工作总体部署，健全适合乡村特点的人才培养机制，强化人才服务乡村激励约束。"

为深入贯彻落实习近平总书记关于推动乡村人才振兴的重要指示精神，促进各类人才投身乡村建设，2021 年 2 月中共中央办公厅、国务院办公厅印发《关于加快推进乡村人才振兴的意见》，明确乡村人才振兴的目标任务、发展思路和实现路径等。人才是乡村振兴的根本，到 2025 年要实现乡村人才初步满足实施乡村振兴战略基本需要，即乡村人才振兴制度框架和政策体系基本形成，乡村振兴各领域人才规模不断壮大、素质稳步提升、结构持续优化，各类人才支持服务乡村格局基本形成。要坚持把乡村人力资本开发放在首要位置，大力培养本土人才，引导城市人才下乡，推动专业人才服务乡村，吸引各类人才在乡村振兴中建功立业，健全乡村人才工作体制机制，强化人才振兴保障措施，培养造就一支懂农业、爱农村、爱农民的"三农"工作队伍，为全面推进乡村振兴、加快农业农村现代化提供有力人才支撑。具体实施路径包括以下方面：一是制定人才培养计划，以城市乡村化人才促振兴。提出各类人才的鼓励机制和实施计划，力图将城市体系中的人才类型搬到乡村中，从各方面全方位促进乡村发展，补齐乡村发展短板。二是构建人才振兴支持体系，发挥各类主体广泛作用。从完善高等教育人才培养体系、加快发展面向农村的职业教育、依托各级党校（行政学院）培养基层党组织干部队伍等五个大类主体出发支持人才培养计划的实施。三是巩固完善保障体系，激发人才振兴活力。加强各级组织领导，强化政策保障和激励机制，发挥引导和统筹作用；建立一套完整的福利和表彰机制，营造良好的发展环境，吸引城乡人才留在农村；推动"三农"工作人才队伍建设制度化、规范化、常态化，保障各主体和人才的权益。

三、文化振兴

文化振兴是乡村振兴的"魂"。没有乡村文化的高度自信和繁荣发展，就难以实现乡村振兴的伟大使命。只有加强乡村文化的振兴，才能帮助农民树立发展信心、振奋精神、生发激情，为乡村振兴注入强大的精神动力。习近平总书记多次强调文化振兴的重要性，2018 年他在参加十三届全国人大一次会议山东代表团审议时强调，"要推动乡村文化振兴，加强农村思想道德建设和公共文化建设，以社会主义核心价值观为引领，深入挖掘优秀传统农耕文化蕴含的思想观念、人文精神、道德规范，培育挖掘乡土文化人才，弘扬主旋律和社会正气，培育文明乡风、良好家风、淳朴民风，改善农民精神风貌，提高乡村社会文明程度，焕发乡村文明新气象。"[①] 他在 2020 年中央农村工作会议上指出，"乡村不仅要塑形，更要铸魂。农村精神文明建设是滋润人心、德化人心、凝聚人心的工作，要绵绵用力，下足功夫。"[②] 可见，实施乡村振兴战略，要物质文明和精神

---

① 全面推进乡村振兴，习近平这样强调 [EB/OL].（2022-03-02）[2022-10-26]. https://m.gmw.cn/baijia/2022-03/02/35557796.html.

② 坚持把解决好"三农"问题作为全党工作重中之重 举全党全社会之力推动乡村振兴 [EB/OL].（2022-03-31）[2022-10-26]. https://m.gmw.cn/baijia/2022-03/31/35626830.html.

文明一起抓，既要发展产业、壮大经济，更要激活文化、提振精神，繁荣兴盛农村文化。要把乡村文化振兴贯穿于乡村振兴的各领域、全过程，为乡村振兴提供持续的精神动力。

　　乡村文化振兴面向的是乡村社会整体的精神文化生活，其内涵在于通过集体性、开放性的文化载体作用于个体的文化感知和价值规范，目的在于积极培育农民之间的新集体主义意识和互助合作精神，增强农村社区内聚力[①]。乡村文化振兴的主要内涵包括找回人与自然和谐发展理念、弘扬勤俭节约等优良作风、宣扬诚信友善等传统美德和创新传承农耕文化方式[②]。乡村文化振兴的主要路径包括以下方面：一是重塑农民的文化价值观。大力宣传和推进社会主义核心价值观深入乡村、深入农民头脑，推动乡村文化价值观的重塑；以日常化、直观化的文化体验让乡村文化之美、之韵、之情深入每一位农民的内心，在实践活动中提升对乡村文化的认知与理解。二是促进乡村文化的发展。组织开展与日常生产生活相关联的、农民喜闻乐见的、愿意参与、能够参与的公共文化活动，扩大群众基础和现代乡村文化公共空间；分门别类地梳理文化资源，制定科学性、系统性、差异化的规划和保护措施，深入挖掘乡村文化资源。三是培育乡村文化建设者的主体意识。通过财政资金的投入，保障乡村基层公共文化设施的改善，为农民参与乡村文化重塑创造条件；以宣传栏、文化墙、广播等为载体的宣传方式，开展多种多样的文化

---

　　① 吴理财，夏国锋. 农民的文化生活：兴衰与重建——以安徽省为例［J］. 中国农村观察，2007（2）：62-69.

　　② 龙文军，张莹，王佳星. 乡村文化振兴的现实解释与路径选择［J］. 农业经济问题，2019（12）：15-20.

宣传活动，让乡村文化活起来 ①。

四、生态振兴

生态振兴是乡村振兴的关键。首先，生态振兴是乡村振兴的重要基础。"生态""生态环境"是人类社会生存与发展的基础。没有"生态"，没有"生态环境"，一切无从谈起，更谈不上人类、人类社会、人类社会发展。没有生态振兴，没有优良的生态环境，乡村振兴只能是一句空话。没有农村美，农业强、农民富就不可持续。只有把乡村生态振兴这个"基础"打牢了、打实了、打好了，乡村振兴才有可能、才有希望。其次，生态振兴是乡村振兴的有力抓手。在乡村五大振兴中，只有乡村生态振兴了，乡村生态环境改善、生态环境优良，才有利于其他四大振兴。也就是说，只有乡村生态振兴了，才有利于乡村产业发展和产业转型升级；才有利于留住乡村人才，发挥乡村人才的聪明才智；才有利于乡村文化兴盛，留住乡愁；才有利于更好地发挥乡村组织的作用和功能。习近平总书记多次指出生态振兴的重要性，他强调，生态宜居，是乡村振兴的内在要求，从"村容整洁"到"生态宜居"反映了农村生态文明建设质的提升，体现了广大农民群众对建设美丽家园的追求。②《中共中央 国务院关于实施乡村振兴战略的意见》也提到"良好生态环境是农村最大优势和宝贵财富。必须尊重自然、顺应自然、保护自然，推动乡村自然资本加快增值，实现百姓富、生态美的统一。"

---

① 吕宾. 乡村振兴视域下乡村文化重塑的必要性、困境与路径［J］. 求实，2019（2）：97-108.

② 习近平. 把乡村振兴战略作为新时代"三农"工作总抓手［J］. 求是，2019（11）：7.

　　关于乡村生态"振兴什么""如何振兴"等一系列问题,《乡村振兴战略规划（2018—2022 年）》对此进行了详细论述和解答,为基层党政机关建设生活环境整洁优美、生态系统稳定健康、人与自然和谐共生的生态宜居美丽乡村提供了具体指导。关于"振兴什么",《乡村振兴战略规划（2018—2022 年）》中提到,要牢固树立和践行绿水青山就是金山银山的理念,统筹山水林田湖草系统治理,加快转变生产生活方式,推动乡村生态振兴,建设生活环境整洁优美、生态系统稳定健康、人与自然和谐共生的生态宜居美丽乡村。关于"如何振兴",《乡村振兴战略规划（2018—2022 年）》中也明确了主要路径。第一,要坚持人与自然和谐共生,走乡村绿色发展之路。以生态环境友好和资源永续利用为导向,推动形成农业绿色生产方式,实现投入品减量化、生产清洁化、废弃物资源化、产业模式生态化,提高农业可持续发展能力。强化资源保护与节约利用,推进农业清洁生产,集中治理农业环境突出问题。第二,持续改善农村人居环境。以建设美丽宜居村庄为导向,以农村垃圾、污水治理和村容村貌提升为主攻方向,开展农村人居环境整治行动,全面提升农村人居环境质量。加快补齐突出短板,着力提升村容村貌,建立健全整治长效机制。第三,加强乡村生态保护与修复。大力实施乡村生态保护与修复重大工程,完善重要生态系统保护制度,促进乡村生产生活环境稳步改善,自然生态系统功能和稳定性全面提升,生态产品供给能力进一步增强。实施重要生态系统保护和修复重大工程,健全重要生态系统保护制度,健全生态保护补偿机制,发挥自然资源多重效益。

五、组织振兴

组织振兴是乡村振兴的强力引擎。首先，组织振兴是乡村全面振兴的基石和保障。习近平总书记指出，"党的基层组织是党的肌体的'神经末梢'，要发挥好战斗堡垒作用。"[1]农村基层党组织与基层群众距离最近、联系最广、接触最多，是党在农村全部工作和战斗力的基础。要推进乡村振兴，必须紧紧依靠农村党组织和广大党员，使党组织的战斗堡垒作用和党员的先锋模范作用得到充分发挥，带领群众同频共振，推进"五大振兴"。其次，组织振兴是乡村全面振兴的重要内容。习近平总书记提出的"五个振兴"，相互耦合并形成了一个互为关联、联系紧密、逻辑清晰的有机整体，是实施乡村振兴战略的行动指南。组织振兴作为"五个振兴"之一，要求我们必须切实抓好以基层党组织为核心的乡村各类组织建设，充分发挥各类组织的影响力、战斗力、凝聚力。只有这样，才能最大限度地凝聚起推进乡村振兴战略的工作合力，这也是乡村振兴的应有之义。组织振兴是乡村全面振兴的现实需要。习近平总书记指出，"要推动乡村组织振兴，打造千千万万个坚强的农村基层党组织，培养千千万万名优秀的农村基层党组织书记"[2]。基层党组织是实施乡村振兴战略的"主心骨"，发挥着"一线指挥部"和"前线先锋队"作用。如果党的基层组织作用发挥不充分，就无法将党的路线、方针、政策贯彻落实到基层群众中去，乡村振兴就无从谈起。

---

① 习近平. 在全国组织工作会议上的讲话 [EB/OL].（2018-09-17）[2022-10-26]. https://baijiahao.baidu.com/s? id=1611898738998911734&wfr=spider&for=pc.

② 关于乡村振兴，总书记这样强调 [EB/OL].（2021-03-11）[2022-10-26]. http://www.qstheory.cn/laigao/ycjx/2021-03/11/c_1127198193.htm.

　　乡村组织振兴主体主要包括四个部分：农村基层党组织、农村专业合作经济组织、社会组织和村民自治组织。首先，农村基层党组织是组织振兴的核心，是党在农村全部工作的基础，是党联系广大农民群众的桥梁和纽带。实施乡村组织振兴，就是要在党中央和各级党委政府的坚强领导下，夯实农村基层党组织根基，发挥农村基层党组织在乡村事业发展中的领导核心作用，同时推动乡村农村专业合作经济组织、社会组织和村民自治组织的建设与完善，最终实现乡村组织振兴，为乡村振兴提供坚强的组织保障。其次，农村专业合作经济组织是推进农业现代化、规模化、效益化的有效组织形式，在保护农民合法经济利益，提高应对市场风险方面作用突出。要激发乡村发展活力，促进农业现代化发展，在目前小农户生产经营长期存在的情况下，要提高农民的组织化程度，就要充分发挥农村专业合作经济组织的龙头带动作用，推动多种形式的适度规模经营。再次，社会组织作为充满活力和创造力的非官方组织，是乡村组织振兴的重要组成部分，在改善乡村单一治理主体状况，促进多元共治，构建新时代乡村治理体系方面发挥着不可忽视的重要作用。因此，乡村组织振兴必须要高度重视与社会组织的合作，动员社会参与，凝聚各方力量推动乡村振兴。最后，村民自治组织作用的发挥需要进一步加强村民委员会的建设，村民委员会作为村民自我管理、自我教育、自我服务的基层群众性自治组织，是乡村组织振兴必不可少的重要力量和组成部分。作为乡村组织振兴的重要组成部分，未来要进一步提升村民委员会的服务意识和责任意识，发挥村民委员会在促进乡村自治方面的重要作用。

第三节　巩固脱贫攻坚成果与乡村振兴有效衔接

党的十八大以来，中国进入全面建成小康社会、实现第一个百年奋斗目标的关键阶段。经过 8 年持续奋斗，到 2020 年底，如期完成新时代脱贫攻坚目标任务，现行标准下 9899 万农村贫困人口全部脱贫，832 个贫困县全部摘帽，12.8 万个贫困村全部出列，区域性整体贫困得到解决，完成消除绝对贫困的艰巨任务[①]。这意味着中国全面消除绝对贫困，提前 10 年实现《联合国 2030 年可持续发展议程》减贫目标，不仅是中华民族发展史上具有里程碑意义的大事件，也为全球减贫事业发展和人类发展进步作出了重大贡献。然而，消除绝对贫困的成就是在诸多政策支持和投入的基础上取得的，脱贫攻坚期内的成就尚不牢固，存在"两不愁三保障"不稳定，产业发展基础薄弱，脱贫人口发展能力和内生动力不强等问题[②]。另外，新冠肺炎疫情全面暴发，致使脱贫户劳动力外出务工受阻，产品销售和产业发展困难，帮扶工作受到影响，给脱贫攻坚成果带来新挑战。据各地初步摸底，已脱贫人口中有近 200 万人存在返贫风险，边缘人口中还有近 300 万存在致贫风险[③]。在打赢脱贫攻坚战、全面建成小康社会新阶段，要不断巩固拓展脱贫攻坚成果，防止大规模返贫，做好乡村振兴这篇大文章，接续推进脱贫地区发展和群众生活改善。

---

① 国务院新闻办.《人类减贫的中国实践》白皮书 [EB/OL].（2021-04-06）[2022-10-26]. http://www.gov.cn/zhengce/2021-04/06/content_5597952.htm.

② 张琦，孔梅."十四五"时期我国的减贫目标及战略重点 [J]. 改革，2019(11): 117-125.

③ 习近平.在决战决胜脱贫攻坚座谈会上的讲话 [EB/OL].（2020-03-06）[2022-10-26]. http://www.xinhuanet.com/politics/leaders/2020-03/06/c_1125674682.htm.

一、防止规模性返贫

返贫的概念界定存在狭义与广义之分。狭义的返贫是指原有贫困群体在实现脱贫之后，又返回到贫困状态的过程，其本质是重新贫困[1]，缺失必需的基本价值物（资源、机会、能力和权利），不能维持有尊严的生活的过程和状况[2]。广义的返贫将贫困户遭遇的风险纳入研究范畴，是诸多风险综合作用的体现[3]，是没有实现完全脱贫的状态[4]，既包括已脱贫群体再次回到贫困的状态，又包括非贫困人口受各类制约因素影响而导致收入条件恶化而沦为贫困群体的现象。本书中的返贫一般泛指生活在贫困标准之上的非贫困人口陷入贫困的情况，包括已脱贫建档立卡人口返回贫困和非贫困人口陷入贫困两种情形。即在 2020 年所有建档立卡贫困人口全部脱贫之后，所有新出现的贫困广义上都可以视同返贫。规模性返贫则是指某一类型人群中较高比例人口同时返贫或某一区域同时出现较大数量返贫人口[5]。与单个零星的返贫案例相比，规模性返贫背后的机理通常比较复杂、产生的社会影响更大，需要引起更多的关注和重视。

在"三农"工作重点转移的条件下，防范化解规模性返贫风险，

---

① 蒋南平，郑万军.中国农民工多维返贫测度问题 [J].中国农村经济，2017（06）：58-69.

② 周迪，王明哲.返贫现象的内在逻辑：脆弱性脱贫理论及验证 [J].财经研究，2019，45（11）：126-139.

③ 汪磊，伍国勇.精准扶贫视域下我国农村地区贫困人口识别机制研究 [J].农村经济，2016（07）：112-117.

④ 蒋南平，郑万军.中国农民工多维返贫测度问题 [J].中国农村经济，2017（06）：58-69.

⑤ 吴国宝.如何有效防范化解规模性返贫风险 [J].中国党政干部论坛，2021（06）：60-64.

巩固拓展脱贫攻坚成果，进而实现巩固拓展脱贫攻坚成果与乡村振兴有效衔接，对于全面推进乡村振兴、实现"两个一百年"奋斗目标具有重要意义。第一，防止规模性返贫是巩固脱贫攻坚成果的坚实基础，也是全面推进乡村振兴战略的底线任务。由于部分脱贫人口的收入水平比较低或者收入中对政策性补助依赖较高、脱贫质量不够稳定以及不可控制因素的影响等原因，少数脱贫人口仍存在返贫风险；部分低收入人口也可能因为家庭人口变动因素或遭受外部冲击等原因而致贫[①]。及时有效防范和化解返贫风险、保证贫困人口动态清零，才能全面推进乡村振兴战略，扎实推进共同富裕进程。第二，防止规模性返贫是一项长期任务，要持之以恒，久久为功。脱贫攻坚取得全面胜利后，形成返贫风险的内外因素会在较长时期内存在，防范化解规模性返贫风险将成为今后较长时期必须面对的挑战，甚至可能会伴随我国全面建设社会主义现代化国家的整个过程，不可懈怠。无论是过渡期还是衔接期，必须坚决防范化解规模性返贫风险，全面巩固拓展脱贫攻坚成果，进而实现巩固拓展脱贫攻坚成果与乡村振兴有效衔接，这是新征程实现乡村全面振兴的工作基础和发展前提。

防止规模性返贫，巩固脱贫攻坚成果，需要从战略高度进行谋划。根据《中共中央 国务院关于打赢脱贫攻坚战三年行动的指导意见》和《中共中央 国务院关于抓好"三农"领域重点工作确保如期实现全面小康的意见》精神，2020年国务院扶贫开发领导小组颁发《关于建立防止返贫监测和帮扶机制的指导意见》，把防止返贫作为

---

① 吴国宝.如何有效防范化解规模性返贫风险[J].中国党政干部论坛，2021（06）：60-64.

当前及今后一个时期农村工作的重要任务。意见中明确，首先要坚持事前预防与事后帮扶相结合。防止大规模返贫，应坚持事前预防与事后帮扶相结合。建立在对影响返贫风险因素的分析和针对性准备基础上的事前预防，可以提高防返贫干预的主动性和投入产出效率，在更大程度上减少返贫的发生。在事前预防的基础上，若出现返贫和新致贫，要及时纳入建档立卡，享受巩固脱贫成果的相关政策，实施精准帮扶。其次，要坚持开发式帮扶与保障性措施相结合。针对不同类型的农户精准施策，采用开发性帮扶措施支持有劳动能力的返贫高风险人群和返贫人口发展产业、转移就业，通过提升自我发展能力实现稳定脱贫；采取保障性帮扶措施支持丧失劳动能力或短期内难以通过开发式帮扶的返贫人口维持正常生活，进而实现稳定脱贫。再次，坚持政府主导与社会参与相结合。防止大规模返贫，需要充分发挥政府、市场和社会的作用，在强化政府责任的同时，要有序引导市场、社会协同发力，形成防止返贫的"政府—市场—社会"的工作合力。最后，坚持外部帮扶与群众主体相结合。防止大规模返贫，同样需要发挥群众的主体作用。在完善外部帮扶作用的同时，还要强化勤劳致富导向，注重培养存在返贫风险的脆弱人群的艰苦奋斗意识，积极提升其自我发展能力。

意见中也对监测方法和帮扶措施进行了明确。监测对象以家庭为单位，主要包括三类农户，即已脱贫但不稳定的建档立卡户、收入和其他条件略高于脱贫标准的边缘户、突发严重困难导致支出骤增而生活出现困难的脱贫户和非贫困户。监测对象规模一般为建档立卡人口的 5% 左右，深度贫困地区原则上不超过 10%。监测范围包括人均可支配收入低于国家扶贫标准 1.5 倍左右的家庭，以及因病、因残、因灾、因新冠肺炎疫情影响等引发的刚性支出明显超过上年度收入和收入大幅缩减的家庭。监测程序以县级为单位组织开展，通过农户申报、乡村干部走访排查、相关行业部门筛查预警等途径，由县级扶贫部门确定监测对象，录入全国扶贫开发信息系统，实行动态管理。帮扶措施包括产业帮扶、就业帮扶、综合保障、扶志扶智和其他帮扶。监测对象中具备发展产业条件的，要对其实施生产经营技能培训，提供扶贫小额信贷支持，并动员龙头企业、专业合作社等带动其发展生产。对具备劳动能力的监测对象，要加强劳动技能培训，通过劳务帮扶协作、扶贫车间建设等，帮助其转移就业。对无劳动能力的监测对象，要强化低保、医疗、养老保险和特困人员救助供养等综合性社会保障措施，确保应保尽保。要引导监测对象通过自己劳动实现脱贫致富，对自强不息、稳定脱贫致富的给予物质奖励和精神激励。另外，要鼓励各地创新帮扶手段，广泛动员社会力量参与扶贫助困。

2021 年中央一号文件《关于全面推进乡村振兴加快农业农村现代化的意见》中提到，健全防止返贫动态监测和帮扶机制，对易返贫致贫人口及时发现、及时帮扶，守住防止规模性返贫底线。2022年中央一号文件《关于做好 2022 年全面推进乡村振兴重点工作的意见》提到，要坚决守住不发生规模性返贫底线，重点体现在完善监测帮扶机制、促进脱贫人口持续增收、加大对乡村振兴重点帮扶县和易地搬迁集中安置区支持力度、推动脱贫地区帮扶政策落地见效四个方面。在监测帮扶机制上，精准确定监测对象，将有返贫致贫风险和突发严重困难的农户纳入监测范围，简化工作流程，缩短认定时间；针对发现的因灾因病因疫等苗头性问题，文件要求及时落实社会救助、医疗保障等帮扶措施。在促进脱贫人口增收方面，进一步明确推动脱贫地区更多依靠发展来巩固拓展脱贫攻坚成果，让脱贫群众生活更上一层楼；要发挥以工代赈作用，具备条件的可提高劳务报酬发放比例；统筹用好乡村公益岗位，实行动态管理，并关注到生态护林员政策，要求逐步调整优化。在加大对乡村振兴重点帮扶县和易地搬迁集中安置区支持力度方面，要求编制国家乡村振兴重点帮扶县巩固拓展脱贫攻坚成果同乡村振兴有效衔接实施方案、建立健全国家乡村振兴重点帮扶县发展监测评价机制。还特别进一步提到落实搬迁群众户籍管理、合法权益保障、社会融入等工作举措。在推动脱贫地区帮扶政策落地见效方面，对协作领域的范围进一步细化，关注到了区县、村企、学校、医院等结对帮扶。此外，也特别提到创建消费帮扶示范城市和产地示范区，发挥脱贫地区农副产品网络销售平台作用。

二、巩固拓展脱贫攻坚成果

巩固拓展脱贫攻坚成果，对于可持续和稳定脱贫具有重要意义，也是在为全面建设社会主义现代化国家奠定坚实基础。党和国家高度重视巩固拓展脱贫攻坚成果。党的十九届四中全会通过的《中共中央关于坚持和完善中国特色社会主义制度、推进国家治理体系和治理能力现代化若干重大问题的决定》，提出"坚决打赢脱贫攻坚战，巩固脱贫攻坚成果，建立解决相对贫困的长效机制"。党的十九届五中全会又将"脱贫攻坚成果巩固拓展，乡村振兴战略全面推进"纳入"十四五"经济社会发展主要目标，提出"实现巩固拓展脱贫攻坚成果同乡村振兴有效衔接"的要求。2020 年 12 月，中共中央、国务院颁发《关于实现巩固拓展脱贫攻坚成果同乡村振兴有效衔接的意见》，提出要"建立健全巩固拓展脱贫攻坚成果长效机制"。2021 年中央一号文件《关于全面推进乡村振兴加快农业农村现代化的意见》强调要"持续巩固拓展脱贫攻坚成果"。脱贫攻坚成果来之不易，巩固拓展脱贫攻坚成果，有两层含义，"巩固"重在强调脱贫攻坚成果的可持续和稳定性，做到不返贫不致贫，"拓展"重在强调对脱贫攻坚成果的不断发展，坚持提质增效。目前，已经彻底解决了现行标准下的绝对贫困问题，未来的工作重心将在巩固拓展脱贫攻坚成果的基础上，缓解相对贫困，实施乡村振兴战略[①]。

虽然中国脱贫攻坚取得重大胜利，但由于贫困问题具有复杂性和系统性，巩固拓展脱贫攻坚成果的任务依然艰巨，一些方面仍然需要持续关注：一是返贫致贫风险仍然存在，脱贫不稳定户、边缘户和特殊困难群体具有较高返贫致贫风险；二是部分脱贫户有"精神贫困"层面的"等靠要"思想，内生发展动力不足；三是产业扶贫的可持续性，产业扶贫由政府主导，目标具有短期性，部分产业存在同质化问题，带动能力有待提升，市场作用发挥不足；四是深化"两不愁三保障"，核心指标要持续关注，如脱贫户房子现在处于危房边缘，但不是危房，未来有可能变成危房；五是脱贫户的持续增收问题，增收是稳定脱贫的重要基础；六是政策的调整与衔接，脱贫攻坚结束之后，需要充分研究政策的变不变和怎么续的问题，如驻村帮扶政策、易地扶贫搬迁后续扶持政策等[②]。

① 汪三贵，冯紫曦.脱贫攻坚与乡村振兴有机衔接：逻辑关系、内涵与重点内容 [J].南京农业大学学报（社会科学版），2019，19（05）：8-14+154.
② 汪三贵，郭建兵，胡骏.巩固拓展脱贫攻坚成果的若干思考 [J].西北师大学报（社会科学版），2021，58（03）：16-25.

为巩固拓展脱贫攻坚成果，需做好动态监测和健全帮扶机制，重视内部风险因素和外部风险因素，防范化解返贫致贫风险。第一，健全动态监测机制，关注潜在风险对象。首先要加强监测信息整合，优化贫困监测指标。后续动态监测可以仍然采用全国扶贫开发信息系统，但是需要改进数据库设计，如部分县及以上数据直接从统计部门获取、进一步开放权限等，方便日常使用及数据开发。后续动态监测工作应该扩展监测指标，特别是要关注"两不愁三保障"等脱贫攻坚核心指标的稳定性和改善状况。其次，要密切关注特殊困难群体。要重视农村老年人问题，一方面完善农村养老保险体系，适当提高农村养老保险缴纳的政府补贴比例，根据年龄设置差异化养老金发放标准，对于高龄和失能的老年人员发放高龄和失能补贴，引入商业养老保险等形式，形成多层次的养老保险体系；另一方面要创新养老方式，采用集体筹资和政府补贴相结合，提供针对性服务，最终形成以家庭养老为主、社会为辅和政府辅助的有效机制。要重点关注家中有大病的农户，建立因病返贫致贫预警系统和完善健康保障体系，通过对全部农村人口看病自付医疗费用进行动态监测，可以快速掌握面临因病返贫致贫风险的农户，并及时进行排查和帮扶，降低因病返贫致贫风险。要重点解决重度残疾人的照顾照料问题，未来可以推动失能供养中心建设，对有意愿的重度残疾人实行集中供养，便于对其提供专业化的服务，也能释放家庭中的劳动力。

第二，提高人力资本，防范化解内部风险因素。首先，要完善健康保障体系，根据各地的经济发展水平确定合理的报销比例。要继续提升公共医疗和基层医疗服务水平，逐步把适用于原贫困人口的部分政策拓展到全体农村居民，加速建立全民重大疾病和慢性病救助体系。其次，要继续推行控辍保学政策，将控辍保学对象推广到非贫困人口、非义务教育阶段，提高整个农村地区各教育阶段的入学率和完成率；普及学前教育，提高学前教育覆盖率，缩小农村幼儿与城市幼儿在起跑线上的差距；加快职业技术教育发展，以就业和市场需求为导向，通过职业技术教育提升职业技能水平。再次，要构建技能培训体系，以就业和市场需求为导向，做好培训需求与培训内容的匹配，利用专业化人才进行培训，注重落到实处，重视培训效果的提升；培育多元化的农业技术推广主体，建设系统化的农业技术推广体系，瞄准脱贫人口提供精准化的培训。最后，注重内生动力培育，要做好帮扶需求与帮扶政策的匹配，调动农户参与的积极性；利用文化的力量消除存在的贫困文化，加强思想教育，引导内生动力不足的脱贫人口树立正确的价值观；适当优化帮扶政策，创新帮扶政策的方式，树立先进典型和发挥榜样引领作用。

第三，完善保险帮扶与后扶措施，防范化解自然风险。首先，要完善保险与再保险体系。进一步完善政策性农业保险，提高产品覆盖面，推广完全成本保险和收入保险；要发挥再保险的作用，最终形成多层次的保险体系，分散农业生产经营风险，保障脱贫户稳定增收；推广"防贫保险"，降低保险对象的风险。其次，强化易地扶贫搬迁后续扶持，全力保障后续扶持资金，完善易地扶贫搬迁集中安置点的公共服务和配套基础设施，做好户籍和社保等衔接政策的同步配套；发展产业和增加就业，要确保搬迁农户能够稳得住；重视搬迁社区的治理问题，分类分区精准化管理，确保和谐稳定，减少不稳定因素，开展多样化的社区活动，增强搬迁户的社区认同感和归属感，提高搬迁农户的社区融入程度。

第四，创新治理模式，防范化解社会风险。首先要提升村级治理水平，随着脱贫攻坚任务的完成，驻村帮扶的工作机制要根据目标任务进行优化调整，组织方式上可以适当灵活；不断加强对村干部的培训，出台措施引导乡村本土的精英或者"乡贤"回归乡村治理；促进自治、法治和德治"三治"融合，加强群众自治组织建设，激发农户的积极性与参与性，提高农户的法治素养，鼓励支持脱贫户主动学习法律法规政策，参与到法律法规政策的宣传活动中等，弘扬中华民族的传统美德，挖掘本土的典型人物并进行宣传，消除"精神贫困"。其次，要壮大村级集体经济，重视市场带动作用，推动村级集体经济发展的集约化、专业化和规模化经营；形成完善的村级集体经济组织法人的治理结构，加强对村级集体经济资金的监管力度；政府需要在政策扶持、规划引导和资金支持等方面推动村级集体经济发展，鼓励资本和人才支持村级集体经济发展。再次，创新协同帮扶模式，在发挥政府的支撑作用的同时，要注重发挥市场作用，利用市场机制激活农村的存量资源，促进资本和人才的流动；引入更多社会力量，深度吸收专业慈善机构或公益组织参与项目的管理等。

第五，深化产业就业帮扶，防范化解经济风险。首先，要稳固产业增收的效果。一是明确产业发展目标由短期向长期转变，要在产业扶贫基础上保持稳定的资金投入力度，保证产业发展的可持续性，增加产业发展的后发动力。二是明确产业发展瞄准对象的转变，巩固拓展产业扶贫成果需要瞄准农村地区全部的村与农户，追求高质量和长远化发展。三是要发挥市场的决定性作用，改变产业发展主要靠政府推动，要充分重视市场机制的作用，处理好政府和市场的关系。四是要做好扶贫产业资产的清产核资，完善扶贫产业资产的产权界定，明确扶贫产业资产的所有权、经营权、收益权和监督权，发挥更大的经济效益和社会效益。其次，要深化就业帮扶促稳岗就业。巩固拓展就业帮扶，一是构建就业培训体系，加大对脱贫人口职业技能培训力度，培训的内容既要结合主体意愿，也要以社会需求为导向，针对性开展培训，同时做好与其他相关政策的有效衔接，如教育帮扶和金融帮扶等，提升就业服务质量；二是重视发挥公益性岗位的作用，创新开发新的公益性岗位，健全公益性岗位管理制度，解决"人岗不匹配"问题，健全考核评价体系；三是加强东西部劳务协作，支持脱贫户外出务工，形成长期稳定的劳务输出，强化劳务输出跟踪服务，鼓励支持东中部劳动密集型产业向西部地区转移，提供相应的税收、土地和信贷等优惠政策。

三、有效衔接乡村振兴

脱贫攻坚与乡村振兴是中国实现社会主义现代化必须完成的两大重要战略任务，二者衔接关系密切。首先，脱贫攻坚与乡村振兴目标相连，层层推进。脱贫攻坚与乡村振兴紧扣"两个一百年"奋斗目标，本质上都是为建成社会主义现代化强国，实现共同富裕。从农民发展看，脱贫攻坚瞄准现行标准下农村贫困人口的"两不愁三保障"问题，乡村振兴在脱贫攻坚的基础上不断深化，提出了"生活富裕""农民全面发展"的振兴要求。从区域发展看，脱贫攻坚重在解决区域性整体贫困，不断缩短贫困地区与全国农村平均水平的差距。乡村振兴旨在推动产业发展，提升乡村治理能力，促进城乡基础设施和公共服务的均等化，实现农业全面升级和农村的全面发展。其次，脱贫攻坚是乡村振兴先决前提，乡村振兴是巩固脱贫攻坚的力量保障。绝对贫困问题不解决，人的基本需求得不到满足，乡村振兴就无法实现。脱贫攻坚成果的长期稳固，则必须要乡村振兴作为后续支持。脱贫攻坚与乡村振兴的有机衔接，既不能以牺牲脱贫攻坚质量为前提，也不能以牺牲乡村振兴目标为前提[①]。再次，脱贫攻坚与乡村振兴政策体系相互融合。脱贫攻坚的产业扶贫政策、就业扶贫政策、生态扶贫政策、健康扶贫政策、教育扶贫政策与乡村振兴阶段的产业发展、就业增收、生态保护、医疗保障、教育保障是一脉相承的，并为之奠定坚实基础。

实现脱贫攻坚与乡村振兴有机衔接，要充分借鉴和利用脱贫攻坚积累的成功经验，为乡村振兴战略的起步做好准备。衔接的重点内容主要体现在产业发展、生态环境、体制机制与基层治理、公共服务与生活质量等方面。第一，从产业发展角度，继续实施产业扶贫政策和做好产业布局规划，是实现脱贫攻坚与乡村振兴有机衔接的关键环节。脱贫攻坚强调的产业扶贫、就业扶贫是贫困人口实现收入增长、摆脱贫困的重要手段，乡村振兴强调产业兴旺是重点。脱贫攻坚过程中，各地培育了大批能够带动贫困人口增收的产业，并探索不同的利益联结机制。但受贫困人口人力资本禀赋的影响，脱贫攻坚的产业扶贫主要依靠发展技术含量较低的初级农产品生产和劳动密集型非农产业来帮助贫困人口提高收入。乡村振兴则通过构建现代农业产业体系、生产体系、经营体系来提高农业创新力、

---

① 汪三贵，冯紫曦.脱贫攻坚与乡村振兴有效衔接的逻辑关系 [J].贵州社会科学，2020（01）：4-6.

竞争力和全要素生产率，实现由农业大国到农业强国的转变，这就意味着从长远看势必要淘汰一些比较优势不足、技术含量低的产业，并且更加依赖各类新型经营主体。脱贫攻坚与乡村振兴的产业衔接，需要在帮助脱贫人口实现产业发展和稳定就业与实现乡村振兴产业做强做大方面找寻合理的平衡，在实现脱贫地区产业升级的过程中使贫困人口受益。这就需要做好科学的产业布局规划，在出台鼓励新型经营主体发展产业的同时，充分借鉴产业扶贫的经验和模式，建立贫困人口和低收入人口可长期受益并有利于能力提高的利益联结机制。避免乡村振兴的产业扶持政策只惠及龙头企业和能人大户，从而违背缓解相对贫困和共同富裕的乡村振兴目标。

第二，从生态宜居角度，脱贫攻坚中易地扶贫搬迁政策和危房改造政策的实施为乡村振兴提供良好的政策和经验借鉴。现阶段，易地扶贫搬迁政策对易地扶贫搬迁安置点的布局规划、搬迁户社会融入、习惯改变、后扶贫生计问题做了一系列重大的探索和尝试，这为日后乡村振兴阶段新型城镇化发展面临的村庄搬迁、整合提供了良好的借鉴。例如，搬迁过程中的成本控制、搬迁方式、土地的处置、基础设施、公共服务和社区管理等都形成了不同的模式。打赢脱贫攻坚战意味着所有贫困家庭的住房问题得以解决，危房改造政策的实施力度将逐步弱化，未来乡村振兴将逐步转向建设美丽宜居乡村，政策重点转向农村闲置危旧房拆除、污水处理、垃圾清运以及农村旱厕改造等生态和环境宜居方面。

第三，从体制机制来看，要实现脱贫攻坚与乡村振兴的有机衔接就需要借鉴脱贫攻坚构建的责任体系，建立一套科学的乡村振兴农村工作领导体制机制。在领导机制上，建立实施乡村振兴战略领导责任制，明确党政一把手是乡村振兴的第一责任人，要求省、市、县、乡、村五级书记一起抓乡村振兴，县委书记要当好乡村振兴的"一线总指挥"。在工作机制上，沿用"中央统筹、省负总责、市县抓落实"的工作机制，要求省区党委和政府每年向党中央、国务院报告推进实施乡村振兴战略的进展情况。在考核机制上，为确保乡村振兴责任落实到位，政策落地生根，将建立市县党政班子和领导干部推进乡村振兴战略的绩效考核制度，并将考核结果作为干部任用、选拔的重要标准。此外，第三方评估在脱贫攻坚成效考核中积累的成功经验对乡村振兴成效考核也具有重要的借鉴意义，值得总结经验后借鉴推广。

第四，从基层治理来看，脱贫攻坚期间各地向贫困村派驻第一书记、驻村工作队，长期驻村帮扶，落实干部与贫困户结对帮扶等。这些措施对帮助贫困村和贫困户摆脱贫困，促进贫困村村级集体经济发展有明显作用，对乡村振兴阶段如何增强村级治理能力，达到治理有效的目标有一定的借鉴意义。但乡村振兴涉及所有村庄，显然不能简单照搬脱贫攻坚的驻村帮扶方式。乡村振兴阶段具体驻村方式、驻村人员要求、驻村时间，应充分结合各地的实际情况，作出相应的调整，以增强村社的法治、德治和自治能力为根本目标，共同迈向和谐社会。

第五，从医疗保障来看，脱贫攻坚阶段主要关注的是贫困人口的基本医疗保障，政策重点是让贫困人口看得上病、看得起病。政策措施包括县、乡、村三级医疗体系的建设，基本医疗保险和政策性大病保险对贫困人口全覆盖，提高贫困人口的报销比例，慢性病补助和签约服务，大病住院治疗实行"先诊疗、后付费"和"一站式"结算等优惠政策。这些政策措施的实施，对解决贫困人口因病致贫的问题起到重要作用。乡村振兴阶段，大部分脱贫攻坚期间对贫困人口的医疗保障政策都可以保留，部分政策可以扩展到全体农村居民。特别是以贫困人口大病、长期慢性病保障制度为蓝本，加速建立全民重大疾病和慢性病救助体系。但要防止部分地区出现的对贫困人口过度保障和过度医疗问题的发生，保障水平必须与当地的经济社会发展相适应，具有财政上的可持续性。医疗卫生部门要重视培养乡村医疗人才和全科医生，推进县乡村医共体建设。

第六，从教育保障来看，脱贫攻坚主要关注义务教育阶段贫困人口的辍学问题，并且针对贫困县的义务教育适龄儿童实施了"两免一补"政策。贫困县采取了许多有效的措施来控辍保学，防止贫困家庭的适龄儿童因贫、因厌学、因上学不便等原因辍学。这些措施完全可以在乡村振兴阶段用于非脱贫县和非脱贫人口，也可以用在非义务教育阶段，从而提高整个农村地区各教育阶段的入学率和完成率。工作重点放在提高学前教育普及率和高中教育入学率上，有条件的地区可将高中教育纳入义务教育阶段，实行12年义务教育。乡村振兴阶段仅关注适龄儿童辍学问题是远远不够的，教育质量问题将成为更重要的议题，也面临更多的挑战，需要创新性的政策和方式加以解决。基本公共服务的均等化有赖于农村教育质量的大幅度提高。

第四章　从产业扶贫到产业兴旺

产业扶贫和产业兴旺分别是脱贫攻坚和乡村振兴两大战略的重要举措。在脱贫攻坚期间，产业扶贫实现了贫困地区特色产业"从无到有"的历史性转变，并成为带动贫困人口最多的帮扶措施，成为贫困人口增收的主要途径。面向全面推进乡村振兴，乡村产业需实现"从有到优""提档升级"。因此，需要在扶贫产业的基础上，集聚更多资源要素，延伸更长产业链条，拓展更多功能价值，使乡村产业发展为富民产业，成为农民增收的助推器和就地就近就业蓄水池，并为实现共同富裕提供经济基础。

第一节　脱贫攻坚中的产业扶贫

产业扶贫是覆盖面最广、带贫人口最多、可持续性最强的扶贫举措。党的十八大以来，各地通过不断完善贫困地区产业发展政策体系，构建扶贫产业体系，扎实推进贫困地区主体培育，总结推广典型案例，提供科技服务、技能培训服务、产销对接等服务支撑，产业扶贫在带动贫困地区特色产业发展、提高贫困人口增收能力等方面取得重大进展和显著成效，为接续推进乡村产业振兴奠定了扎实基础。

一、产业扶贫的政策演进

产业扶贫最初是指在贫困地区积极推进农业产业化经营，以此促进贫困地区农户发展产业。我国的贫困人口主要分布在农村，农村贫困人口主要是以农业为生，其家庭经济主要收入来源是农业收入，对农业的依赖性很高，而发展农业产业化经营能够最大限度与农村贫困人口联系起来，并帮助农村贫困人口实现增收致富。20世纪90年代初，山东潍坊率先提出农业产业化经营，之后的20多年，各地逐渐形成了"公司＋农户""公司＋合作社＋农户""合作社＋农户"等一系列农业产业化组织形式。随后，农业产业化经营被引入到我国的扶贫开发工作中。1994年4月，印发的《国家八七扶贫攻坚计划》中明确提出扶贫开发的主要形式，要求各地兴办贸工农一体化、产销一条龙的扶贫经济实体。2001年，印发的《中国农村扶贫开发纲要（2001—2010年）》明确提出，通过发展"公司＋农户"和订单农业带动贫困农户，并为贫困户提供产前、产中和产后一系列服务，形成贸工农一体化、产供销一条龙的产业化经营。直到2011年，《中国农村扶贫开发纲要（2011—2020年）》才正式提出了产业扶贫这一概念，它与整村推进、劳动力培训转移共同组成了"一体两翼"的扶贫战略。2013年，习近平总书记在湘西十八洞村考察时，提出了精准扶贫基本方略，要从"输血式"扶贫向"造血式"扶贫转变，而产业扶贫是"造血式"扶贫的重要方式。2014年1月，印发的《关于创新机制扎实推进农村扶贫开发工作的意见》将特色产业增收工作列为组织实施扶贫开发10项重点工作之一。习近平总书记在2015减贫与发展高层论坛上首次提出"五个一批"包括了产业扶贫，即要通过发展产业使 3000 万农村贫困人口摆脱贫困。2016 年 11 月，印发的《"十三五"脱贫攻坚规划》中将产业扶贫放在脱贫攻坚八大重点工程之首。2018 年 6 月，印发《关于打赢脱贫攻坚战三年行动的指导意见》提出，将产业扶贫纳入贫困县扶贫成效考核和党政一把手离任审计，引导各地发展长期稳定的脱贫产业项目。由此可见，自上世纪 90 年代以来，产业扶贫在脱贫攻坚中发挥着越来越重要的作用。

二、产业扶贫的主要做法

（一）完善贫困地区产业发展政策体系，加大资金投入

一是金融信贷支持不断强化。资金是制约贫困户发展生产和脱贫致富的关键因素。为了帮助贫困地区发展产业，为贫困户发放"5 万元以下、3 年期以内、免担保免抵押、基准利率放贷、财政资金贴息、县建风险补偿金"的扶贫小额信贷，为经营主体搭建"农业政策性金融产业扶贫合作平台"，吸纳涉农领域龙头企业加盟，投放产业扶贫贷款支持平台经营主体发展扶贫产业。各级政府将金融信贷支持产业发展作为一项帮助贫困户脱贫增收的重点工作来抓，分别从组织领导、防控和化解信贷风险、建立信息共享和统计通报制度等方面切实提升金融信贷助力脱贫攻坚的效益。二是充分发挥保险保障功能。为降低农业产业经营风险和贫困户返贫风险，各地在产业扶贫系列措施中引入农业保险和防贫保险，采用多样化保险经营组织方式，充分发挥保险保障功能，切实保障贫困户的收益。2019 年，昭通市农业保险覆盖了粮油作物、苹果产业、马铃薯产业、生猪产业等产业，投保农户达到 63.77 万户。三是增加财政扶

贫资金对产业发展的支持力度。脱贫攻坚期间，各地将大量的整合资金用于特色产业发展和对贫困户发展产业进行补贴。四是完善工作考核。将产业扶贫纳入贫困县扶贫成效考核，重点考核政策措施落实、扶贫产业带动、扶贫产业覆盖等情况，树立以提高产业发展质量和提升贫困地区产业发展能力为导向。

（二）突出贫困地区产业特色，构建扶贫产业体系

产业扶贫已建立较完备的产业体系，覆盖种植、养殖等农业产业，并逐步发展至电商、乡村旅游、光伏等新产业业态，形成了相互补充、品类齐全的产业体系。

1. 农业产业扶贫

农业是产业扶贫的重点，也是带动贫困人口最多、覆盖面最广的产业。脱贫攻坚期间，各地立足资源优势、产业基础、市场需求、技术支撑等因素，因地制宜制定特色产业发展规划，以规划引领产业布局，形成了洛川苹果、赣南脐橙、藏区青稞牦牛、凉山花椒、山西黄花菜等一大批特色品牌，使贫困地区的乡村特色产业实现了"从无到有"的历史跨越。与此同时，各地通过发展优势产业，将贫困户组织起来，走规模化、集约化道路。既降低了产业发展因小、散、弱而面临的风险，又充分发挥了产业的规模效应，降低了生产成本。脱贫攻坚期间，产业扶贫政策已覆盖98%的贫困户，其中，直接参与种植业、养殖业的贫困户分别为1158万户、935万户[①]。

2. 乡村旅游产业扶贫

乡村旅游是帮助贫困户脱贫致富的有效手段，也是当今旅游发

---

① 国务院新闻办就产业扶贫进展成效举行发布会. http://www.gov.cn/xinwen/2020−12/16/content_5569989.htm.

展的主要方向之一。各地立足独特的自然风貌、风土人情、历史古迹等旅游资源优势，特别是有些少数民族地区凭借特色的民间工艺文化形成了独特的生态和人文环境，以满足旅游消费者的旅游需求。在实践中，各地根据当地实际和消费者发展特点，探索出了各具特色乡村旅游产业扶贫道路。一是编制规划方案，进行科学指导。只有先制定好明确的规划，才能做到事事有规可循，同时通过最大限度地挖掘附加值，尽可能凸显当地的特色，走错位发展、差异化营销之路。一些地方根据贫困村所在的自然环境、地域文化、民族风情等实际情况，对具备旅游发展条件的旅游扶贫重点村、旅游扶贫示范村分别编制了乡村旅游规划，用以指导当地乡村旅游发展，并策划打造一批乡村旅游度假区，进行集中连片开发。二是加强企业引导，确保扶贫效益。发挥行业协会、旅游企业的作用，组织帮扶旅游企业与贫困村建立结对帮扶关系，坚持政府推动和企业资源相结合、社会效益和经济效益相结合、产业带动和精准帮扶相结合的原则，就地就近、共建共享，通过采取景区带村的方式让贫困人口分享景区发展带来的收益。三是利用新老营销渠道，扩大宣传效果。"酒香还怕巷子深"，营销宣传也是乡村旅游建设的有力举措。借助电视广告、新闻媒体、地铁和公交站牌广告等传统媒体对乡村特色旅游进行宣传，同时利用微博、抖音、微信、直播等自媒体，提高当地乡村旅游景点的知名度。

3. 电商扶贫

电商扶贫是扶贫体系中的重要部分。2014 年，国务院扶贫办将电商扶贫纳入"精准扶贫十大工程"。之后，各级政府通过与电商平台企业、物流企业以及实施电商进农村、电商扶贫工作，带动当地产业发展，促进贫困地区家庭脱贫致富。在实践中，各地根据当地实际和电商扶贫发展特点，探索建立电商扶贫长效机制，切实提升电商扶贫效益。一是拓展电商扶贫销售渠道。通过与京东、拼多多、苏宁团队对接，以及打造"爱心购"等手机 APP、微信小程序等，推动贫困地区优质农产品进入全国大市场；发挥城市社区电商作用，组织社区居民以团购的方式，购买贫困地区农产品，并将农产品直接配送到社区；搭建滞销农产品信息发布渠道，对接平台消费者和生产农户。二是培训孵化电商人才。针对电商人才不足，各地通过商务、农业、人社、高校、企业和社会组织等多部门、多主体共同发力，开展电子商务知识应用及创业辅导培训。培训内容主要包括农产品电商基础技能、市场分析、电商模式及战略营销等内容；培训采取政策解析、案例剖析、实操指导、现场交流的方式进行。三是提高网货产品知名度。针对网货产品品牌竞争力不强、品牌效应不高等问题，各地深入挖掘品牌价值，建设区域公用品牌、企业品牌、产品品牌等，提高农产品品牌知名度、美誉度和影响力。如"大凉山"有关农产品品牌创建中国名牌 1 个、中国驰名商标 7 个、省名牌产品 24 个、省著名商标 26 个、国家地理标志保护产品 42 个，获有机食品 32 个、绿色食品 42 个、无公害农产品 65 个。"大凉山"苦荞茶、会理石榴、雷波脐橙、盐源苹果、宁南茧丝、金阳青花椒等驰名全国[1]。

4. 消费扶贫

消费扶贫是指社会各界消费主体通过购买和消费来自贫困地区

---

[1] 农业农村部. 狠抓特色农业产业发展 带动贫困群众脱贫增收——四川省凉山州产业扶贫取得显著成效. http://www.ghs.moa.gov.cn/cyfp/202011/t20201112_6356196.htm.

和建档立卡贫困户的产品和服务，帮助其增收脱贫的一种扶贫方式。在农产品展销会、交易会、农民丰收节、商超等上，各地通过设立消费扶贫专柜、专区、专馆，为当地农产品销售搭建平台。这样不仅能够帮助贫困地区直销农产品，增强其发展产业的信心和能力，又能够满足部分高端消费者的消费需求，激发农产品市场活力。消费扶贫有利于调动全社会参与脱贫攻坚的积极性和主动性，有利于形成"三位一体"扶贫格局。如脱贫攻坚期间，部分地区通过在社会组织网站设立扶贫农产品需求对接平台，定期公布贫困村、贫困户需求，引导社会组织各界积极参与扶贫及农产品消费。

5. 光伏扶贫

光伏扶贫主要是在农户住房屋顶、农业大棚上或者地面等铺设太阳能电池板，并将光伏发电的电量卖给国家电网，这是一种新兴产业发展模式。光伏扶贫主要有光伏地面电站、光伏复合电站和屋顶电站三种模式。其中，光伏复合电站是指除利用顶部发电外，还可开展林下经济、棚下经济、渔上经济等，如蔬菜、中药材种植和畜禽养殖，提高了土地价值，实现土地的节约利用以及空间利用。如海南琼中发展渔光互补光伏发电精准扶贫项目，即在鱼塘上方架设光伏发电组件发电，鱼塘下方利用现代技术养殖高效的鱼、虾、蟹类品种，实现一地两用，渔光互补，极大地提高单位面积土地的经济价值，同时该地还开发休闲观光农业，形成集渔业、光伏并网发电、现代休闲观光农业于一体的主导发展产业，实现社会效益、经济效益和环境效益的共赢，也为扶贫开发注入新的活力。

（三）多元主体参与产业扶贫，提升整体效益

1. 引导新型经营主体参与扶贫

一是组织龙头企业带动贫困户。在产业扶贫中，龙头企业在资金、技术、平台、规模生产方面存在优势，而小农户的农业生产效率较低，因此通过龙头企业带动，形成利益联结共同体，发展产业化经营，能够提高农业的规模经济效益，提高贫困户在产业发展中的收益。同时，政府通过给予龙头企业扶贫低利率贷款、减免税收、用地用电、示范评定等优惠政策，鼓励龙头企业采用"龙头企业＋贫困户""龙头企业＋合作社＋贫困户"等方式带动贫困户发展产业，以此来提高贫困户收入。二是合作社参与扶贫。龙头企业直接与贫困户合作将会面临服务和交易成本过高的问题，让贫困农户和致富带头人组成合作社后再与公司对接的组织模式更有效率。在这种模式中，一方面，合作社按龙头企业的要求负责组织社员进行产品生产，为农户提供产前、产中、产后的服务，降低企业的生产经营成本；另一方面，由于小农户的议价能力不足而被欺压的现象时常发生，合作社可以代表农户与龙头企业进行协商，防止小农户因议价能力不足而被欺压的现象发生。三是发挥村集体经济带动作用。对村集体经济较弱的贫困村，给予财政资金扶持，鼓励贫困户、村集体与合作社、龙头企业等新型经营主体组建产业发展联合体，使贫困户能够稳定分享产业收益。

2. 产业基金管理公司参与扶贫

产业基金管理公司采用股权、债权等形式，将基金投给贫困地区发展前景较好和带动能力较强的龙头企业，从而促进贫困地区产业发展。以往的产业扶贫项目多是政府主导或推动，且产业扶贫资

金多以贴息、补助、奖励等形式发放，产业选择多是"短、平、快"项目，存在资金使用效率较低、项目运营维护缺乏、可持续性差等问题。而产业基金管理公司是具有市场化和政策性质的基金管理公司，遵循市场经济规律，强调经济效益和社会效率相结合，采用保本微利的经营原则，有效提升资源配置效率，同时带动贫困地区产业发展，促进贫困人口脱贫增收。具体来说，被投资企业在扩大经济规模和追求利润最大化的同时，需要与贫困户建立稳定的利益联结机制，为贫困户提供农业生产资料、生产技术等服务或者提供就业岗位，帮助贫困户增收脱贫[①]。

3. 产业指导员参与扶贫

产业指导员需要根据所帮扶对象实际情况，帮助贫困户协调解决生产、经营管理、销售等过程中遇到的问题，其工作职责主要包括宣讲产业扶贫政策、制定切实可行的产业发展计划、协调开展生产技术指导、帮助销售农产品等，能够帮助贫困户的产业脱贫之路走得更稳健、更长久。产业发展指导员是从驻村工作队队员和第一书记、结对帮扶干部中选聘，也可以从农技推广队伍、从事一线服务的专家、致富带头人等中选聘。

（四）构建服务支撑体系，助力产业扶贫发展

1. 加强技能培训服务

贫困劳动力缺乏技能是制约产业发展的关键因素，也是实现就业的短板。各地多措并举，对贫困劳动力开展全方位、多层次的产业技能培训，提升贫困劳动力的专业技能。一方面，开展就业型技

---

① 刘明月，陈菲菲，汪三贵，仇焕广. 产业扶贫基金的运行机制与效果 [J]. 中国软科学，2019（07）：25-34.

能培训。一些地方聚焦电子商务、乡村旅游、家政服务等职业，采用"集中＋分散""课堂＋现场""线上＋线下"等方式，为贫困劳动力提供免费的职业技能培训，增强了贫困户的就业技能，提升了其内生发展动力，有利于其在劳动力市场上充分竞争，实现稳定脱贫。如部分地方开设乡村旅游开发专题培训班，不仅向贫困村旅游经营户讲授发展乡村旅游相关的经营管理知识，还组织他们学习考察发达地区旅游发展经验。一些地方将乡村旅游经营人员培训纳入各级人社部门和旅游部门的培训计划，强化旅游脱贫带头人培训，培养一批民宿经营者、餐饮服务人员、旅游商品加工人员、乡村讲解员、乡村旅游创客等从事乡村旅游的实用人才。另一方面，开展学历教育提升。支持建档立卡贫困户家庭学生开展高中升专科、专科升本科学历提升教育，从而提高他们学历层次、技能技术水平，为提升他们就业能力奠定基础。

2. 积极开展科技扶贫

科技服务是农业生产发展中的重要保障，也是增强扶贫开发"造血"功能和提高农户内生动力的关键。各地多措并举开展科技培训服务，不断提升贫困户在农业产业发展中的水平，保障农业提质增效。一是建立科技人员帮扶体系。各地围绕优势特色产业开展关键技术瓶颈协同攻关，建立以科技特派员和科技扶贫专家为主的服务团队，采用"科技＋扶贫"模式，为农户生产提供技术指导和技术培训服务，用技术支撑来提高生产效益。如昭通市组建七个专家团队挂联到县指导服务产业扶贫，开展"三挂"（挂县区、挂产业、挂新型农业经营主体）、"两研"（研究农业产业技术、研究产业发展模式）、"一推"（推广一批产业发展好经验）、"一建"（建强一批支撑地方发展的支柱产业）指导服务工作，为贫困县特色产业发展提供科技支撑。二是创建科技扶贫示范"百村千户"。通过创建示范村、示范户、示范基地，增强新技术和新品种在基层推广和应用。临高县新贤村采取"政府＋农行＋龙头企业＋合作社＋农户"模式，打造 860 亩凤梨种植基地，吸收附近 40 户贫困户劳动就业、入股分红，户均增收 1.4 万元。

三、产业扶贫取得的成效

通过不断完善产业发展政策体系，建立覆盖农业产业、乡村旅游业、光伏产业等扶贫产业体系，引导龙头企业、合作社、产业基金管理公司等多元主体参与产业扶贫，扎实推进技能培训、科技扶贫等重点工作，产业扶贫取得重大进展和显著成效。

（一）带动贫困地区特色产业发展

在脱贫攻坚期间，贫困地区特色产业快速发展，贫困县、贫困村特色产业实现了从无到有、从有到优的历史性跨越。832 个贫困县全部编制产业扶贫规划，累计实施产业扶贫项目超过 100 万个，建成各类产业基地超过 30 万个，每个贫困县基本形成了 2—3 个特色鲜明、带贫面广的扶贫主导产业，全国 98% 以上贫困户得到扶贫产业带动[1]。如昭通市建成 10 万亩高标准苹果产业示范园，"昭阳红"品牌成为展示昭通苹果优良品质的一张亮丽名片。昭通苹果种植规模从 2015 年的 34 万亩发展到 2020 年的 74.94 万亩，增幅达到 120%，年均增幅 24%，产量 65 万吨、产值 80 亿元，覆盖贫困

---

[1] 农业农村部. 832 个贫困县已建成 30 万个产业基地. https://sme.miit.gov.cn/zwpd/bwdt/art/2020/art_9d8963874c8a4916a21fa4dfcd6de9a0.html.

户 1.51 万户 5.13 万人。此外，构建市场营销长效机制，积极开展产销对接。深入推进电子商务进农村，支持补齐农村物流短板。截至 2020 年底，建设县级电商服务中心和物流配送中心 2000 多个，乡村电商服务站点 14 万个①。整合邮政、供销、商贸、快递、交通等资源，发展共同配送，全国乡镇快递网点覆盖率超过 97%。

（二）促进贫困地区新型经营主体的发育

各地通过出台一系列的优惠措施，贫困地区一批龙头企业、专业合作社、家庭农场等新型农业经营主体快速发展。全国 832 个贫困县已培育市级以上龙头企业 1.44 万家、发展农民合作社 71.9 万家、发展家庭农场超过 15 万家，创建扶贫产业园 2100 多个、组建 4100 多个产业技术专家组，72% 的贫困户与新型农业经营主体建立了紧密型利益联结关系②。如为了更好地带动贫困户发展，推进农业产业化，昭通市引进陕西海升、湖南商会、浙江商会、江西正邦、广东温氏、重庆猪猪侠等农业产业化龙头企业，采取"外龙＋土龙"模式，引导本土企业与外引企业开展多维度多元化合作，发挥优势互补作用，打造产业集群拉长产业链条。截止到 2020 年，昭通市龙头企业达到 325 家，其中国家级龙头企业 1 家，省级龙头企业 26 家，市级龙头企业 140 家。

（三）提高贫困户的发展能力

产业扶贫不仅增加了贫困户的家庭收入，还使得贫困户的发展能力得到提升。70% 以上的贫困户接受了生产指导和技术培训，有

---

① 商务部 . 电商进村实现 832 个国家级贫困县全覆盖 . https://www.163.com/dy/article/FSF4UIK805129QAF.html.

② 农业农村部 . 产业扶贫政策已覆盖 98% 的贫困户 . http://www.gov.cn/xinwen/2020-12/17/content_5570032.htm.

劳动能力和意愿的贫困群众大都掌握了 1—2 项实用技术。通过实施高素质农民培育工程、农村实用人才培训、农村创业致富带头人培训，培养 140 万脱贫带头人 [1]。

（四）形成利益联结机制

新型经营主体与农户形成紧密的利益联结机制。第一，在政府引导下，依托农业龙头企业、合作社、家庭农场等新型农业经营主体，采取"公司＋贫困户"模式、"农业产业企业＋基地＋贫困农户"模式、"公司＋合作社＋贫困户"模式、"农民专业合作社（家庭农场）＋贫困农户"模式等，带动有劳动能力、有发展意愿的贫困户发展生产。在生产发展的过程中，贫困户只管简单的种或养，收购、加工、销售环节全部由新型经营主体负责，实现新型经营主体和贫困户共赢。具体而言，位于产业链上游的企业，通过产前为贫困户提供优惠、免费的生产资料等投入品，产中为贫困户提供免费的技术指导，降低贫困户的生产成本和风险，提升产品质量或产量，从而提升生产效益。位于产业链下游的企业，主要是以农产品为原料的加工企业、收购企业和销售企业，在农业生产后按保护价收购产品，同时也扩大了农产品销量，促进农户增收。第二，企业吸纳贫困家庭劳动力就业，并根据劳动任务完成情况按时发放工资，促进农户工资性收入增加。该带动模式又分为两种类型：一是龙头企业为贫困劳动力提供固定的工作岗位，并与贫困劳动力签订劳务合同。二是龙头企业、合作社等新型经营主体在农业生产、农产品加工和流通等环节有大量技术要求低、工作强度低的工作岗

---

[1] 韩俊. 巩固产业扶贫成果 推进乡村产业振兴. http://www.agricarnival.com/phone/policy/detail/？ ID=1836&rid=335.

位，且这些工作岗位具有季节性、临时性、灵活性特点，也适合只能从事轻体力的弱能劳动。如电商企业属于劳动力密集型行业，在农产品销售等环节需要大量劳动力从事清洗、分拣、包装、促销等工作，一些 60 岁以上老龄劳动力和健康状况不佳的贫困户也可以做轻体力工作，促进了贫困户就地就近就业。第三，贫困户将土地资源、财政产业扶贫资金、扶贫小额贷款量化以及村集体的资产资源等量化折算为股份，入股到新型农业经营主体，实现利益捆绑，而相关经营主体利用这类资产产生经济收益后，贫困村与贫困户按照股份或特定比例获得收益，从而增加贫困户的财产性收入。该带动模式，又分为两种类型：一是资源收益模式，贫困村、贫困户可将农村土地、森林、荒山、荒地、水面、滩涂等集体资产及个人土地承包经营权、林权资产量化入股到新型经营主体获取分红等资产收益。二是资金收益模式，细分为财政扶贫资金收益模式、信贷资金收益模式等①。

第二节　从产业扶贫到产业振兴的难点

脱贫攻坚期间，产业扶贫取得了显著成效，帮助贫困地区特别是"三区三州"等深度贫困地区实现特色产业"从无到有"的转变。但在乡村振兴背景下，乡村产业承载了更多功能和更高的要求，乡村产业必须实现"从有到优"，效益进一步提升，才能持续巩固好脱贫攻坚成果，进而实现乡村产业振兴。当前乡村产业距离产业兴旺

---

① 汪三贵.创新产业扶贫模式确保稳定脱贫 [J]. 中国国情力，2019（05）：1.DOI：10.13561/j.cnki.zggqgl.2019.05.001.

的要求还存在一定差距，突出表现为项目经营效益低、产品市场竞争力不强、利益联结机制不稳固、政府干预项目运行较多、市场机制作用弱、资产可持续利用不足等方面。

一、部分产业项目经营效益低，市场竞争力不强

（一）种养殖产品同质化较为严重，缺乏市场竞争力

特色种养殖业是乡村产业的重要组成部分，也是农民增收的重要渠道。脱贫攻坚期间，各地依托自身特色资源，通过积极开发和探索，初步构建起了支撑农户增收的产业体系，并形成了一些具有地理特色的种养殖产业，如贵州中药材、四川麻羊、海南热带水果、甘肃苹果等。但是也应看到乡村种养殖业存在产品同质化、"特而不优"等问题。一是产品趋同，溢价太低。由于大部分贫困地区地理环境和区位条件趋同性较高，特色和优势不够突出，乡村产业的选择也具有趋同性。在选择种养殖产业时，一片区域往往选择同类产品，加上一些地方政府在产业发展中也鼓励农户大面积种植同类产品，追求产业规模，导致同质化较为严重。即使某类优质产品出现了较高溢价，很快出现大量效仿者，导致大量同质产品集中进入市场，出现产品过剩、价格下滑的局面。如阳光玫瑰在前几年上市的价格达到 70—80 元 / 斤，随着各地跟风种植，目前全国葡萄种植面积约有十分之一为阳光玫瑰，如今普通质量的阳光玫瑰已跌到 10—20 元 / 斤，甚至有的地区集中上市的时候只能卖到几块钱一斤。二是经济效益不显著。从品质来看，一些农产品存在"质优量少""量小质不优"等问题，很难创造出较高收益，如海南临高牛奶菠萝是市场稀缺品种且品质较高，但产量

较低，仅可供当地销售，无更多的产量销往外地，不利于市场推广。大部分贫困地区的产业发展时间不长，相关产品普遍未能形成有影响有口碑的优势品牌，"有品无牌""一品多牌"等问题较为常见，导致同类产品竞争力不强。三是受到土地利用的制约。之前一些地方在发展产业过程中，利用耕地种植经济作物，如蔬菜、水果、中药材等利润较高的经济作物，但随着防止耕地"非粮化"、遏制"非农化"，这些基于耕地的经济作物在后续发展将面临土地利用的制约。

（二）农产品加工业发展滞后，农产品附加值低

贫困地区现有的种养殖业发展基础较为薄弱，大部分以销售初级产品为主，已有加工主要停留在清洗、分拣、包装等"浅加工"层面，且加工标准化、规范化、流程化尚未全面推开，产品总体附加值比较低。产业链短、深加工能力不足是当下乡村产业面临的共性问题，大部分农产品仍未探索出高溢价且市场接受度高的深加工体系。如大部分水果以鲜食为主，但同类水果通常集中上市，一旦滞销就带来巨大损失。只有少数品类水果已形成较稳定的深加工体系，如橙类、柑橘、苹果、葡萄等，大量的水果仍未建成较大的深加工产品市场。此外，贫困地区受制于交通、区位、自然环境等因素，没有培育出有实力的农产品精深加工企业，也很难吸引大企业建立加工基地，导致特色农产品精深加工水平明显滞后。

（三）旅游发展水平不高，休闲农业效益不高

乡村旅游和休闲农业具有强大的生机和广阔的前景。脱贫攻坚时期，一些贫困地区依靠独特的自然资源和特色民俗文化，通过发展乡村旅游，提高农户收入和增强农户增收致富的能力，探索出

了一条独具特色的休闲农业和乡村旅游产业扶贫道路。然而，从全面推进乡村产业振兴来看，部分地区乡村旅游和休闲农业还存在一些不足，影响其长远发展。一是乡村旅游质量不高，建设特色不鲜明。虽然各地都在积极开发乡村旅游点，但没有合理挖掘各自的特色资源，以至于建成的乡村旅游点同质化程度很高，让游客出现审美疲劳。事实上，目前各地成功的乡村旅游案例不多，能够稳定吸引游客观光的乡村旅游点较少。二是重建设，轻运营。很多乡村旅游点的建设主要聚焦于各类基础设施和配套设施建设，如道路、房屋、观光设施等，但在旅游内容和外围产品等方面开发不够，或是持续创新不够，以至于不能形成稳定的旅游"热度"。如各地兴建的民俗村，主要精力用于房屋的仿古改造，但除此之外很少开发出新颖的内容。此外，部分经营主体缺乏专业人才，从业人员素质不高，不懂市场开发和经营运作，导致其功能和作用没有充分发挥出来。三是配套设施用地保障难，建设不完善。乡村旅游因建设配套基础设施如开发民宿、停车场、接待中心等，需要占用较多土地。很多乡村旅游项目因在规划用地、生态红线等方面受到影响，难以落实建设用地指标，造成一定的违建或占用耕地。另外，部分休闲农业经营场所的基础设施条件不齐全、建设标准较低，难以满足游客的多样化需求，造成旅游体验较差。四是乡村旅游商品开发度低。乡村旅游资源开发层级低、没有得到充分开发，商品数量少、种类少，造成乡村旅游消费水平较低，消费拉动作用有待进一步提升。如乡村旅游商品以手工艺品、食品、衣服等为主，所售商品大部分为工业流水线产品，产品技术含量低，同质化严重，很难吸引游客购买，带动效应不明显。五是宣传推广力度不够。休闲农业和乡村旅游宣传推介手段少、投入不多，大部分乡村旅游没有建立可视化平台，宣传力度有待进一步加强，招商引资效益不明显。

二、新型经营主体缺乏，利益联结机制不完善

新型经营主体是实现乡村产业兴旺的关键推手。近年来，脱贫地区新型农业经营主体发展稳中有升，但在发展过程中还面临诸多问题与瓶颈。一是部分项目缺少新型经营主体带动。由于部分脱贫地区资源禀赋较差，加之道路、仓储物流、冷链设施等产业基础设施建设滞后，其他金融、用地配套支撑政策不足，很难吸引带动能力较强的龙头企业。如部分地区涉农企业贷款难、贷款贵问题依然突出，大部分规模化特色产业没有纳入农业保险范围，这些都影响了实力较强的龙头企业在当地投资建厂。此外，脱贫地区工作条件较为艰苦、待遇较低，很难留住外地人才，而懂市场、会管理、善经营的本土经营人才也较为缺乏。二是合作社等新型经营主体自身经营能力不强。已有的合作社普遍存在核心竞争力不强、应对市场风险能力不足和盈利能力弱等问题，还有些合作社属于空壳合作社，并没有开展实质性业务，甚至有些合作社仅为了套取政府补助的项目资金。三是利益联结机制不完善。部分产业项目未与脱贫群体建立稳固的利益联结机制，存在"一股了之"、简单分红、变相分红等现象，忽视了提高农户发展意愿和能力，致使农户参与到产业发展的程度不高，分享产业链增值收益不够。有些地方要求扶贫产业对脱贫农户全覆盖，这无疑会增加新型经营主体带动贫困农户的数量，而大部分新型经营主体不一定能承担带动责任，以至于盲目扩大规

模，造成项目亏损。另外，产业扶贫项目市场风险较高，加上有问责机制，地方政府更愿意将扶贫资金投入龙头企业来降低风险。而且，即时分红、过高分红比例以及连带责任关系等要求，增加了经营主体的运营成本、降低了利润，以至于经营主体参与扶贫的意愿不高，与贫困户共担风险的意愿不强，利益联结机制较为松散，无法真正带动贫困户增收致富。审计署提交的《国务院关于2021年度中央预算执行和其他财政收支的审计工作报告》指出，35县投入27.69亿元建成的771个产业扶贫项目未建立稳定的利益联结，或未足额分红，或未吸纳就业[①]。

三、村集体资产管理能力不足，缺乏可持续性

近年来，较多乡村通过政府投入、社会帮扶、农村制度改革等途径形成数额可观的集体资产，特别是经营性资产，解决了无经营性收入"空壳村"的问题，促进了农户增收和村集体经济的发展。村集体资产要保持可持续经营，仍面临较多突出问题。一是缺乏合格的本土经营管理人才。不管是村集体资产还是确权到村到户的扶贫资产，普遍缺乏完善的管理制度和懂市场、会管理、善经营的人才。之前主要依靠驻村干部等外来力量运营经营性资产，随着驻村干部全部轮换，大部分贫困村很难找出合适的本土人才来接手资产的运营和管护。已有个别地区将资产移交村集体后，出现资产经营不善和流失的现象。二是抗市场风险能力较弱。目前贫困地区的很多村集体资产来自于经营性扶贫资产，这些资产主要投向种养殖项

---

① 审计署.国务院关于2021年度中央预算执行和其他财政收支的审计工作报告.https://www.audit.gov.cn/n5/n26/c10252052/content.html.

目，项目同质化现象比较严重，普遍存在抗风险能力弱、市场风险较高等问题，相关资产的保值增值难度较大。一些地方帮扶车间由于规模小、层次低、抵御市场风险能力弱，加之市场定位不准，难以实现长期稳定发展。审计署的报告表明，41 县投入 17.6 亿元建设的 472 个项目效益较差，206 个建成后闲置或弃用[①]。三是经营性资产的可持续经营难度较大。村集体资产缺少合适的运营载体，有些地方尝试委托给外部的专业资产运营主体，由其代管经营。但这种方式只适合较大规模的村集体经济，大部分村集体经济比较小，单个资产体量小，运营成本比较高，很难找到合适的经营主体。此外，脱贫攻坚期间，部分资产收益扶贫项目负盈不负亏，而且一些地方的分红比例过高，一般不低于 8%，甚至要求固定分红比例超过 10%。经营主体即使尚未盈利，仍需要对贫困户实行分红，造成较大的经营负担，部分经营主体并不愿意接受扶贫资金入股。随着入股纷纷到期后，很多经营主体并不愿意继续参与资产收益项目[②]。

四、政府干预过多，市场机制不完善

由于脱贫攻坚时间紧、任务重，产业项目多由政府主导推进，不仅是资金投入，还包括产业方向选择、产品销售，对政府依赖度较高，没有发挥市场机制的应有作用。一是在资金投入上，过度依赖财政投入。脱贫攻坚期间财政专项扶贫资金不断向产业扶贫倾斜，用于产业发展的资金占财政专项扶贫资金的 70% 以上，大多数产业

---

① 审计署 . 国务院关于 2021 年度中央预算执行和其他财政收支的审计工作报告 . https://www.audit.gov.cn/n5/n26/c10252052/content.html.

② 叶兴庆，殷浩栋，程郁，赵俊超 . 提高经营性扶贫资产运转稳定性——巩固拓展脱贫成果系列调研之一 [J]. 中国发展观察，2021（21）：19–21.

扶贫项目获得了政府的资金支持。主要的原因是贫困地区产业基础较为薄弱，需要的资金投入较大且投资回报率较低，社会资金不太愿意投资，导致较多产业项目主要依靠财政补贴和信贷支持，这些项目一旦没有政府扶持或扶持减弱，可能难以维持经营。二是产业选择忽视市场运行规律。一方面，由于财政资金必须在规定的使用周期内使用，如有的财政预算资金必须当年使用完，这使得一些资金投入到产业定位不准、缺乏充分论证的项目上[①]。另一方面，一些地方政府官员为了追求政绩，倾向于选择立竿见影的"短、平、快"项目，导致市场上出现同质农产品过多。已有研究发现，贫困户参与的产业项目多是见效较快的种养殖业，种植业以价值高、效益快的黑木耳、食用菌、茶叶等经济作物为主，养殖业主要是技术含量低、容易被掌握的鸡、猪、羊等禽畜[②]。三是农产品销售过度依赖非市场化销售方式。一些地方在提升农产品产品质量上下功夫不多，市场销售业绩不佳，便依靠帮扶单位的消费帮扶解决农产品销售问题，部分消费帮扶产品不仅质量低而且价格高于市场同类产品，给帮扶单位也带来销售压力。从长远来看，这种长期性的帮扶产品采购和包销助长了产业的粗放式发展，不利于产业长期发展，不仅对同行业的非帮扶产品造成不公平竞争，而且透支了政府信誉和社会爱心[③]。

---

① 邢成举.政府贫困治理的多元逻辑与精准扶贫的逻辑弥合 [J].农业经济问题，2020（02）：31-39.DOI：10.13246/j.cnki.iae.2020.02.004.

② 刘明月，冯晓龙，冷淦潇，仇焕广.从产业扶贫到产业兴旺：制约因素与模式选择 [J].农业经济问题，2021（10）：51-63.DOI：10.13246/j.cnki.iae.2021.10.005.

③ 叶兴庆，殷浩栋，程郁，赵俊超.把扶贫产业纳入乡村产业振兴框架——巩固拓展脱贫成果系列调研之二 [J].中国发展观察，2021（21）：22-24+49.

第三节　实现产业兴旺的对策建议

脱贫攻坚期间,乡村产业实现由无到有,为乡村产业振兴奠定了基础。而在乡村振兴背景下,要巩固好脱贫攻坚成果,实现乡村产业从有变优、提档升级,应注重促进产业提质增效,完善利益联结机制,处理好政府和市场的关系,壮大村集体经济,完善集体资产的管理,进一步构建高质量、高效率、可持续的乡村产业体系。

一、促进产业提质增效

一是推进乡村特色产业发展。立足本地资源禀赋,结合当地的人力资源和消费市场等情况,因地制宜发展特色产业,合理规划产业布局,力求建立起具有比较优势的"唯一性"的产业。对于一些同质化严重的种养殖业,应根据当地资源特色,找到产品营销切入点,重新包装或调整产品,挖掘产品的独特性、"唯一性",从而打造成具有地方特色的产品。如近年来,多地发展石斛产业,带动农户增收致富。石斛从野生种植向规模化种植发展,市场上充斥了大量的石斛,使得石斛价格一落千丈。而海南依托火山熔岩地貌和得天独厚的良好生态,发展原生态火山石斛产业,所产石斛富含众多微量元素和多种有益氨基酸,有别于其他地方普通的石斛。目前海南火山石斛在国内市场上占有一席之地。对于已具备一定规模的种养殖业,应集约集群发展农产品产地初加工和精深加工,延伸产业链条,实现农产品的增值,让更多的农业增值收益留在当地,创造更多的就地就近就业岗位。如广东省田头智慧小站是把刚采摘的果蔬进行预冷保鲜、分级分拣、加工包装等处理，将精品果蔬通过冷链运输销往外地，帮助当地优质农产品扩大销售半径，实现农产品增值，同时带动当地农户实现就近务工，促进当地农户增收。对于休闲农业和乡村旅游业，应把握定位市场需求和目标群体，挖掘乡村文化、特色农业资源等多元价值，为消费者提供特色化、差异化、多样化的乡村旅游项目，同时利用移动互联网等先进技术，多渠道、全方位进行宣传推介。

二是发展适度规模经营，提高农业效率。脱贫攻坚期间，为了带动更多的农户参与到产业链中，政府用行政命令要求经营主体扩大经营规模，甚至有的经营主体盲目追求超大规模经营。而一旦遭遇极端天气，农作物会出现大面积损毁，经营主体将会面临较大损失，甚至是毁灭性损失。因此，经营主体应综合考虑市场需求量、自然条件和自身实力等多方面因素，确定适度规模经营的最优区间范围，而不是一味追求超大规模。在此基础上，依靠政府提供产业基础设施、人才培训和金融等支撑，依靠农业科研机构提供实用的、有价值的、有效益的技术服务，实现规模效率的提高。

三是以数字化提高农业经营效益。利用数字化技术实现农业生产智能化、农业服务数字化、农产品销售线上化，推动传统农业转型升级，促进节本增效，实现农业规模化效益。在农业生产方面，农业物联网、智能农机、无人机、农业遥感卫星等应用，实现智能灌溉、无人驾驶、精准施肥、农作物长势监测等，提升农业生产的智能化水平；在农业服务方面，通过社会化服务网络化，不仅延伸了服务范围，还能更精准地匹配农户需求。农技推广、生产资料供应、田间管理等活动都逐步上线，利用网络或手机客户端可以覆盖更多的农户，为农户提供及时农业政策资讯、农业技术指导、农资配送等服务。在农产品销售方面，将传统农产品线下销售渠道拓宽到直播、微商、电商平台、社区团购、"可视农业＋农产品"等线上销售，助力了农产品上行，使更多的农产品摆脱了地理隔离和信息阻隔的约束，不仅丰富了农产品的市场供应，而且促进农产品产销精准对接，这对促进农民增收致富具有重要作用。

四是培育特色农业产品品牌。围绕地区主导产业，结合产品的市场定位，寻找地区差异、品种特性等，进行品牌规划，培育一批特色鲜明的农产品品牌。积极开展绿色、有机农产品认证和品牌商标注册，培育一批市场知名度高、带动能力强的区域公共品牌。利用国际国内农产品交易会、展销会、产销对接等线下活动，以及"双十一""年货节"等网络促销活动，宣传推介农产品品牌；同时组织传统媒体、自媒体、新媒体等对农产品品牌进行宣传，提高品牌知名度和影响力。

二、大力培育新型经营主体

单个农户生产规模小、议价能力弱，在市场中常常处于弱势地位，只有以新型经营主体为纽带，以抱团取暖的方式共同参与到市场竞争中，单个农户才能抵御市场的冲击，并从中获取收益。一是引进一批市场主体。乡村产业振兴需要更多的市场主体参与，一些欠发达地区的营商环境难以和发达地区相比，服务意识还不到位，很难吸引社会资本入驻。应放宽市场准入，建立健全公平竞争制度，强化产权保护，打造投资自由便利的营商环境。这不仅可以激发各类市场主体活力，还能通过吸引国外和国内同行业知名龙头企业，形成示范效应，带动本土企业的发展，增强产业竞争力。二是壮大一批市场主体。依托现有的农业龙头企业、农民专业合作社和家庭农场等市场主体，引导市场主体健全经营管理制度、完善财务管理，同时加大金融财税用地扶持力度等，扶持现有市场主体做优做强做大。三是培育一批市场主体。根据本地实际情况建立返乡创业园，培育一批市场主体，深度参与乡村产业发展，结合已有产业，形成以现有产业为核心的产业集群。

三、完善利益联结机制

要让小农户融合现代农业，必须通过经营主体来组织带动，而让小农户能够分享产业发展收益，则必须完善经营主体与小农户之间的利益联结机制。以平等互惠互利的原则，完善股份合作、"保底收益＋按股分红"、订单农业等利益联结机制，让经营主体有带动农户发展产业的积极性，提高农民稳定的可持续的收益能力。引导龙头企业为本地农业经营主体提供技术服务或市场服务，和农户通过双向入股进行利益联结，形成龙头企业联农带农的利益联结机制。完善"资源变资产、资金变股金、农民变股东"三变改革机制，盘活农村资产，实现"小生产"与"大市场"的有效对接，推动产业集约化、专业化、链条化发展。进一步提高农户的组织化程度，让经营主体牵头建立农资、生产供应链，共同购买种子、化肥、农药等农资，共同选用优良品种、采用先进生产技术、共享市场信息和销售渠道，逐渐升级为产业集群。

四、壮大新型集体经济

近年来，农村村集体经济实力持续增强，对促进农业农村发展和提高农民收入发挥着越来越大的作用。未来应继续壮大村集体经济，具体可从以下几个方面着力：一是配强配好村级领导班子。将年轻、有文化、懂经营、有管理经验的人才选到村领导岗位上来，用晋升制度、学习机会、工作绩效等激励年轻干部，用高报酬、医疗保险等留住年轻干部，加强村党组织致富带头人队伍建设，不断提升村集体经济的自身经营管理能力[1]。二是探索多元经营模式。一些地方探索合作经营模式，以村集体、合作社为组织载体引入农业企业、旅游企业、文创企业等优势企业，带动村级集体经济发展，增加村集体抗市场风险能力，增强村集体经济实力。一些地方整合多个村级自筹资金组建集体经济发展基金池，由国资公司负责运作，所得收益按资本比例返还给村集体组织[2]。三是加大村集体经济发展项目扶持力度。在保障用地、税收减免和资金支持等方面，可以协调工商、税务、自然资源和金融机构等加大对村级集体经济发展项目的支持。

五、强化市场机制

在乡村产业发展过程中，要让市场机制起决定性作用，才能从根本上解决产业发展过度依赖政府的问题。根据市场需求发展产业，

---

① 贺卫华. 乡村振兴背景下新型农村集体经济发展路径研究——基于中部某县农村集体经济发展的调研 [J]. 学习论坛，2020（06）：39-46.DOI: 10.16133/j.cnki.xxlt.2020.06.006.

② 浙江村级集体经济发展 10 种模式 [J]. 农村财务会计，2020（09）：22-28.

及时收集消费者反馈信息，开发满足消费者需求的产品。按商业规律调整完善产品销售渠道，既需要改造升级传统销售渠道，也需要拓展利用新型渠道，解决既有农产品"卖不出、卖不好"难题。在传统销售渠道方面，加快建设现代化的城乡物流配送体系，建立农产品加工设施，完善市场信息服务体系，健全稳定的农产品供应链。在新型销售渠道方面，在完善冷链、物流、仓储等基础设施和县级农村电子商务公共服务中心、乡级电商服务站、村级电商服务站的基础上，开拓农村电子商务、抖音直播等新形式的营销渠道。此外，规范开展消费帮扶，在坚持自愿消费原则的基础上，引导公益活动、慈善行为等购买农村地区商品①。

六、强化土地和资金等保障

为更好地引导市场主体在乡村发展产业，需进一步完善财政补贴、税收优惠、融资信贷、用地、基础设施等其他保障措施。一是创新供地方式。探索省市县联动"点供"供地方式，保障产业发展合理用地需求。盘活闲置农房和宅基地，开发"四荒地"，开展集体经营性建设用地入市改革，有效增加农村产业用地供给。二是建立多层次乡村产业融资渠道。强化对乡村产业的金融支持，畅通新型经营主体的信贷渠道，给予宽松的贷款条件，以担保基金、产业基金等为其提供支持，探索将集体建设用地、宅基地资格权、农业设施等纳入到抵押范围。三是完善农村产业基础设施。在生鲜农产品的种植基地附近配备完善的初加工、仓储、冷链物流配送设施；以

---

① 叶兴庆，殷浩栋，程郁，赵俊超.把扶贫产业纳入乡村产业振兴框架——巩固拓展脱贫成果系列调研之二 [J]. 中国发展观察，2021（21）：22-24+49.

永久基本农田保护区、粮食生产功能区、重要农产品生产保护区为主要范围，因地制宜开展高标准农田建设。另外，随着农村新产业新业态的发展，还需要不断完善农村新型基础设施建设，使产业发展适应超数字化、网络化和智能化的趋势。

七、大力培养乡村产业发展人才

重点培育一批敢闯敢拼、务实担当的乡村产业发展人才。摸清乡村产业从业者的培训需求，开展有针对性的技能培训，实施精准培训，积极探索案例教学、互动教学等参与性高的培训方式。在技术指导方面，可邀请技术专家、"土专家"开展农村乡村产业发展专题培训，线下培训可针对生产实际，现场讲解和培训，同时也可以探索线上指导和培训渠道，为农户提供及时的精准帮扶指导。利用东西部劳务协作机制，深化脱贫地区与东部发达地区的产业发展培训合作。组织脱贫地区乡村产业带头人到东部发达地区现场观摩学习。

第五章 从环境改善到生态宜居

党的二十大报告指出，全面推进乡村振兴，要求统筹乡村基础设施和公共服务布局，建设宜居宜业和美乡村。推动绿色发展，促进人与自然和谐共生，要求坚持可持续发展，坚持节约优先、保护优先、自然恢复为主的方针，像保护眼睛一样保护自然和生态环境，坚定不移走生产发展、生活富裕、生态良好的文明发展道路[①]。改善农村人居环境，建设美丽宜居乡村，是实施乡村振兴战略的一项重要任务，事关广大农民根本福祉，事关农村社会文明和谐。乡村振兴阶段，环境改善的目标需从脱贫攻坚期的基本达标进入到增效提质的新高度，实现农村生态环境根本好转，建成生态宜居的美丽乡村。

第一节 脱贫攻坚中的农村环境改善

脱贫攻坚阶段，实施生态扶贫将生态环境保护和扶贫开发相结合，牢固树立和践行绿水青山就是金山银山的理念，坚持扶贫开发

[①] 习近平.高举中国特色社会主义伟大旗帜 为全面建设社会主义现代化国家而团结奋斗——在中国共产党第二十次全国代表大会上的报告.中华人民共和国中央人民政府，2022 年 10 月 16 日，http://www.gov.cn/xinwen/2022−10/25/content_5721685.htm.

与生态保护并重，通过重大生态工程建设、加大生态补偿力度、大力发展生态产业、创新生态扶贫方式等举措，实现了脱贫攻坚与生态环境改善的"双赢"。危房改造和易地扶贫搬迁极大改善了农村群众的居住环境，同时随着脱贫攻坚战的推行，改善农村人居环境成为实现乡村生态振兴必须解决的难点和重点问题，在此过程中通过改厕革命、垃圾处理、污水治理和村庄治理等探索路径，进入农村人居环境整治的初步阶段。

一、环境改善的政策演进

（一）生态环境改善的政策演进

良好的生态环境是最普惠的民生福祉。党的十八大以来，我国在贯彻精准扶贫基本战略的过程中，将生态文明建设纳入国家发展"五位一体"总体布局，贯彻"绿水青山就是金山银山"绿色发展理念，严守生态保护红线，坚决打好污染防治攻坚战，推进美丽中国建设，切实保护公民环境权利。

1994 年国务院印发的《国家八七扶贫攻坚计划》中提到扶贫形势与任务时，强调了贫困县共同的特征之一是生态失调，在此基础上各部门扶贫任务中加上了改善生态环境的内容[①]。但这一阶段只是在政策中提到了扶贫与生态环境之间的关系，如何在兼顾保护生态环境的过程中实现脱贫的具体路径并未提及。

随着扶贫开发的推进，贫困地区生产力水平低，对自然条件的依赖性大，生态环境的好坏对贫困农户实现减贫脱贫具有决定性意

---

① 武国友 . "八七扶贫攻坚计划"的制定、实施及其成效 [J]. 北京党史，2011（05）：7–10.

义。但贫困地区自然条件恶劣，农业基础薄弱，抵御自然灾害的能力低，使得贫困地区逢天灾必受重灾，已经解决温饱的贫困户因生态条件恶化再次返贫。针对以上情况，2001 年国务院印发的《中国农村扶贫开发纲要（2001—2010 年）》中对农村生态环境保护有了更多的关注和要求[①]。在扶贫开发过程中能源消耗日益增加，政府在扶贫开发中要兼顾对能源的节约和开发，提出 2001—2010 年扶贫开发总的奋斗目标包括加强贫困乡村的基础设施建设，改善生态环境。同时提出要坚持可持续发展的方针，明确扶贫开发必须与资源保护、生态建设相结合，实现资源和环境的良性循环，从而提高贫困地区可持续发展的能力。在措施和路径中强调，以有利于改善生态环境为原则，加强生态环境的保护和建设，实现可持续发展；发挥贫困地区资源优势并改善生态环境的资源开发。

为进一步改善贫困地区的贫困现状，促进共同富裕、实现全年建设小康社会的奋斗目标，2011 年 12 月国务院印发的《中国农村扶贫开发纲要（2011—2020 年）》中提出，将扶贫开发与生态建设、环境保护、城镇化和新农村建设结合起来，充分发挥贫困地区资源优势，发展环境友好型产业，增强防灾减灾能力，提倡健康科学生活方式，促进经济社会发展与人口资源环境相协调[②]。

2013 年 11 月，习近平总书记在湖南考察时强调：“扶贫开发要同做好农业农村农民工作结合起来，同发展基本公共服务结合起来，同保护生态环境结合起来，向增强农业综合生产能力和整体素

---

① 国务院关于印发中国农村扶贫开发纲要（2001—2010 年）的通知 [J]. 中华人民共和国国务院公报，2001（23）：34-39.

② 中共中央、国务院印发《中国农村扶贫开发纲要（2011—2020 年）》[EB/OL]. 2011 年 .http：//www.gov.cn/gongbao/content/2011/content_2020905.htm.

质要效益。"[1]2015 年 11 月，中央扶贫开发工作会议将"生态补偿脱贫一批"列入"五个一批"脱贫举措中，明确提出：加大贫困地区生态保护修复力度，增加重点生态功能区转移支付，扩大政策实施范围，让有劳动能力的贫困人口就地转成护林员等生态保护人员。2017 年中央一号文件《中共中央 国务院关于深入推进农业供给侧结构性改革 加快培育农业农村发展新动能的若干意见》中强调推行节能、低碳、绿色的生产、生活方式和消费模式，生态扶贫被摆到了更加显著的位置[2]。

2018 年 6 月，中共中央、国务院印发的《关于打赢脱贫攻坚战三年行动的指导意见》成为脱贫攻坚最后决胜阶段推进生态环境保护行动的纲领性文件。意见指出，"加强生态扶贫。创新生态扶贫机制，加大贫困地区生态保护修复力度，实现生态改善和脱贫双赢"。使贫困地区到 2020 年实现生态环境有效改善、生态产品供给能力明显增强和可持续发展能力持续提升的目标[3]。通过生态保护来改善贫困地区的自然地理环境和生产生活条件，以期破除经济与生态双重贫困的恶性循环。

（二）人居环境改善的政策演进

改善农村人居环境是增进农村居民福祉和实现乡村生态振兴的重要内容。党的十八大以来，党中央高度关注农村人居环境整治工作，国家层面出台了一系列政策举措，推动农村人居环境改善。

① 中共中央党史和文献研究院 . 习近平扶贫论述摘编 [M]. 北京：中央文献出版社，2018.

② 中共中央 国务院关于深入推进农业供给侧结构性改革加快培育农业农村发展新动能的若干意见 [N]. 人民日报，2017-02-06（001）.

③ 中共中央 国务院关于打赢脱贫攻坚战三年行动的指导意见 [N]. 人民日报，2018-08-20（001）.DOI：10.28655/n.cnki.nrmrb.2018.007898.

2014 年，国务院办公厅发布《关于改善农村人居环境的指导意见》，要求"按照全面建成小康社会和建设社会主义新农村的总体要求，以保障农民基本生活条件为底线，以村庄环境整治为重点，以建设宜居村庄为导向，从实际出发，循序渐进，通过长期艰苦努力，全面改善农村生产生活条件。"[①] 党的十九大报告提出要实施乡村振兴战略，着力解决突出环境问题，开展农村人居环境整治行动。同时为改善我国农村人居环境状况的不平衡、脏乱差问题在一些地区还比较突出，与全面建成小康社会要求和农民群众期盼还有很大差距，仍然是经济社会发展的突出短板的现实困境，2018 年 2 月，中共中央办公厅、国务院印发《农村人居环境整治三年行动方案》，明确提出，改善农村人居环境，建设美丽宜居乡村，是实施乡村战略的一项重要任务，事关全面建成小康社会，事关广大农民根本福祉，事关农村社会文明和谐。围绕农村生活垃圾治理、厕所粪污治理、农村生活污水治理、提升村容村貌、加强村庄规划管理、完善建设和管护机制等重点任务，开展农村人居环境整治，实现到 2020 年，农村人居环境明显改善，村庄环境基本干净整洁有序，村民环境与健康意识普遍增强的目标[②]。

2019 年中央一号文件《中共中央 国务院关于坚持农业农村优先发展做好"三农"工作的若干意见》再次提出，要抓好农村人居环境整治三年行动，全面推开以农村垃圾污水处理、"厕所革命"和村容村貌提升为重点的农村人居环境整治，确保到 2020 年实现农村

---

① 国务院办公厅关于改善农村人居环境的指导意见 [J]. 农村实用技术，2018（10）：1-2.

② 中共中央办公厅、国务院办公厅印发《农村人居环境整治三年行动方案》[J]. 社会主义论坛，2018（02）：12-14.

人居环境阶段性明显改善，村庄环境基本干净整洁有序，村民环境与健康意识普遍增强[①]。同时，2019 年《政府工作报告》提出，要因地制宜开展农村人居环境整治，推进厕所革命、垃圾污水治理，建设美丽乡村。

二、环境改善的主要做法

（一）生态环境改善的主要做法

脱贫攻坚期间，中央把生态文明建设作为统筹推进"五位一体"总体布局和协调推进"四个全面"战略布局的重点内容。"绿水青山就是金山银山"的绿色发展理念，指明了实现发展和保护协同共生的新路径，为我国农村地区的发展提出了时代要求，生态环境保护成为开展"三农"工作的重要关注点。此外，经过区域扶贫开发后，我国剩余的贫困地区多位于重点生态功能区、生态环境脆弱区，限制开发或资源匮乏是造成这些地方贫困的重要原因。对于这些区域，实施有效的生态环境改善举措，予以有效的生态环境保护，是改善其贫困状况的重要举措。

我国林地、草原、湿地、荒漠化土地占国土面积 70% 以上，分布着全国 60% 的贫困人口，这些地区是生态建设的主战场，也是脱贫攻坚的主战场。党的十八大以来，国家林业和草原局会同国家发展改革委、财政部、生态环境部、自然资源部、农业农村部、国务院扶贫办等部门充分挖掘行业优势，将生态环境建设与贫困群众脱贫增收同步谋划、同步推进、同步落实，出台一系列政策、明确工

---

① 中共中央 国务院关于坚持农业农村优先发展做好"三农"工作的若干意见[J]. 农村经营管理，2019（02）：6-12.

作思路，通过规划引领、资金项目支持、督查检查指导、人才科技支撑等组合拳，形成生态环境保护与扶贫开发共进的工作体系。通过实施重大生态工程建设、加大生态补偿力度、国土绿化、生态产业和生态环保等措施，激发贫困人口内生动力，吸纳贫困人口就地参与劳务，在促进增收脱贫的同时全面提升贫困地区的生态环境，实现一个战场打赢脱贫攻坚和生态保护两场战役。

1. 实施重大生态工程建设

脱贫攻坚期，通过加强贫困地区生态保护与修复，在各类重大生态工程项目和资金安排上进一步向贫困地区倾斜，实施生态保护工程项目。在此过程中组织动员贫困人口，设立岗位吸纳贫困人口参与重大生态工程建设，同时采用以工代赈的方式，提升贫困地区生态环境，使扶贫对象获得工资性收入。实施退耕还林还草工程、退牧还草工程，深入推进三江源地区森林、草原、荒漠、湿地与湖泊生态系统保护和建设，加大黑土滩等退化草地治理，并为从事畜牧业生产的牧户配套建设牲畜暖棚和储草棚，改善生产条件和环境；实施京津风沙源治理工程，推进工程范围内53个贫困县（旗）的林草植被保护修复和重点区域沙化土地治理，提高植被质量和覆盖率，遏制局部区域流沙侵蚀；实施天然林资源保护工程，以长江上游、黄河上中游为重点，加大对贫困地区天然林资源保护工程建设支出力度；实施三北等防护林体系建设工程，安排三北、长江、珠江、沿海、太行山等防护林体系建设工程范围内226个贫困县的建设任务，同时加大森林经营力度，推进退化林修复，加强国家储备林建设；实施水土保持重点工程，对长江和黄河上中游、西南岩洞区、东北黑土区等重点区域加大水土流失治理力度，对纳入相关规划的水土流失严重贫困县，加大政策和项目倾斜力度，加快推进坡耕地、侵蚀沟治理和小流域综合治理。同时在综合治理水土流失的同时，培育经济林果和特色产业，实施生态修复，促进项目区生态经济良性循环，改善项目区农业生产生活条件。

通过设立岗位吸纳贫困人口参与到风沙治理、天然林保护、退耕还林还草等生态工程建设或管护工作，同时采用以工代赈的方式，提升贫困地区生态环境，同时使得扶贫对象获得工资性收入。

2. 实施生态保护补偿制度

通过不断完善转移支付制度，建立多元化生态保护补偿机制，并逐步扩大贫困地区和贫困人口生态补偿受益程度。一是中央财政增加了国家重点生态功能区中的贫困县，特别是"三区三州"等深度贫困地区的转移支付力度，通过扩大政策实施范围，完善补助办法，逐步加大对重点生态功能区生态保护与恢复的支持力度。二是不断完善森林生态效益补偿补助机制，健全各级财政森林生态效益补偿补助标准动态调整机制，调动森林保护相关利益主体的积极性，完善森林生态效益补偿补助政策，推动补偿标准更加科学合理，抓好森林生态效益补偿资金监管，保障贫困群众的切身利益，从而调动贫困群众投入生态环境保护的积极性。三是在内蒙古、西藏、新疆、青海、四川、甘肃、云南、宁夏、黑龙江、吉林、辽宁、河北、山西和新疆生产建设兵团的牧区半牧区县实施草原生态保护补助奖励政策，向牧民及时足额发放禁牧补助和草畜平衡奖励资金，实施草原生态环境保护。四是开展生态综合补偿试点，以国家生态功能区中的贫困县为主体，整合转移支付、横向补偿和市场化补偿等渠道资金，结合当地实际建立生态综合补偿制度，健全有效的检测评估考核体系，把生态补偿资金支付与生态保护成效紧密结合起来，使贫困地区牧民在获得相应补偿的同时参与生态环境保护。

3. 发展生态产业

依托和发挥贫困地区生态资源禀赋优势，通过选择与生态环境保护紧密结合、市场相对稳定的特色产业，将资源优势有效转化为产业优势、经济优势。通过在贫困地区创建特色农产品优势区，在国家级特优区评定时，对脱贫攻坚任务重、带动农民增收效果突出的贫困地区适当倾斜。引导贫困县拓宽投融资渠道，落实资金整合政策，强化金融股保险服务，着力提高特色产业抗风险能力。培育壮大生态产业，促进一二三产业融合发展，通过入股分红、订单帮扶、合作经营、劳动就业等多种形式，建立产业化龙头企业、新型经营主体与贫困人口的紧密利益联结机制，拓宽贫困人口增收渠道。

（1）发展生态旅游业。通过健全生态旅游开发与生态环境保护衔接机制，加大生态旅游扶贫的指导和扶持力度，依法加强自然保护区、森林公园、湿地公园、沙漠公园、草原等旅游配套设施建设，完善生态旅游行业标准，建立健全消防安全、环境保护等监管规范。通过积极打造多元化的生态旅游产品，推进生态与旅游、教育、文化、康养等产业深度融合，大力发展生态旅游体验、生态科考、生态康养等，倡导智慧旅游、低碳旅游。引导贫困人口由分散的个体经营向规模化经营发展，为贫困人口兴办森林（草原）人家、从事土特产销售和运输提供便利服务。扩大与旅游相关的种植业、养殖业和手工业发展，在改善生态环境的同时，促进贫困人口脱贫增收。通过在贫困地区打造精品森林旅游地、精品森林旅游线路、森林特色小镇、全国森林体验和森林养生试点基地，实现生态环境可持续发展。

（2）发展特色林产业。通过积极发展适合在贫困地区种植、市场需求旺盛、经济价值较高的木本油料、特色林果、速丰林、竹藤、花卉等产业，实现在增加收入的同时保证生态效益。建设林特产品标准化生产基地，推广标准化生产技术，促进特色林产业提质增效，因地制宜发展贫困地区区域特色林产业，做大产业规模，加强专业化经营管理。以发展具有地方和民族特点的林特产品初加工和精深加工为重点，延长产业链，完善仓储物流设施，提升综合效益。

（3）发展特色种养业。立足资源环境承载力，充分发挥贫困地区湖泊水库、森林、草原等生态资源优势，积极发展林下经济，推进农林复合经营。发展林下中药材、特色经济作物、野生动植物繁（培）育利用、林下养殖、高产饲草种植、草食畜牧业、特色水产养殖业等产业，积极推进种养结合，促进循环发展。发展农林产业加工业，积极发展农产品电子商务。通过打造一批各具特色的种养业示范基地，形成"龙头企业＋专业合作组织＋基地＋贫困户"的生产经营格局，积极引导贫困人口参与特色种养业发展。

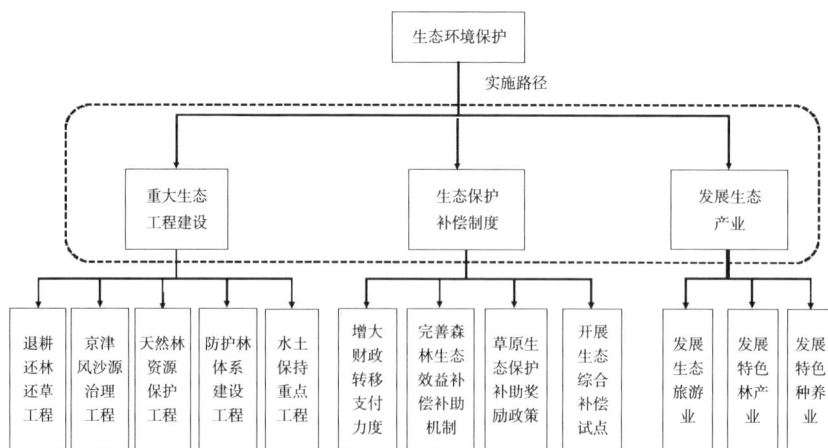

图5-1 生态环境保护实施路径与措施

（二）人居环境改善的主要做法

改善农村人居环境是增进广大农村居民福祉和实现乡村生态振兴的重要内容。2020 年全面建成小康社会是党向人民作出的庄严承诺。"全面"具有丰富的含义，包括经济、社会、环境等各个层面及要素。农村是建成全面小康社会的重点所在，农村的全面小康自然包括为广大农村居民提供保障的良好人居环境，因此脱贫攻坚期，国家出台一系列政策，投入大量财政资金，实施危房改造项目、易地扶贫搬迁项目改善农村居民的居住条件和环境，推行厕所革命、垃圾处理、污水治理和村庄清洁和绿化美化等改善农村人居环境。

1. 危房改造项目

住房和城乡建设部通过推进危房改造工程，实现了贫困人口住房安全有保障和居住环境改善的双重目标。为进一步加强和完善建档立卡贫困户等重点对象农村危房改造工作，2017 年 9 月，住房和城乡建设部、财政部、国务院扶贫办联合印发《关于加强和完善建档立卡贫困户等重点对象农村危房改造若干问题的通知》，对危房改造对象认定标准和程序、贫困户"住房安全有保障"的认定标准和程序等作出了明确规定[①]，规定农村危房改造对象应为建档立卡贫困户、低保户、农村分散供养特困人员和贫困残疾人家庭等 4 类重点对象，通过加大资金投入力度，推广低成本改造方式，帮助协调组织主要建材的采购与运输等方式，切实加大对深度贫困户的倾斜支持，减轻贫困户负担，改善贫困户居住环境，提高贫困户满意度。

---

① 住房和城乡建设部. 关于加强和完善建档立卡贫困户等重点对象农村危房改造若干问题的通知. 2017. https://www.mohurd.gov.cn/gongkai/fdzdgknr/tzgg/201709/20170906_233201.html.

2018 年 11 月，为全力推进建档立卡贫困户等重点对象农村危房改造，聚焦深度贫困地区和特殊贫困群体，确保到 2020 年如期实现贫困户住房安全有保证目标，改善贫困户的居住环境和条件，提高贫困人口的获得感和幸福感，住房和城乡建设部、财政部联合制定了《农村危房改造脱贫攻坚三年行动方案》，要求把建档立卡贫困户放在突出位置，全力推进建档立卡贫困户、低保户、农村分散供养特困人员和贫困残疾人家庭等 4 类重点对象危房改造，确保 2020 年前完成现有 200 万户建档立卡贫困户存量危房改造任务，基本解决贫困户住房不安全问题。倾斜支持"三区三州"等深度贫困地区，加快实施农村危房改造，探索支持农村贫困群体危房改造长效机制，逐步建立农村贫困群体住房保障制度[①]。

在资金补助方面，国家提供资金补助，帮助农村贫困群众改造危房。从 2017 年起，中央财政户均补助标准从 8500 元提高到 1.4 万元。地方统筹各级财政补助资金，并根据农户贫困程度、房屋危险程度和改造方式等制定分级分类补助标准，保证了贫困户建得起基本安全的住房。对于部分鳏寡孤独等无力改造住房的特困群众，通过统建农村集体公租房及幸福大院、修缮加固现有闲置公房、置换或长期租赁村内闲置农房等方式，兜底解决住房安全问题。

2. 易地扶贫搬迁工程

对生活在自然环境恶劣、生存条件极差、自然灾害频发地区，很难实现就地脱贫的贫困人口，实施易地扶贫搬迁，解决"一方水土养不起一方人"的现实困境。作为"五个一批"中的扶贫策略，

---

① 住房和城乡建设部 财政部印发农村危房改造脱贫攻坚三年行动方案 [J]. 建设科技，2018（24）：9.

习近平总书记指出，易地搬迁脱贫一批，是一个不得不为的措施，也是一项复杂的系统工程，政策性强、难度大。要拓宽资金来源渠道，解决好扶贫搬迁所需资金问题。要做好规划，合理确定搬迁规模，区分轻重缓急，明确搬迁目标任务和建设时序，按规划、分年度、有计划组织实施。

为坚决打赢脱贫攻坚战，确保到 2020 年所有贫困地区和贫困人口与全国人民一道迈入全面小康社会，党中央、国务院决定，按照精准扶贫、精准脱贫要求，加快实施易地扶贫搬迁工程。2016 年 9 月，国家发展改革委印发《全国"十三五"易地扶贫搬迁规划的通知》，明确要求，到 2020 年，实现约 1000 万建档立卡贫困人口的搬迁安置，搬迁对象住房安全得到有效保障，安全饮水、出行、用电、通讯等基本生活需求得到基本满足，享有便利可及的教育、医疗等基本公共服务，迁出区生态环境明显改善，安置区特色产业加快发展，搬迁对象有稳定的收入渠道，生活水平明显改善，全部实现稳定脱贫[1]。《全国"十三五"易地扶贫搬迁规划》对迁出区域与搬迁对象、搬迁方式与安置方式、主要建设任务、资金测算与筹措、资金运作模式、搬迁进度及投资安排、建档立卡脱贫人口脱贫发展以及保障措施等方面均做了详细要求，确保从根本上解决居住在"一方水土养不起一方人"地区贫困人口的脱贫发展问题。

3. 农村厕所革命

在中国，由于城乡发展差距较大，以厕所为代表的农村公共卫生基础设施建设缓慢，大多数地区使用卫生状况堪忧的"旱厕"来

---

[1] 国家发展改革委. 全国"十三五"易地扶贫搬迁规划的通知. 2016. https://www.ndrc.gov.cn/xxgk/zcfb/tz/201610/t20161031_963261.html？code=&state=123.

解决人们的如厕问题，易造成寄生虫繁殖和传染病传播。为改善农村厕所问题，国家层面加强顶层设计，相继发布了《关于实施乡村振兴战略的意见》《关于推进农村"厕所革命"专项行动的指导意见》①《关于切实提高农村改厕工作质量的通知》②《关于进一步提高农村改厕工作实效的通知》③等一系列改革措施，推动农村厕所革命。2018年，投入144亿元整村推进农村厕所革命，2019年投入中央财政资金70亿元支持农村厕所革命整村推进，落实中央预算内投资30亿元支持农村厕所粪污处理等人居环境整治。至2020年底，各地已相继出台了农村厕所改造的地方标准、规范、指南或技术导则，在具体的改厕模式选择中，主要推广改厕类型是三格化粪池式厕所，在经济发展水平较高的地区，多推广采用卫生且舒适度高的完整上下水道水冲式厕所④。

在推行厕所改造的过程中，政府组织开展线上线下技术服务、技术集成示范试点、技术产品展示、创新大赛、技术论坛等，总结推广农村厕所革命典型范例。同时建立健全改厕问题反映和督促整改机制，通过给农户发放现金补贴、直接开展施工、组织清洁粪污、配套公共排污管道等模式来开展厕所革命，通过持续宣传培训调动农民改厕积极性、培养健康文明生活方式。

① 中央农办等8部门.关于推进农村"厕所革命"专项行动的指导意见 [J].中华人民共和国国务院公报，2019（14）：70-73.

② 中央农村工作领导小组办公室等7部门.关于切实提高农村改厕工作质量的通知 [J].中华人民共和国农业农村部公报，2019（08）：6-8.

③ 农业农村部、国家卫生健康委、市场监管总局.关于进一步提高农村改厕工作实效的通知 [J].中华人民共和国农业农村部公报，2020（07）：15-16.

④ 李嘉雯，何熙，敖亮，张韵.中国农村厕所改造现状及长效管理机制研究 [J].环境科学与管理，2021，46（09）：11-15.

4. 农村垃圾处理

农村生活垃圾处理是农村人居环境整治工作的一项重要内容。"十三五"时期，从中央到地方，各级政府陆续出台了多项针对农村生活垃圾处理处置的相关政策及文件，2015 年印发《关于全面推进农村垃圾治理的指导意见》，提出因地制宜建立"村收集、镇转运、县处理"的模式，有效治理农业生产生活垃圾、建筑垃圾、农村工业垃圾等[①]。2017 年印发《关于创新农村基础设施投融资体制机制的指导意见》，提出完善农村垃圾"户分类、村组收集、乡镇转运、市县处理"集中处置与"户分类、村组收集、乡镇（或村）就地处理"分散处置相结合的模式[②]。2019 年中央农办、农业农村部、住房和城乡建设部组织召开全国农村生活垃圾治理工作推进现场会，住房和城乡建设部印发《关于建立健全农村生活垃圾收集、转运和处置体系的指导意见》等文件，进一步加强工作部署，要求到 2020 年底，东部地区以及中西部城市近郊区等有基础、有条件的地区，基本实现收运处置体系覆盖所有行政村、90% 以上自然村组；中西部有较好基础、基本具备条件的地区，力争实现收运处置体系覆盖 90% 以上行政村及规模较大的自然村组[③]。2020 年提出全面推进农村生活垃圾治理，开展就地分类、源头减量试点。

不同地区农村的资源条件、地形地貌、村庄的规模、布局及聚集程度、经济水平、道路交通条件、风俗习惯、居住方式等自然、

---

① 住房和城乡建设部等 10 部门 . 关于全面推进农村垃圾治理的指导意见 [J]. 中华人民共和国国务院公报，2016（07）：108-110.

② 国务院办公厅 . 关于创新农村基础设施投融资体制机制的指导意见 [J]. 中华人民共和国国务院公报，2017（07）：38-42.

③ 张国治，魏珞宇，葛一洪，施国中 . 我国农村生活垃圾处理现状及其展望 [J]. 中国沼气，2021，39（04）：54-61.

经济及社会条件各不相同，因此形成了不同模式的垃圾处理模式，主要包括就地就近集中处理模式、城乡一体化处理模式、分散式家庭处理模式和"分散＋城乡一体化"处理模式。农村生活垃圾处理技术主要有填埋、焚烧、好氧堆肥、厌氧发酵、热解处理等。现阶段在农村地区主要采取的垃圾治理模式是"村收集、镇转运、县处理"，极大地改善和提高了乡村的环境面貌和生态质量。

5. 农村污水治理

中央农办、农业农村部、生态环境部组织召开全国农村生活污水治理工作推进现场会，会同有关部门印发《关于推进农村生活污水治理的指导意见》。生态环境部等部门印发《关于推进农村黑臭水体治理工作的指导意见》《农村生活污水处理设施水污染物排放控制规范编制工作指南》《县域农村生活污水治理专项规划编制指南（试行）》，指导各地探索适宜的治理模式，积极推进农村生活污水治理，提高农村生活污水治理水平。在已经开展污水治理的村庄，形成三种较为典型的污水处理模式：一是离城市较近的农村，修建污水处理管道，并接入城市污水处理系统；二是经济允许且地形条件允许的地区，修建小型污水处理厂，建立自己的污水处理系统；三是以家户为单元的简单污水处理装置。

6. 村庄清洁和绿化美化

2019 年，中央农办、农业农村部、国家发展改革委等 18 部门印发《农村人居环境整治村庄清洁行动方案》。在全国范围内集中组织开展农村人居环境整治村庄清洁行动，带动和推进村容村貌提升。以"清洁村庄助力乡村振兴"为主题，以影响农村人居环境的突出问题为重点，动员广大农民群众，广泛参与、集中整治，着力解决村庄环境"脏乱差"问题，重点发动群众开展"三清一改"，即清理农村生活垃圾、清理村内塘沟、清理畜禽养殖粪污等农业生产废弃物，改变影响农村人居环境的不良习惯。围绕关键时间节点，组织开展系列战役。

三、环境改善取得的成效[①]

（一）生态环境改善取得的成效

扶贫开发的过程中坚持脱贫攻坚与生态环境保护并重，践行"绿水青山就是金山银山"理念，生态环境保护取得显著成效。2013年以来，贫困地区实施退耕还林还草7450万亩，选聘110多万贫困人口担任生态护林员，建立2.3万个扶贫造林（种草）专业合作社（队）。贫困群众积极参与国土绿化、退耕还林还草等生态工程建设和森林、草原、湿地等生态系统保护修复工作，发展木本油料等经济林种植及森林旅游，不仅拓宽了增收渠道，也明显改善了贫困地区生态环境，实现了"双赢"。

在此过程中实施最严格的生态保护。截至2020年，全国共建立自然保护地近万处，保护面积覆盖陆域国土面积的18%，约90%的陆地生态系统类型和85%的重点野生动物种群得到有效保护。全国森林覆盖率由20世纪70年代初的12.7%提高到2020年的23.04%。在全球森林面积持续净损失达1.78亿公顷的不利形势下，中国森林

---

① 《人间奇迹——中国脱贫攻坚统计监测报告》详细记录了脱贫攻坚以来生态环境和人居环境改善的动态变化数据，本部分涉及的环境改善数据主要出自该书，为避免数据来源标注重复冗余，本部分对出自此处的相关数据不再标注数据来源。参见国家统计局《人间奇迹——中国脱贫攻坚统计监测报告》，100-120页，中国统计出版社，2021。

面积近十年年净增约 249.9 万公顷,居全球第一。2012 年至 2021 年 6 月,累计完成防沙治沙任务面积超过 1900 万公顷,封禁保护面积达到 177.2 万公顷。中国率先实现了荒漠化土地零增长,为实现《联合国 2030 年可持续发展议程》提出的 2030 年全球退化土地零增长目标作出重要贡献。

(二)人居环境改善取得的成效

危房改造和易地扶贫搬迁项目的实施,使得农村贫困人口居住环境大幅改善。2013 年以来,通过推进农村危房改造项目,累计有 790 万户 2568 万贫困人口告别破旧的泥草房、土坯房等危房,住上了安全住房,居住环境显著提升。居住竹草土坯房的农户比重逐年下降,贫困地区居住竹草土坯房的农户比重从 2013 年的 7.0% 降低到 2020 年的 0.8%,连片特困地区居住竹草土坯房的农户比重从 2013 年的 7.5% 下降到 2020 年底的 0.9%。同时贫困地区农村危房改造与改善村容村貌同步进行,推进村内道路、绿化、安全供水、垃圾污水治理等设施建设,整体人居环境显著提升。具有民族特色、地方特色的贫困地区在进行农村危房改造时最大限度保留传统建筑风格,打造出一批旅游村、文化村,实现居住环境改善和农民增收致富的双重目标。通过实施易地扶贫搬迁规划建设任务,截至 2020 年底,全国累计建成集中安置区约 3.5 万个,建设安置住房 266 万余套,960 多万易地搬迁贫困人口全部入住并实现脱贫。安置区新建或改扩建中小学和幼儿园 6100 多所、医院和社区卫生服务中心 1.2 万多所、养老服务设施 3400 余个、文化活动场所 4 万余个。

2020 年底,农村人居环境不断改善。厕所革命扎实推进,改厕工作质量与实效持续提升,全国农村卫生厕所普及率超过 68%。

2018 年以来，每年提高约 5 个百分点，累计改造农村户厕 4000 多万户。贫困地区独用厕所的农户比重从 2013 年的 92.7% 提高到 2020 年的 97.2%，连片特困地区独用厕所的农户比重从 2013 年的 92.0% 提高到 2020 年的 97.0%。统筹推进农村生活垃圾污水处理等任务，农村生活垃圾处理水平不断提高，生活垃圾进行收运处理的行政村比例超过 90%，全国排查出的 2.4 万个非正规垃圾，贫困地区所在自然村垃圾能集中处理的农户比重从 2013 年的 29.9% 提高到 2019 年的 86.4%。农村生活污水治理在治理标准、市场化治理模式以及监管方式等方面均取得明显成效，截至 2020 年底，全国农村生活污水治理率为 25.5%。公共垃圾收集设施及清洁服务的供给已经相对普及，激励了农户集中处理生活垃圾。至 2021 年底，开展清洁行动的行政村占比超过 95%。相应地，随意丢弃和焚烧填埋的农户比例相应减少，部分地区通过试点 "垃圾银行"（或垃圾超市）以促进垃圾回收利用，即农户将可回收利用物品送至垃圾银行，可兑换相应的生活用品，实现了村庄内垃圾不乱堆乱放，污水乱泼乱倒现状明显减少，粪污无明显暴露，杂物堆放整齐，房前屋后干净整洁，村庄环境干净、整洁、有序，文明村规民约普遍形成，长效清洁集中逐步建立，村民清洁卫生文明意识普遍提高。

第二节　衔接生态宜居的重点内容

脱贫攻坚期间，生态环境和人居环境改善都取得了显著的成效，尤其贫困地区生态环境和群众居住环境得到大幅改善。但在乡村振兴背景下，对下阶段生态环境和人居环境提出了更高的要求，要实现从"达标"到"创优",持续巩固好脱贫攻坚环境改善成果,进而实现乡村生态宜居。当前乡村生态环境和居住环境距离生态宜居的要求还存在一定差距,下阶段要抓住环境改善衔接的重点内容,巩固拓展生态环境和人居环境改善成果,推进生态环境改善重点工程,抓好农业农村绿色发展;推进人居环境改善,重点集中于农村厕所革命、污水和垃圾处理、村容村貌整治等。

一、生态环境衔接的重点内容

"十三五"时期,各地区按照党中央、国务院的部署,坚持保护生态环境与扶贫开发并行,围绕实施重大生态工程项目、加大生态补偿、探索生态产业等推进工作,取得了显著成效。在下阶段乡村振兴战略背景下,要继续聚焦短板,巩固提升现有成果,进一步实现将"绿水青山"变成"金山银山"的目标,助力实现"生态宜居"的振兴目标。

(一)巩固拓展生态环境改善成果

生态宜居一个重要的衡量指标就是自然生态环境的优美度,农业是生态农业,农村是生态系统的重要一环,荒山、沙漠、滩涂、森林、草原等农业资源均属于自然生态环境的重要组成部分,无论是在生态结构还是在生态功能方面都展现出明显的优势,因此在乡村振兴阶段,仍要加强对自然生态环境治理与保护。针对荒山、沙漠、滩涂、森林、草原等治理要因地制宜、符合实际,科学规划,制定可行方案并采取有力措施,不能都是一种套路。持续完善草原生态保护补助奖励政策,全面推进草原禁牧休牧轮牧,巩固退牧还草、退耕还林成果,在此基础上开展大规模国土绿化,强化草原生物灾害防治，加强生物多样性保护，稳步恢复草原生态环境。继续实行林长制，制定绿化造林等生态建设目标，巩固退耕还林还草、退田还湖还湿成果，推进荒漠化、石漠化、水土流失综合治理。建设田园生态系统，完善农田生态廊道，营造复合型、生态型农田林网。强化河湖长制，加强大江大河和重要湖泊湿地生态保护治理。以县域为单元，推进水系连通和农村水系综合整治，建设一批水美乡村。

（二）推进重点区域生态环境保护

全面实施长江流域重点水域十年禁渔，推进以长江为重点的渔政执法能力建设，做好退捕渔民安置保障工作。推进长江水生生物资源和水域生态保护修复，实施中华鲟、长江江豚、长江鲟拯救行动计划。开展长江、黄河流域农业面源污染治理，实施深度节水控水行动。建立生态产品价值实现机制，在长江流域等开展试点。落实海洋渔业资源总量管理制度，完善捕捞限额管理和休渔禁渔制度，持续开展海洋捕捞渔民减船转产。严格保护管理珍贵濒危水生野生动物及其栖息地，严厉打击非法捕捞行为，持续开展渔业增殖放流，高标准建设海洋牧场。强化外来入侵物种防控。

（三）推进农业农村绿色发展

治理农业面源污染对改善农村生态环境，推进农业绿色高质量发展具有重要意义。农业面源污染主要来自种植业和养殖业两个方面，2018年以来，通过实施农业农村污染治理攻坚战，农业面源污染治理取得一定进展，但防治工作仍然任重道远，治理农业面源污染、改善农村生态环境还处于治存量、遏增量的关口，正是吃劲的时候，松一篙，退千寻。要保持战略定力，制定更具体、更有操作性的举措，以钉钉子精神推进农业面源污染防治，抓好化肥农药减量、白色污染治理、畜禽粪便和秸秆资源化利用，加强土壤污染、地下水超采、水土流失等治理和修复。

推进化肥减量增效使用，是科学生态种植的发展需求，也是实现生态振兴的重要路径。在农业种植中部分地区过度施用化肥农药的现象依然存在，化肥农药等的广泛使用，保障了农业生产需求，但也造成了生态环境的问题，不利于生态文明建设。2021 年的《中国统计年鉴》数据显示，2020 年农用化肥施用量 5250 万吨，平均每公顷施用量超过 313 千克[①]。国际公认的化肥施用安全上限是 225 千克/公顷，与此相比，我国农用化肥施用量是此标准的 1.4 倍。且我国化肥利用率仅为 30% 左右，70% 左右的氮肥、磷肥等流失到土壤中，对我国的土壤资源和水资源造成严重的污染。下阶段聚焦长江经济带、黄河流域重点区域，明确化肥减量增效技术路径和措施，实施精准施肥，分区域、分作物制定化肥施用限量标准和减量方案，落实化肥使用总量控制。大力推进测土配方施肥，优化氮、磷、钾配比，逐步实现在粮食主产区及果菜茶等经济作物优势区的全覆盖。同时改进施肥方式，推广应用机械施肥、种肥同播、水肥一体化等措施，减少养分挥发和流失，提高肥料利用效率。加强绿色投入品创新研发，积极推广缓释肥料、水溶肥料、微生物肥料等新型肥料，拓宽畜禽粪肥、秸秆和种植绿肥的还田渠道，在更大范围推进有机肥替代化肥。在旱作区大力发展高效旱作农业，集成配套全生物降解地膜覆盖、长效肥料应用、保水剂混肥底施等措施，减少养分挥发和随雨流失。培育扶持一批专业化服务组织，提供统测、统配、

---

① 国家统计局. 中国统计年鉴 [M]. 北京：中国统计出版社，2021.

统供、统施"四统一"服务。鼓励以循环利用与生态净化相结合的方式控制种植业污染，农企合作推进测土配方施肥。实现到 2020 年主要农作物"测土配方施肥技术覆盖率达到 90% 以上"的目标[①]。

持续推进农药减量控害是乡村振兴阶段实现生态宜居的重要路径。为推进农业发展方式转变，实现农药减量控害，2015 年农业部制定了《到 2020 年农药使用量零增长行动方案》，之后我国农药使用量逐年递减，实现了到 2020 年零增长的预期目标，下阶段要实现到 2025 年农药利用率再提高 3 个百分点的目标[②]。推进农业生产方式全面绿色转型。同时由于农村缺乏有效且完善的回收机制，农药包装随意丢弃的现象在农村较为严重，农药包装物中残留的农药量占总重量的 2%—5%，对我国农村的生态环境造成严重危害。因此，针对这些问题，在乡村振兴阶段应推进科学用药，推广应用高效低风险农药，分期分批淘汰现存 10 种高毒农药。推广新型高效植保机械，推进精准施药，提高农药利用效率。创建一批绿色防控示范县，推行统防统治与绿色防控融合，提高防控组织化程度和科学化水平。构建农作物病虫害监测预警体系，建设一批智能化、自动化田间监测网点，提高重大病虫疫情监测预警能力。到 2025 年，主要农作物病虫害绿色防控及统防统治覆盖率分别达到 55% 和 45%。

（四）落实农业农村减排固碳方案

伴随着快速的工业化和城镇化发展，产生了大量的温室气体。由于温室气体排放所引致的全球气候变暖，成为了人类社会可持续

---

① 农业农村部.《到 2025 年化肥减量化行动方案》. http://www.moa.gov.cn/gov-public/ZZYGLS/202212/t20221201_6416398.htm.

② 农业农村部.《到 2025 年化学农药减量化行动方案》. http://www.moa.gov.cn/govpublic/ZZYGLS/202212/t20221201_6416398.htm.

发展所面临的严峻挑战。为此，习近平总书记在第七十五届联合国大会一般性辩论上庄严承诺：中国将提高国家自主贡献力度，采取更加有力的政策和措施，二氧化碳排放力争于2030年前达到峰值，努力争取2060年前实现碳中和[①]。基于植物的光合作用原理，使农业（主要指种植业、草业和林业）生产和植物生长以形成生物产品的过程中，天然地具有了碳汇功能，可以将大气中的二氧化碳汇集起来。这就意味着在应对气候变化和推进碳中和目标实现的过程中，农业的碳汇功能具有很大的展示空间。充分利用市场机制，促使农业碳汇功能价值实现，逐步做大做强农业碳汇产业，成为未来的重要发展方向[②]。为此，农业农村减排固碳是生态环境保护的重要举措，也是潜力所在，针对这方面需做好科学测算，深入研究和系统开发，制定可行方案，采取有力措施，促使农业碳汇产业快速发展。

二、人居环境衔接的重点内容

脱贫攻坚阶段，在农村人居环境整治方面侧重于补短板、强弱项，解决突出和难点问题，农村长期存在的脏乱差局面得到扭转，农民群众环境卫生观念改变，满意度明显提升。下阶段，在以人居环境整治、美丽乡村建设为主要任务的生态振兴路径上，将农村的物质文明、精神文明和生态文明建设有机结合在一起，按照人与自然和谐统一的要求，切实补齐农村环境治理短板，尤其是在农村厕所环境分类改造、农村生活污水处理、生活垃圾分类处理、村容村

---

① 习近平. 在第七十五届联合国大会一般性辩论上的讲话. http://www.mofcom. gov.cn/article/i/jyjl/m/202009/20200903003397.shtml.

② 胡鞍钢. 中国实现2030年前碳达峰目标及主要途径[J]. 北京工业大学学报（社会科学版），2021，21（03）：1–15.

貌整体提升和村落科学规划等重点任务上下功夫，对脱贫攻坚期已取得的人居环境整治成果进行巩固，推动农村人居环境由基础整治向品质提升迈进，为农村现代化提供有力保障。与脱贫攻坚期不同，在总体目标上，从推动村庄环境干净整洁向美丽宜居升级。着眼于到 2035 年基本实现农业农村现代化，使农村基本具备现代生活条件，人民对农村优美人居环境的期待，从"摆脱脏乱差"逐步提升为"追求乡村美"。

（一）科学扎实推进农村厕所革命

脱贫攻坚期在厕所改造方面进行了多种模式探索，整治工作取得了初步成效。但不同地区在实施过程中也面临一些问题和障碍。如针对部分地区所采用的技术模式不合理，在厕所类型和改厕方式上未能从满足农民的实际需求出发，未能充分考虑当地自然和社会经济条件，导致有些厕所未能"宜水则水、宜旱则旱"。部分地区的配套设施（如厕所粪污净化设施）建设滞后，农户期待更完善的卫生设施；改造过程中材料质量不过关、后期管理管护不到位；同时在部分地形条件复杂的西部区域或经济条件相对较差的地区，卫生厕所的普及率相对较低，推进难度较大等；多数地区的改厕资金以政府投资为主，尤其在厕所管护和粪污资源化利用中，多数地区尚未建立社会资本参与机制，制约改厕成果的持续。

针对这些问题，下阶段开展厕所改造项目时，要立足农民实际需求，科学选择改厕适宜技术模式，宜水则水、宜旱则旱，以数量服从质量为要求目标，提高改厕质量，在各级党委政府的统一领导下开展，稳字当头、质量优先，统筹协调、形成合力。在工作推动中，要充分发动农民群众，以农民群众的意愿为主导，思想有顾虑、暂时无法接受的可先不实施改厕；同时因地制宜、分阶段有序实施，村党组织力量强、集体经济好、干群关系和谐的优先推进；聚焦关键环节，处理好厕所粪污收集利用问题；强化技术保障，找准技术模式，加强技术培训，研究完善施工验收、管理管护等标准规范。基于脱贫攻坚阶段的改厕经验与不足，科学选择改厕技术模式。加强中西部地区农村户用厕所改造，引导新改户用厕所入院入室。同时合理规划布局农村公共厕所，在乡村景区建设旅游厕所。脱贫攻坚期，针对干旱、寒冷地区建立的卫生厕所存在水压过小或无法冲水等问题，下阶段应探索建立适用于干旱、寒冷地区卫生厕所适用技术和产品研发。在水冲式厕所改造中积极推广节水型、少水型水冲设施。因地制宜推进厕所粪污分散处理、集中处理与纳入污水管网统一处理，鼓励联户、联村、村镇一体处理。已完成水冲式厕所改造的地区，具备污水收集处理条件的，优先将厕所粪污纳入生活污水收集和处理系统；暂时无法纳入污水收集处理系统的，通过建立厕所粪污收集、储存、资源化利用体系，避免化粪池出水直排。计划开展水冲式厕所改造的地区，可探索改厕与生活污水治理同步设计、同步建设、同步运营；暂时无法同步建设的，预留后续污水处理空间，推进农村厕所革命与生活污水治理有机衔接，鼓励联户、联村、村镇一体处理。

（二）分区分类推进农村生活污水治理

《农业农村污染治理攻坚战行动方案（2021—2025 年）》要求，到 2025 年，农村生活污水治理率达到 40%[①]。当前因地区环境差异，

---

① 生态环境部. 农业农村污染治理攻坚战行动方案（2021—2025 年）. https://www.mee.gov.cn/ywdt/xwfb/202201/t20220129_968600.shtml. 下同.

要如期实现这一目标，面临的问题仍较多。东部地区因经济相对发达、人口密集，具备建设集中的污水处理厂和污水管网，中部地区已开始建设集中的污水处理厂和污水管网，但接户率不高。西部地区经济发展水平相对较低，人口稀疏，地理环境和气候条件严酷，尚未具备建设村级污水处理厂和污水管网的条件。

乡村振兴阶段可梯次推行农村生活污水治理。以解决农村生活污水等突出问题为重点，提高农村环境整治成效和覆盖水平。推动县域农村生活污水治理统筹规划、建设和运行，与供水、改厕、水系整治、农房道路建设、农业生产、文旅开发等一体推进，有效衔接。重点治理水源保护区和城乡结合部、乡镇政府驻地、中心村、旅游风景区等人口居住集中区域农村生活污水。农村生活污水治理先要做好顶层设计，首先基于县域实际情况编制县域农村生活污水治理专项规划，按照平原、山地、丘陵、缺水、高寒和生态环境敏感等典型地区，分类完善治理模式，科学合理建设农村生活污水收集和处理设施。做好户用污水收集系统和公共污水收集系统的配套衔接，合理选择排水体制和收集系统建设方式，确保污水有效收集。在生态环境敏感的地区，可采用污水处理标准严格的高级治理模式；在居住较为集中、环境要求较高的地区，可采用集中处理为主的常规治理模式；在居住分散、干旱缺水的非环境敏感区，结合厕所粪污无害化处理和资源化利用，可采用分散处理为主的简单治理模式。优先推广运行费用低、管护简便的污水治理技术，鼓励居住分散地区采用生态处理技术，可通过黑灰水分类收集处理、与畜禽粪污协同治理、建设人工湿地等方式处理污水，达到资源化利用要求后，用于庭院美化、村庄绿化等。经过一段时间探索后，各省级相关部门可基于本地区的农村生活污水治理供给模式筛选建立适合本地区的农村生活污水治理模式和技术工艺。督促各地完成现有农村生活污水收集处理设施运行情况排查，对设施停运破损、管网未配套、处理能力不符合实际需求、出水水质不达标等非正常运行的设施制定改造方案，有序完成整改，提高设施正常运行率。进而实现《农业农村污染治理攻坚战行动方案（2021—2025年）》要求的农村生活污水治理率的目标，到2025年，东部地区、中西部城市近郊区等有基础、有条件的地区，农村生活污水治理率达到55%左右；中西部有较好基础、基本具备条件的地区，农村生活污水治理率达到25%左右；地处偏远、经济欠发达地区，农村生活污水治理水平有新提升。

（三）加快推进农村黑臭水体治理

农村黑臭水体治理整体上还在起步阶段，难度较大，如何拓展治理范围并构建长效机制，是在生态宜居阶段需重点探索和突破的。针对农村黑臭水体这一现象，政府层面需建立监管体系，建立农村黑臭水体国家监管清单，优先整治面积较大、群众反映强烈的水体，稳步消除较大面积的农村黑臭水体，同时在农村河流湖塘分布密集地区，及时核实黑臭水体排查结果，对新发现的黑臭水体及时纳入监管清单，加强动态管理。在治理任务较重、工作基础较好的地区，支持开展农村黑臭水体整治试点。

针对黑臭水体问题成因，以控源截污为根本，综合采取清淤疏浚、生态修复、水体净化等措施。将农村黑臭水体整治与生活污水、垃圾、种植、养殖等污染统筹治理，将治理对象、目标、时序协同一致，确保治理成效。对垃圾坑、粪污塘、废弃鱼塘等淤积严重的水体进行底泥污染调查评估,采取必要的清淤疏浚措施。对清淤产生的底泥,经无害化处理后,可通过绿化等方式合理利用,禁止随意倾倒。根据水体的集雨、调蓄、纳污、净化、生态、景观等功能,科学选择生态修复措施,对于季节性断流、干涸水体,慎用浮水、沉水植物进行生态修复。对于滞流、缓流水体,采取必要的水系连通和人工增氧等措施。以县域为基本单元,以乡镇政府驻地和中心村为重点梯次推进农村生活污水治理,基本消除较大面积的农村黑臭水体。采用符合农村实际的污水处理模式和工艺,优先推广运行费用低、管护简便的治理技术,积极探索资源化利用方式。有条件的地区统筹城乡生活污水处理设施建设和管护。

推动"长治久清"。鼓励河长制湖长制体系向村级延伸。充分发挥河湖长制平台作用,压实部门责任,实现水体有效治理和管护。对已完成整治的黑臭水体,开展整治过程和效果评估,确保达到水质指标和村民满意度要求。严禁表面治理和虚假治理,禁止简单采用冲污稀释、一填了之等"治标不治本"的做法。将农村黑臭水体排查结果和整治进展通过县级媒体等向社会公开,在所在村公示,鼓励群众积极参与,对排查结果、整治情况监督举报。

(四)健全生活垃圾处理长效机制

"十四五"时期,要接续推进农村人居环境整治提升行动,重点抓好改厕和污水、垃圾处理,健全生活垃圾处理长效机制。加强卫星遥感技术监测,持续清理农村非正规生活垃圾堆放点,培育全链条垃圾处理治理标杆,开展垃圾设施补短板行动。推进生活垃圾源头分类减量,加强村庄有机废弃物综合处置利用设施建设,探索就地就近就农处理和资源化利用路径。深入实施村庄清洁和绿化美化行动，建立健全农村人居环境整治标准体系和长效管护机制。推进农村生活垃圾源头分类减量，探索农村生活垃圾就地就近处理和资源化利用的有效路径，稳步解决"垃圾围村"问题。完善农村生活垃圾收运处置体系，健全农村再生资源回收利用网络。

健全农村生活垃圾收运处置体系。在不便于集中收集处置农村生活垃圾的地区，因地制宜采用小型化、分散化的无害化处理方式，降低设施建设和运行成本。完善日常巡检机制，严厉查处在农村地区饮用水水源地周边、农村黑臭水体沿岸随意倾倒、填埋垃圾行为。进一步健全农村生活垃圾收运处置体系。

推行农村生活垃圾分类减量与利用。加快推进农村生活垃圾分类，探索符合农村特点和农民习惯、简便易行的分类处理方式，减少垃圾出村处理量。协同推进农村有机生活垃圾、厕所粪污、农业生产有机废弃物资源化处理利用，以乡镇或行政村为单位建设一批区域农村有机废弃物综合处置利用设施。

（五）持续提升村容村貌，科学化推进乡村建设

脱贫攻坚期，危房改造项目和易地扶贫搬迁项目大大改善了农村居民的居住环境和安全。乡村振兴阶段需着力提升农房的质量，提升农房设计水平。鼓励农村住房设计体现地域、民族和乡土特色，鼓励农村住房建设采用新型建造技术和绿色建材，引导农民建设功能现代、结构安全、成本经济、绿色环保、与乡村环境相协调的宜居住房。

推进村庄整治和庭院整治，促进村庄形态与自然环境、传统文化相得益彰。全面清理私搭乱建、乱堆乱放，整治残垣断壁，以集约利用村庄内部闲置土地等方式，扩大村庄公共空间；规范散养农

户的畜禽养殖行为，生活区域内实行圈养，畜禽粪便进行无害化处理和资源化利用；加强农村电力线、通信线、广播电视线"三线"维护梳理工作，排除安全隐患，有条件的地方推动线路整齐有序治理；合理布局消防等救灾设施设备，畅通安全通道，健全村庄救灾应急体系；整治农村户外广告，规范发布内容和张贴行为，加大监管力度；关注特殊人群需求，有条件的地方开展农村无障碍环境建设；深入实施乡村绿化美化行动，突出保护乡村山体田园、河湖湿地、原生植被、古树名木等，因地制宜开展荒山荒地荒滩绿化，加强农田（牧场）防护林建设和修复；引导鼓励村民通过种植果蔬花木等开展庭院绿化，通过农村"四旁"（水旁、路旁、村旁、宅旁）植树，推进村庄绿化，充分利用荒地、废墟、边角地等开展村庄小微公园和公共绿地建设，促进村庄绿化美化；支持条件适宜地区开展森林乡村建设，打造生态宜居的美丽乡村；大力推进村庄整治和庭院整治，促进村庄形态与自然环境、传统文化相得益彰；加强村庄建筑风貌引导，推行绿色施工，突出乡土特色和地域特点，不搞千村一面，不搞大拆大建，加大对违章建筑的整治力度，加强农房建设质量监管；弘扬优秀农耕文化，加强传统村落民居和历史文化名村名镇保护，积极推进传统村落挂牌保护，建立动态管理机制。

乡村振兴阶段，农村人口向城镇集中是大趋势，村庄格局将会持续演变分化，部分村庄会聚集更多的人口和产业，部分村庄会逐步同城镇融合，部分则逐渐衰落。在此过程中，要遵循城乡发展建设规律，做到先规划后建设，合理确定村庄布局分类。同时在乡村建设过程中要注重保护传统村落和乡村特色风貌，不盲目大拆大建，贪大求洋，搞大广场、造大景点，同时不机械照搬城镇建设模式，超越发展阶段，违背农民意愿，不进行大规模村庄撤并。

第三节　衔接生态宜居的对策建议

脱贫攻坚期间，农村生态环境和居住环境实现从未达标到基本达标，为乡村振兴阶段生态宜居奠定了基础。而在乡村振兴背景下，要巩固好脱贫攻坚期环境改善成果，实现农村生态环境和居住环境从基本达标到提档升级，应完善生态环境保障机制、强化生态环境治理的多元主体责任和资金投入、建立人居环境多元化的投融资机制、优化公共基础设施、激励村民的积极参与，建立健全农村人居环境长效管理机制，进一步构建高效率、可持续的乡村环境保护体系，实现乡村振兴阶段的生态宜居目标。

一、生态环境衔接的对策建议

（一）完善生态环境保障体制

完善的生态环境制度体系是顺利推进乡村生态振兴的必要条件，要实现生态环境质量提升的目标，需要政策体系、组织体系、监督体系等保驾护航。生态环境保护的政策涉及诸多方面，农村生态文明建设的顺利实现有赖于顶层政策体系的保障，针对生态环境所涉及的重点任务和关键环节，分层分类地研究和制定与乡村生态环境特性相吻合的制度，不断完善制度体系，在《中华人民共和国乡村振兴促进法》基础上[①]，科学构建出具有前瞻性、先进性、指导性和

---

① 中华人民共和国乡村振兴促进法 [EB/OB]，2021 年 4 月 29 日 . http://www.gov.cn/xinwen/2021-04/30/content_5604050.htm.

可操作性的生态环境保护规划，各地依据区域经济社会发展和农村地区特点，编制地方生态环境保护规划或制定实施方案，确保乡村生态环境保护有序推进。其次农村生态环境建设需要自上而下的组织体系统筹推进。乡村振兴阶段要健全生态环境保护组织体系，加强环保、林业、国土、水资源管理等方面的工作联动。最后要完善政策的监督考核机制，健全司法协作机制，针对破坏生态、污染环境等的违法行为，建立完整细致的监督机制，维护生态环境的良好发展。

（二）强化生态环境治理的多元主体责任

农村生态环境治理实践要坚持在党的领导下，进一步拓展参与主体的多元化，共同协商生态环境保护事宜。在保障个人利益的同时，保证公共利益最大化。我国农村是一种利益群体多元化的社会结构，生态环境治理也具有系统特性，且农村生态环境具有公共性的特征，主体也具有多元化的特征。需要构建党政主导，农民群众、企业个体和社会组织积极参与的多元主体协同体系。地方政府切实履行职责，构建服务型政府，为农村生态环境治理提供公平正义的制度保障。

（三）建立激励机制，强化生态环境治理资金投入

生态环境治理的过程中，要加快形成由环保倒逼发展转向激励发展的体制机制，为推进生态文明建设提供行动指南和根本遵循，也为生态环境保护提供新的思路和新的方向。环境保护的经济效益还十分有限，生态环境问题还不能靠市场及时来解决，环境治理需要地方政府、企业和民众的共同努力。通过拓宽融资渠道，引导鼓励社会资本投入农村生态环境治理项目建设，并对开展农村基础设

施建设的企业给予相应的优惠政策，对企业的激励可通过环境规制税收优惠、绿色补贴、生态补偿机制、战略指导、拨款给公共研究部门等，从而加快形成资源节约型、环境友好型的生产方式。对农民群众一方面采取奖励措施，提高公众积极性，如通过设立专项公共参与奖励基金，奖励在环境保护方面作出较大贡献的公众，调动其积极性，形成良好的社会风气，同时完善信息披露机制，保障公众的知情权，确保公众在实际参与中有章可循。

二、人居环境衔接的对策建议

（一）加大资金投入，建立多元化的投融资机制

"十三五"时期，累计安排专项资金 258 亿元支持全国 15 万个行政村环境整治。2018 年以来，国家每年安排 30 亿元重点支持中西部地区开展农村生活垃圾污水、厕所粪污处理等基础设施建设[1]。乡村振兴阶段，要实现人居环境增效提质的目标，还需继续加大中央和地方财政投入，使用好推进农村人居环境整治专项资金和激励资金、农村厕所革命整村推进财政奖补资金，推进农村人居环境整治提升行动。同时发挥好财政资金的引导作用，吸引企业、社会资本、村集体农民的资金，拓宽农村人居环境管护资金的来源，形成合力来有力地推进农村人居环境整治质量的提升。脱贫攻坚期，人居环境基础设施建设中，资金主要依靠财政拨款，然而人居环境设施管护需要资金的持续投入，探索多渠道的筹资机制，有利于稳定人居环境管护资金投入。如可根据地区社会经济条件，对农户施行

---

① 于法稳. 乡村振兴战略下农村人居环境整治 [J]. 中国特色社会主义研究，2019（02）：80-85.

合理的设施使用付费制度，适当征收设施使用费是可取可行的。此外，村级集体经济收益可观的村庄可将部分集体经济收益用于人居治理、探索将人居环境基础设施纳入绿色金融支持目录，是对扩充管护资金来源的有益尝试。

（二）提升公共环境设施，优化公共环境服务

脱贫攻坚阶段主要考虑的是公共环境设施的有无问题，在乡村振兴阶段要在此基础上提质，到达一个新的阶段，完善农村公共环境设施，提高公共环境服务的质量。以废水废弃物的清洁化处理和资源化利用为例，考虑到废水废弃物资源化利用具有规模效益，在农户层面提倡分类和集中，在村层面或乡镇层面引入市场主体参与清洁化处理和资源化利用是具有现实意义的。例如，政府部门可以利用资金奖励、垃圾银行等措施激励农户开展生活垃圾的回收、提升农村居民的环境意识；利用税收和金融政策手段激励种植企业、合作社和家庭农场等新型农业经营主体参与粪污资源化利用。与此同时，基于村庄空心化问题严重这一现状，一概而论地强调基础设施完备、增加政府和社会资本投入可能造成资金和资源浪费。将基于自然的治理理念应用于农村的人居环境治理，对于就地消解农村的废水废弃物具有积极的意义。例如，多数农村地区具有能够天然消纳生活污水和有机废弃物的土地、生态资源，结合生态系统设计利用好这些生态资源，辅助建立一些生态环保的村庄废水废弃物综合处置利用设施建设，有助于就地处理农村生活污水和有机废弃物。

（三）激励村民的积极参与

乡村建设是为农民而建。农村人居环境整治提升要取得好的成效，必须更好地调动农民群众的积极性，尊重农民意愿，激发自觉

改善农村人居环境的内生动力。通过发挥人居环境整治在乡村振兴中的作用，让基础设施完善和人居环境提升产生切实的社会经济效益，逐步调整人居环境整治的策略和方向，因地制宜、自下而上，从农民实际需求出发，由自上而下的建设人居向自下而上的经营人居转变，强化、优化人居环境治理政策工具组合，激发村庄和农户的内生动力，激励市场主体参与人居环境的"治管护"，从而建立健全人居环境治理长效机制。如通过农村人居环境整治集体行动，村庄垃圾清洁共同行动，增进村民对村庄公共事务的参与、提升村庄凝聚力和村民的归属感，为后续的产业落地、产业发展和人才回归打下群众基础和生态基础。

（四）建立健全长效管护机制

如果人居环境得到显著改善，建而不管，农村人居环境整治提升一样不会取得好的成效。因此，乡村振兴阶段要建立健全长效管护机制。首先，要明确地方党委和政府以及有关部门、运行管理单位责任，引导村集体经济组织、农民合作社、村民等参与农村人居环境基础设施的运营和管理，明确农村人居环境基础设施产权的归属，合理确定管护主体，基本建立有制度、有标准、有队伍、有经费、有督查的村庄人居环境管护长效机制。其次，完善制度，鼓励各地结合实际开展地方立法，健全村庄清洁、农村生活垃圾污水处理、农村卫生厕所管理等制度，建立健全设施建设管护标准规范，逐步建立政府主导、多方参与、市场运作的农村人居环境基础设施管护机制。要保障经费，逐步建立农户合理付费、村级组织统筹、政府适当补助的运行管护经费保障制度。健全农村人居环境整治管护队伍，合理利用好公益性岗位，优先从符合条件的低收入人群中聘请管护员；明确农村人居环境基础设施产权归属，建立健全建设管护标准和管理规范等制度，推动农村厕所、生活垃圾、污水处理设施一体化运维；按照事权、受益情况等，探索建立农村厕所粪污清掏、农村生活垃圾污水处理农户合理付费制度，逐步形成农村人居环境基础设施管理运维社会化服务体系和服务费市场化机制。

第六章　从志智双扶到乡风文明

　　扶志扶智，才能治懒治愚，拔掉穷根。脱贫攻坚时期，志智双扶政策通过激发贫困群众自身的发展意愿，有效破除了"等靠要"观念，使贫困群众从根本上认识到只有依靠自身能力才能真正摆脱贫困，从而达到思想上和行动上的自觉，为斩断穷根不懈奋斗。党的十九大报告为全党全国作出乡村振兴重大战略部署，强调繁荣乡村文化，培育文明乡风，对于推动乡村振兴意义重大。在巩固提升脱贫攻坚成果同乡村振兴有效衔接时期，通过志智双扶营造积极向上、拼搏奋进的农村新风尚，为落实培育乡风文明积势蓄能。志智双扶是对贫困群众进行帮扶使其摆脱贫困的一项措施，而乡风文明则是面向全体农民，提高农民群众的思想、道德、文化水平，在农村形成崇尚文明、崇尚科学的风气，并提升教育、文化、卫生等公共服务和设施来适应农民不断提高的精神文化需求的系统性工程。从党的十六届五中全会提出的社会主义新农村建设到党的十九大提出乡村振兴战略五个总体要求"产业兴旺、生态宜居、乡风文明、治理有效、生活富裕"，乡风文明一直是党做好"三农"工作的重中之重，乡风文明贯穿乡村振兴的各个方面，是乡村振兴战略的灵魂所在。要稳步推进脱贫攻坚同乡村振兴有效衔接，就要抓好关键，做好统筹，稳步从脱贫攻坚阶段的志智双扶针对性帮扶过渡到乡村振兴阶段的乡风文明整体性建设。

第一节 脱贫攻坚战略中的志智双扶

习近平总书记在主持召开的七次脱贫攻坚工作会议上多次强调要注意扶贫与扶志、扶智相结合，实现精准脱贫是物质脱贫和精神脱贫相互促进的结果，在物质扶贫的基础上需要加强精神扶贫，激发贫困群众脱贫的内生动力，因此就需要采取输血和造血并举，扶志和扶智并重的方针，改正贫困群众"等靠要"的错误思想和行为，提高贫困群众主动脱贫的志气和能力。志智双扶在很大程度上改变了见物不见人式的扶贫现象，"激荡起勇于攻坚、主动脱贫的精气神，"切实发挥贫困群众脱贫致富的主体力量，激发贫困户脱贫致富的内生活力，这在很大程度上成为乡村振兴的重要推动力量。①

一、志智双扶的提出背景

在实施精准帮扶过程中，大多数贫困群众充分利用党和国家的优惠政策，通过自身辛勤劳动走上了脱贫致富的快车道。但同时还有部分贫困群众存在陈旧保守、不思进取、好吃懒做的依赖心理等精神贫困现象，这极大地阻碍了脱贫攻坚战略的实施，归纳起来大概有以下几种：一是不愿脱贫。这类贫困群众"等靠要"思想严重，安于现状，不求上进。这其中不乏具备一定的劳动能力，甚至包括一些年轻力壮者，他们不愿动脑筋，更不愿自食其力，抱着"要懒

---

① 赵天河，崔丽君.志智双扶共促乡村振兴 [J].乌鲁木齐职业大学学报，2021，30（02）：30-35.

懒到底，政府来兜底"的心理混日子，理所当然地坐享扶贫优惠政策。二是不会脱贫。这类贫困群众大多文化素质低，经济承受能力差，虽有创业致富意愿，但苦于无门路、无技能，脱贫也就成了空谈。有的贫困户虽有一技之长，却不知如何发挥；有的则囿于思路和眼界，创业失败，蒙受损失；更有甚者，有的贫困户为致富不择手段，触犯法律，人财两空。三是不敢脱贫。这类贫困群众多因老、弱、病、残、学致贫，不具备完全劳动能力，对自身条件自怨自艾，缺乏自食其力的积极性和脱贫致富信心，只能逃避责任，一味等待政府救济。在脱贫攻坚工作进行中，这类群体客观存在且占了一定比例，一定程度上影响到了脱贫攻坚的进度和效果。"精神贫困"户不是不能致富，而是缺乏脱贫致富的斗志和勇气，缺乏勤劳实干的精神，缺乏改变生活命运的技能，缺乏"穷则思变"的思想理念，说到底就是"志"和"智"的脱贫内生动力不足问题。为推进脱贫攻坚工作取得显著进展，最终实现"全面建成小康社会，一个不能少；共同富裕路上，一个不能掉队"的美好愿景，需要对这些现象具体分析，针对产生内生动力不足的原因，循因施策，精准发力，进而打赢脱贫攻坚战。

党的十八大以来形成了内涵丰富、思想深刻、体系完整的习近平精准扶贫战略，精准扶贫是在新形势和新问题背景下中国农村扶贫开发的创新政策，以扶贫先扶志、扶贫必扶智为核心的志智双扶理念则是精准扶贫战略的核心内容。党的十八大以来，习近平总书记对贫困地区经济发展和贫困群众脱贫致富十分关注，并提出了志智双扶的扶贫理念。2012年习近平总书记在河北考察扶贫工作时指出，贫困地区发展要靠内生动力，一个地方必须有产业，有劳动力，内外结合才能发展，扶贫要扶志，要大力弘扬中华民族扶贫济困的优良传统，凝聚全党全社会力量，形成扶贫开发工作强大合力。[①]。2013 年习近平总书记在湖南考察时强调，"脱贫致富贵在立志，只要有志气、有信心，就没有迈不过去的坎"[②]。2015 年习近平总书记在给北师大贵州教师研修班参训教师回信中指出："扶贫必扶智。让贫困地区的孩子们接受良好教育，是扶贫开发的重要任务，也是阻断贫困代际传递的重要途径。"[③]2017 年习近平总书记在中央经济工作会议上再次强调，要激发贫困人口内生动力，加强考核监督，瞄准特定群众精准帮扶，向深度贫困地区聚焦发力[④]。党的十九大报告指出："坚持大扶贫格局，注重扶贫同扶志、扶智相结合。"扶志就是扶思想、扶观念、扶信心，帮助贫困群众树立起摆脱困境的斗志和勇气，让贫困群众从被动脱贫转向主动脱贫；扶智就是扶知识、扶技术、扶思路，帮助和指导贫困群众着力提升脱贫致富的综合素质，要通过指引致富路径和提供技能培训，让有劳动能力的贫困群众靠自己的智慧和双手挣取财富，变被动"输血"为主动"造血"，树立勤劳致富的典范。

二、志智双扶的重要意义

2020 年末，在党中央正确领导和全国各族人民共同努力下，脱

① 习近平.在河北省阜平县考察扶贫开发工作时的讲话 [J].共产党员（河北），2021（04）：1+4-9.

② 杨树弘，唐春林，颜明华.中国式扶贫为什么行——"精准扶贫首倡地"十八洞村的故事 [J].当代党员，2020（24）：7-11.

③ 习近平教师节前夕给"国培计划（2014）"北京师范大学贵州研修班参训教师回信：勉励广大教师努力做教育改革的奋进者、教育扶贫的先行者、学生成长的引导者 [J].人民教育，2015（18）：6-7.

④ 刘学智.2017 年中央经济工作会议五大亮点 [J].中国战略新兴产业，2018（03）：48-51.

贫攻坚战取得全面胜利。但是，打赢脱贫攻坚战并不意味着完全消除贫困，脱贫地区和脱贫群众仍然存在返贫风险，要实现稳定脱贫，必须建立扶贫长效机制。志智双扶是巩固脱贫攻坚成果的一大法宝，能为乡村振兴阶段培育乡风文明提供强大的精神动力。

（一）志智双扶有利于提升脱贫内生活力

贫困群众既是脱贫攻坚的对象，更是脱贫致富的主体，贫困群众的脱贫愿望和自发动力，直接决定着脱贫攻坚的最终成效。首先，志智双扶有利于激发贫困群众发展生产的积极性、主动性和创造性。精准扶贫实施以来，国家不断加大扶贫政策以及资金方面的支持力度，贫困户在大力帮扶下生活有了极大改善，但是部分贫困群众形成了依赖思想，缺乏自主脱贫的上进心，内生动力不足，这极大地阻碍了脱贫工作的顺利进行。志智双扶有利于提高贫困群众的思想认识，从根本上转变贫困群众"脱贫攻坚是国家的事"的错误思想观念，从培养、激发贫困群众内生动力着手，扶起贫困群众的脱贫志气，激励他们挺起脱贫的腰板，真正从内心深处激发出持久的脱贫致富动力，使贫困群众由内而外达到思想上的认同和行动上的自觉，唤起自我脱贫的斗志。志智双扶是解决贫困户"等靠要"现象的思想保障，是解决贫困户思想惰性的根本手段，是改善扶贫工作环境的重要抓手。

（二）志智双扶为防止返贫注入精神动力

习近平总书记指出，防止返贫和继续攻坚同样重要。2020年是脱贫攻坚之年，在多方共同努力下我国实现了现行标准下农村人口全部脱贫，贫困县全部摘帽的目标任务，但这并不能一劳永逸，返贫风险仍然严峻，加强顶层设计对于脱贫工作固然重要，但一味

"输血式"扶贫只能解决暂时性贫困问题，不是长远之策。志智双扶为建立长效稳定扶贫机制提供了思想和路径。"扶志"有利于克服贫困群众长期形成的依赖心理，帮助贫困群众树立脱贫致富的内生动力，实现"思想脱贫"；"扶智"有利于解决贫困群众知识匮乏的问题，提升贫困群众脱贫致富的能力，实现"能力脱贫"。"扶志"与"扶智"有效协同发力，有利于在打赢脱贫攻坚战后继续增强"造血"功能，为实现"真脱贫、脱真贫、稳脱贫"提供强大的精神动力。

（三）志智双扶为乡村振兴奠定基础

从发展目标看，脱贫攻坚解决的是农村同步小康的问题，乡村振兴要解决的是农村现代化的问题，要实现脱贫攻坚和乡村振兴的无缝衔接，必须要实现物质和精神的全面发展。志智双扶为乡村振兴奠定了统一思想基础，对于深度贫困地区而言，只有将脱贫攻坚中的"志"和"智"继续协同发挥，将其培养成深度贫困地区群众的共识，才能为长效稳定脱贫创造好前提条件。志智双扶为乡村振兴建设了强大的智力资源库，长期以来，由于"志""智"不足引起的精神贫困始终困扰深度贫困地区群众的脱贫致富，在部分群众身上仍然存在因文化水平不高、能力不足无法找到脱贫途径而导致的返贫现象，只有在思想道德建设、乡风文明建设、教育扶贫等方面稳定发力，提升贫困地区主观能动性，形成稳定的人才培养机制，才能为乡村振兴储备源源不断的智力资源。志智双扶为乡村振兴形成了坚实的思想定力，无论是脱贫攻坚还是乡村振兴，都需要广大群众的实践精神和创造精神，提高自我发展能力，志智双扶既补物质短板，又补思想短板，为个人脱贫致富和全面发展提供了更好的平台，个人参与脱贫意愿强烈，实现脱贫致富能力增强，能为区域发展提供强大的内生驱动力，乡村振兴才有了坚实的发展基础。

三、志智双扶的主要做法

（一）以政策扶贫为抓手，实施志智双扶

一是发挥农村基层党组织的战斗堡垒作用。基层党组织是党在社会基层组织中的战斗堡垒，是党的全部工作和战斗力的基础，基层是脱贫的最后一道防线。党和国家的各项扶贫政策，涉及领域较多，分类较广，农民基层党组织充分发挥了先锋模范作用，培训锻炼了一批思想境界高、工作能力强、宣讲水平好的扶贫宣讲人员，组建起优秀的扶贫宣讲队伍，只有通过宣讲人员完全吃透政策精神，解答、宣讲到位，才能让贫困群众更好地理解扶贫政策，更好地享受政策优惠，才能使脱贫攻坚工作在和谐状态下有序进行。同时基层党组织充分发挥了榜样示范作用，通过定期组织召开贫困群众座谈会或者亲自家访群众，广泛宣传当地主动脱贫且成功脱贫的优秀模范，或者通过设立扶贫文化墙，公布先进模范名单和张贴脱贫励志故事，用身边人、身边事来感化贫困群众，营造勤劳致富、光荣脱贫的氛围，激发贫困群众脱贫斗志。二是调动社会各方力量参与到脱贫攻坚战中来。实现政府、市场、社会良性互动和行业扶贫、专项扶贫、社会扶贫正向联动，让扶贫政策深入人心，确保扶贫政策的精准落实。落实扶贫政策并非生搬硬套，而是遵循因地制宜的原则，根据本地区经济发展的实际及人民群众生活水平、贫困家庭的具体情况，进行扶贫政策宣传和相关工作的开展，紧贴贫困群众的需求，更加有针对性、创造性地开展政策宣传引导，使扶贫工作

更加深入、到位。三是坚持脱贫不脱政策。对于正常脱贫的贫困户来说，脱贫不脱政策，结合"五个一批"分类施策。如"不敢脱"的病、残和孤寡老人这类贫困群体，鉴于劳动力不完全和经济承受力非常脆弱等致贫原因，从养老、教育、医疗、特殊救助等多方面着手，争取民生政策、探索保障方式，构建无缝隙、全覆盖的长效救助体系。例如，针对务工家庭留守人员生活照顾问题，建起互助幸福院，让留守老人吃饭有保障、生活有人管、说话有对象，重新找回生活乐趣；建起儿童成长乐园，使得农村学生课外有人监管、生活丰富多彩，解除群众后顾之忧；针对病、残贫困群众的身心健康问题，开展送医、送药、送健康、送政策上门等各种活动，组织下乡医疗队和心理咨询人员深入扶贫一线，走村入户，跟他们一对一、面对面地了解情况，进行心理疏导，制定解决方案，并建立起寻医问诊的长效机制，使贫困群众充分感受到党的恩情，鼓舞其自食其力的志气，促动产生实现自我人生价值这种美好愿景的内生动力。

（二）以教育扶贫为抓手，实施志智双扶

教育扶贫能够从根本上解决贫困问题，提高贫困地区教育水平是持久脱贫的关键因素。一是教育扶贫政策和资金全面向贫困地区倾斜。教育是脱贫的重要手段，也是阻碍贫困代际传递的根本途径。由于贫困地区教育资源相对缺乏，教育基础设施建设相对落后，贫困地区的孩子难以享受到优越的教育条件，教育贫困成为脱贫的限制因素。因此，国家积极出台了相应的教育扶贫政策，使教育优惠政策重点向贫困地区倾斜，同时加大贫困地区资金投入力度，加强贫困地区教育基础设施建设，保证师资队伍数量和质量充裕，确保贫困地区孩子能够享受到较高质量的教育服务，努力实现城乡教育公共服务均等化。加强对贫困户子女后代的教育，阻断贫困代际相传，利用先进的教育手段来扩大优质教育资源覆盖的范围，贫困地区学生通过网络学习空间和各类在线学习平台可以共享优质的教学资源，运用"互联网＋教育"，为贫困地区提供了一套低成本、低门槛、便利联通、资源共享的促进教育精准扶贫的有效途径。二是实施控辍保学，确保贫困家庭义务教育阶段的孩子全部上学，为此地方政府和学校对辍学儿童采取了多种多样的劝返措施。三是加强贫困地区儿童的学前教育，让更多的孩子在3—6岁能上幼儿园，各级政府在多数贫困村建立了公立幼儿园或学前班，并对贫困家庭的儿童给予适当的补贴。四是加强对贫困群众的专业技能培训。进一步提升职业教育与培训扶贫能力建设，促进贫困地区职业教育的快速健康发展，创新人才培养新模式。一方面加强贫困地区职业教育所需的基础设施建设，包括教学场所的基础设施建设，实际教学设备仪器建设，信息化基础设施建设和职业院校图书资料与文化建设；另一方面，推进贫困地区职业教育专业体系建设，优化贫困地区职业教育人才培养方案，建立起适应地方经济发展的专业体系，增强技术技能培训质量。对贫困群众的技能培训要做到因户施策，因人施策，找准"穷根"，明确靶向，培养贫困群众发展生产和务工经商的技能，依靠技术稳固提升贫困劳动力脱贫致富的途径。

（三）以文化扶贫为抓手，实施志智双扶

以文化充实精准扶贫内涵，提高群众文化素质，改变贫困人口的思想观念、精神状态，提升其生存与自我发展能力，才能形成拔穷根、真脱贫的决胜之势。一是改善乡村文化基础设施建设，提升公共文化服务水平。善于运用新技术新应用创新媒体传播方式，采取群众乐于参与、便于参与的方式，开创富有时代特色、体现实践要求的方法。比如，开展群众比较喜闻乐见的文化下乡活动，通过选树"第一书记""致富能人"的典型示范、传播正能量等方式，以正面宣传鼓舞人、激励人，以典型宣传教育人、感染人，努力营造齐心协力精准脱贫的良好舆论氛围，不断增强文化引导的实际效果。确保村民享受文化建设的福祉，注重文化公共服务与文化产业扶贫合力共振，结合文化传承、产业发展、项目建设等方面的要求，进一步提高文化服务供给的针对性。二是强化乡风民约建设，营造和谐文明的乡村新风。乡风文明建设是贫困地区农村精神文明建设的重中之重，是助推贫困户精神脱贫的主要途径。要积极开展文化扶贫，用文化扶贫激发贫困群众的脱贫自信，引导他们树立健康向上的生活观念，激发他们对美好生活的向往，助力实现精准脱贫后的可持续性发展。转变扶贫的思路和方式，从"输血式"扶贫、"救济式"扶贫，向"造血式"扶贫、"开发式"扶贫、精准扶贫转变。三是推动移风易俗，建设社会主义新农村。大力宣传移风易俗新风尚，着力营造婚事新办、丧事简办的社会氛围。利用红白理事会、农村广播、宣传栏等深入宣传，通过召开党员干部大会、专题座谈会等形式给广大党员干部群众常打招呼、常敲警钟。推行"爱心超市""道德银行"建设，激励贫困群众积极参加村公益活动，积累积分兑换日常生活用品。通过推行"积分改变习惯、勤劳改变生活"的积分兑换制度，帮助贫困群众养成健康向上的文明新风尚。积极探索农村养老服务模式，对70岁以上农村留守、独居老人的贫困老人实行免费就餐，达到老人开心、子女安心、政府放心的效果，帮助农村特殊困难群众实现老有所养、老有所乐。

（四）以自治、法治、德治有机结合为抓手，实施志智双扶

深化村民自治，推进乡村法治建设、提升乡村的德治水平，强化反向约束，为志智双扶的顺利进行提供有力法律保障。一是加强农村自治组织建设，改进村民议事形式，致力于形成以民事民议、民事民办、民事民管为主要特征的多层次基层协商格局，切实贯彻好群众知情权、决策权和监督权。二是加强法治建设。帮助贫困户树立正确的法律意识，结合脱贫攻坚工作实际，坚持普法宣传引导，营造良好法治氛围。通过采取法律知识宣讲，开展活动宣传和个别案例引导等有效措施，从根本上解决农村贫困群众法律意识淡薄、享有的权利及应尽义务不明确、违法违规界限模糊等问题，以法律手段干预不赡养老人、恶意骗取扶贫资金等违背道德和法律的行为。建立农村基本公共法律服务体系，让广大农民群众能够享受到优质高效的法律帮助与服务。进一步提高法治化水平，形成办事依法、遇事找法、解决问题用法、化解矛盾靠法的法治环境，为保障和促进贫困户顺利脱贫奠定坚实法治基础。三是推广普及德治理念，对部分贫困家庭中子女不孝、游手好闲、不务正业等"失德致贫返贫"现象，由镇村干部、驻村工作队、宗教界人士和社会贤达结成"一对一"帮扶对子，帮助贫困户转变思想观念，鼓励他们通过自身诚实劳动与合法经营来增加收入，实现"要我富"到"我要富"的转变。四是强化反向约束。采用产业奖补、劳务补助、以工代赈等方式，引导贫困群众勤劳致富。建立贫困户自助脱贫奖励制度，将稳定实现"两不愁三保障"目标、发展成效显著的脱贫户评定为最美脱贫户。建立贫困户不良行为警示制度，将不履行赡养义务、参与

赌博、讲排场等严重违反公序良俗等行为纳入警示教育名单。有些地方执行一年内通过三次以上警示教育仍不改的，通过村民主评议小组评议确定公示后，一年内不得享受部分保障性扶贫政策，通过警示教育补齐贫困群众精神短板。

四、从志智双扶到乡风文明过渡的必然性

实现贫困人口的持续稳定脱贫，重点是增强贫困人口保持收入稳步增长的能力，关键是强化贫困人口自身发展动力。纵观改革开放 40 多年来，成功从贫困走向富裕的地区，无一不是在物质资本积累的同时，大量集聚人力资本并且积极将发展构想付诸行动；成功奔向富裕的个人或家庭，无一不重视教育、技能的作用，并且积极主动地参与市场活动。人的自身发展动力最集中体现在"智"和"志"两个方面，"智"表现为人力资本积累水平，"志"表现为参与社会的积极主动意识。习近平总书记在党的十九大报告中强调，要"注重扶贫同扶志、扶智相结合"[①]。如果扶贫行动在扶志和扶智方面缺位，贫困人口自我发展能力未得到强化，即便借助外部帮扶实现了吃穿不愁和基本保障，一旦外部帮扶力度减弱，其再度陷入贫困的风险仍然较高。在脱贫攻坚行动中，我们实施扶志扶智行动取得了显著成效，现在正处于脱贫攻坚向乡村振兴战略转化的过渡期，为了更好地建设乡风文明，我们有必要进一步梳理扶志与扶智对农民持续增收的作用机制，找准强化扶志和扶智的着力点，进而促进贫困人口提升自身发展动力。

①习近平.决胜全面建成小康社会 夺取新时代中国特色社会主义伟大胜利——在中国共产党第十九次全国代表大会上的报告.人民日报，2017-10-28（01）.

（一）从志智双扶到乡风文明已经具备一定的现实基础

脱贫攻坚时期，通过志智双扶政策，有效克服了贫困群众主动脱贫意识不强、"等靠要"思想突出、脱贫能力不足、陈规陋习严重的情况，补齐贫困户的"精神短板"，让贫困群众树立积极阳光的脱贫心态，实现物质和精神"双脱贫"。与此同时，乡风文明是实施乡村振兴战略的"灵魂"。在乡村振兴战略五个方面的总体要求中，乡风文明蕴含丰富的文化内涵。乡村振兴必须坚持物质文明和精神文明一起抓，提升农民精神风貌，培育文明乡风、良好家风、淳朴民风，不断提高乡村社会文明程度。从政策内容来看，乡风文明建设是志智双扶政策的拓展与提升，志智双扶成果的取得是开展乡风文明建设的重要前提。通过志智双扶，广大脱贫群众进一步增收致富的内生动力、自我发展能力明显提升，精神面貌显著改善，为乡村振兴时期培育文明乡风打下了重要基础。

（二）从志智双扶到乡风文明符合事物发展的客观规律

事物变化发展必须具备两个条件，即内因和外因，外因是外在的变化条件，内因是内在的变化根据，外因通过内因来起作用。对脱贫攻坚工作来说，传统"输血式"扶贫的弊端已经显露，没有内在动力，思想上的懒惰和意志上的薄弱仅依靠外部的帮扶，难以从根本上解决贫困问题。对乡村振兴来说，不能够巩固和维持已脱贫人口持续向好的精神状态，构建良好的社会秩序和氛围，脱贫成果就难以长时间维系。正是基于此种内在的逻辑与联系，习近平总书记在脱贫攻坚和乡村振兴战略部署中充分强调了"志"与"智"，"乡风"与"文明"，这是对内因作为推动事物发生变化的根本性作用的肯定，是通过树内而强外并最终实现脱贫的有效尝试，是在脱贫攻坚和巩固脱贫成果的历史过程中对唯物辩证法的娴熟运用。要实现两个历史时期和使命任务的交汇，重要的就是把握具有根本性作用的内核，只有把扶志扶智与乡风文明作为内因顺利过渡，决战决胜脱贫攻坚与实现乡村振兴战略才能够由内及外，由里及表地实现过渡，从而带动其他历史任务的完成。

（三）从志智双扶到乡风文明是巩固脱贫成果同乡村振兴有效衔接的需要

脱贫攻坚是党的十九大明确提出的三大攻坚战之一，是决胜全面建成小康社会，实现第一个百年奋斗目标的一项重大政治任务。脱贫攻坚聚焦农村贫困地区和贫困人口，重点围绕"两不愁三保障"，实施精准扶贫，确保我国现行标准下农村贫困人口在 2020 年全部实现脱贫。而乡村振兴是党的十九大作出的重大决策部署，是实现第二个百年奋斗目标的重大历史任务，是新时代做好"三农"工作的总抓手。2018 年《中共中央　国务院关于实施乡村振兴战略的意见》明确将"打好精准脱贫攻坚战"列入到乡村振兴战略的主要任务当中。人民群众的贫困问题得不到解决，乡村振兴就无从谈起，脱贫攻坚作为先驱任务，包含在实施乡村振兴战略的体系之中，成为乡村振兴的先决条件和重要基础。2020 是打赢脱贫攻坚战的收官之年，脱贫攻坚的主要脱贫任务已经完成。而乡村振兴战略是一项长期战略部署，距 21 世纪中叶战略目标的实现有 30 多年的时间，因此脱贫攻坚未完成的历史任务自然应该在乡村振兴战略中继续实施和完善。在脱贫攻坚的历史过程中，最难的不是产业帮扶、就业帮扶和教育帮扶，而是扶志扶智。这项工作所具有的潜移默化的特征使得脱贫攻坚扶志扶智工作难度高、进度慢、成效不足，思想意识还不够坚定，智力技术还需要源源不断地补充。即使在短时间内通过引导改善了思想认识的不足、建立起致富的意识和信心、提升了脱贫能力，但长期处在贫困过程中的人民群众要树立文明风尚任务道阻且长，绝不是脱贫攻坚结束就可以中止不前的。从智志双扶到整个乡村的乡风文明需要持之以恒的努力才能实现。

正是基于此，在乡村振兴战略中，必须把扶志扶智工作任务做出合理延续，在维持巩固现有脱贫成果的基础上，寻求和建设出更广泛、更稳定的群众性精神文化成果及氛围，要抓住乡风文明这个乡村振兴战略中最基本、最核心的关键力量，只有这样，才能保证脱贫攻坚成果不流失，才能保证已脱贫户无返贫的风险，才能实现从物质富足到精神文明的乡村振兴。

第二节　衔接乡风文明的重点内容

我国最早关于乡风的论述可追溯至春秋战国，在《管子·版法》记有"必先顺教，万民乡风"，此处的乡风指的是政治上的归顺和对个人的敬仰，随后各个朝代皆有对乡风的描写。自中国共产党成立以来，党中央充分重视并持续推进乡风文明建设工作，早在井冈山革命根据地创建后，党就集中颁布了包括《妇女运动决议案》（1928）等在内的一系列文件，开始了乡风文明建设实践探索，并收获许多实践成效。直至 2005 年党的十六届五中全会上，乡风文明一词被正式提出，乡风文明建设发展进入新阶段。党的十九大作出了实施乡村振兴战略的重大决策，在随后印发的 2018 年中央一号文件和《乡村振兴战略规划（2018—2022 年）》中强调了"乡村振兴，乡风文明是保障"，乡风文明被赋予了"乡村振兴精神保障"的重要地位。

乡风文明建设是一项长期的系统工程。新时期的乡风文明建设内涵不断丰富拓展，既包含改进农村基本公共服务的内容，又包含大力弘扬社会主义核心价值观，传承遵规守约、尊老爱幼、邻里互助、诚实守信等乡村优良习俗，努力实现乡村传统文化与现代文明的结合，实现乡风文明与时俱进。2021 年 6 月《中华人民共和国乡村振兴促进法》的正式施行，以法律的形式把"培育文明乡风、良好家风、淳朴民风，建设文明乡村"列为促进乡村振兴"文化繁荣"的重要条目，给乡村振兴乡风文明建设赋予了新的现实要求和深刻内涵。

一、加强农村精神文明建设，不断提高乡村社会文明程度

一是坚持教育引导、实践养成、制度保障三管齐下，以社会主义核心价值观为引领，深化中国特色社会主义和中国梦宣传教育，大力弘扬民族精神和时代精神，加强爱国主义、集体主义、社会主义教育，深化民族团结进步教育。二是提倡孝老爱亲、勤俭节约、诚实守信，促进男女平等，创建文明村镇、文明家庭，培育文明乡风、良好家风、淳朴民风，建设文明乡村。三是深入实施公民道德建设工程，推进社会公德、职业道德、家庭美德、个人品德建设，推进诚信建设，强化农民的社会责任意识、规则意识、集体意识和主人翁意识。四是加强农村群众性自治组织建设，依托村民会议、村民代表会议、村民议事会、村民理事会等，形成民事民议、民事

民办、民事民管的多层次基层协商格局。

二、拓展农村文化体育活动覆盖面，丰富农民文化体育生活

一是进一步扩大乡村文艺队伍的覆盖面，提高乡村文艺队伍的影响力，推进农村文化志愿服务扩面升级，增强乡村文化生命力、感染力、吸引力。二是鼓励社会力量、社会资本参与乡村公共文化服务体系建设，培育乡村文化骨干力量，充分挖掘乡村文化资源，调动广大一线创作人员深入基层开展农业农村农民题材文艺创作活动，活跃繁荣农村文化市场。三是围绕乡村发展、乡村建设和乡村治理，开展群众性节日民俗活动，构建农民群众广泛参与的体育健身赛事活动体系，普及健身知识和健身文化，提高农民群众的体育意识、健康意识。四是发展适合不同人群、不同地域特点的涉农特色运动项目，支持纳入各级综合性运动会比赛或展示。

三、健全完善乡村公共文化体育设施网络和服务运行机制，倡导科学健康的生产生活方式

一是加强基层综合性文化服务中心建设，开展实施公共数字文化工程，完善农村新闻出版广播电视公共服务体系，实现乡村两级公共文化服务全覆盖、数字广播电视户户通。二是积极推动智慧广电乡村建设，拓展乡村文化服务渠道，提供便利可及的公共文化服务。三是因地制宜加快完善农村公共健身设施网络，逐步实现城乡服务内容和标准统一衔接，推动村健身设施全覆盖，提高场地设施利用率，让基层群众享受体育发展成果，提升体育生活满意度。四

是挖掘培养乡土文化本土人才，建设一批特色鲜明、优势突出的农耕文化产业展示区，打造一批特色文化产业乡镇、文化产业特色村和文化产业群。

四、保护农业文化遗产和非物质文化遗产，传承和发展优秀传统文化

一是完善非物质文化遗产保护制度，支持农村地区优秀戏曲曲艺、少数民族文化、民间文化等传承发展，推动乡村地区传统工艺振兴，鼓励修编乡村史志。二是划定乡村建设的历史文化保护线，保护好文物古迹、传统村落、民族村寨、传统建筑、农业遗迹、灌溉工程遗产和乡村经济社会变迁物证，传承传统建筑文化，开展保护状况监测和评估，采取措施防御和减轻火灾、洪水、地震等灾害。三是以形神兼备为导向做好规划，保护乡村原有建筑风貌和村落格局，建设特色鲜明、优势突出的农业文化展示区、文化产业特色村落。四是加强传统体育项目保护利用和传承，扶持推广武术、龙舟、舞龙舞狮、健身气功等中华传统体育项目，重点挖掘整理列入乡村非物质文化遗产的传统体育项目，总结提炼传统体育项目的文化特征，形成各具特色的精神内核和文化标识。

五、推动乡村地区传统工艺振兴，建设特色鲜明、优势突出的乡村文化基地

一是加强规划引导、典型示范，挖掘培养乡土文化本土人才，建设特色鲜明、优势突出的农耕文化产业展示区，打造一批特色文化体育产业乡镇、文化体育产业特色村和文化产业群。二是大力推

动农村地区实施传统工艺振兴计划，培育形成具有民族和地域特色的传统工艺产品，促进传统工艺提高品质、形成品牌、带动就业。三是积极开发传统节日文化用品和武术、戏曲、舞龙、舞狮、锣鼓等民间艺术、民俗表演项目，促进文化资源与现代消费需求有效对接。推动文化、旅游与其他产业深度融合、创新发展。

第三节　衔接乡风文明的对策建议

智志双扶与乡风文明建设既有共性又有个性，既具紧迫性、又具长期性。在新的阶段，衔接乡风文明建设是一项复杂的系统工程，既不能忽视区域差距和差异的现实约束，简单粗暴地统一要求，一刀切地推进，也不能做表面文章，搭花架子。唯有因时制宜、因地制宜，既坚持循序渐进，又鼓励百花齐放，方能一步一个台阶，最终达到目标。

一、继续发挥基层党组织的桥头堡作用，形成党建引领乡风文明建设工作格局

"顶层设计好，决胜在基层。"党员是基层治理的"细胞"，是党联结群众的纽带和桥梁。以党建引领乡风文明建设工作，发挥党员在乡风文明建设中的模范带头作用，将党建工作融入乡风文明建设的各方面和全过程。在乡风文明建设工作中加强党建引领，强化基层党组织凝聚各方共识，是共绘基层治理同心圆，推动培育和践行社会主义核心价值观、弘扬文明新风尚的重要保障。一是要构建党员队伍工作网格，以网格化管理推进爱国主义教育进农村主题活

动，加强红色文化教育，弘扬优良革命传统。二是要以政风促乡风，坚持把政治标准放在首位，选拔思想政治素质好、道德品行好、带富能力强、协调能力强，公道正派、廉洁自律，热心为群众服务的党员担任村党组织书记，充分发挥党员示范带头作用，为广大群众树立榜样，教育群众自觉抵制陈规陋习和歪风邪气，充分落实"四议两公开"工作机制，不断提升基层民主。三是要丰富"党建+乡风文明建设"的活动形式。从"小而微"的实事上着手，将开展志愿服务、践行文明风尚、移风易俗等纳入主题党日活动，充分调动党员志愿者投身乡风文明建设的积极性，发挥党员的先锋模范作用，带动更多的群众参与乡风文明建设。四是要广泛吸收人才，改善基层干部队伍结构，吸纳社会各界优秀人才加入农村基层干部队伍，认真开展党内组织生活，严格落实全面从严治党要求下的各项组织生活制度，提高农村基层党员的党性和积极性。五是要加强执法人员业务素养提升，开展多种形式、多种渠道的业务培训，积极通过案件交流、案例分析，化解工作中疑难问题，提升基层工作人员业务水平。

二、开展新时代文明实践活动，倡移风易俗树文明新风

开展新时代文明实践，推进移风易俗工作是破除陈规陋习、树立乡村文明新风的重要途径，对于培育自尊自信、理性平和、积极向上的农村社会生态具有重要意义。当前，我国农村青壮年劳动力流失严重，现有农村人口中老龄人口多、文化程度整体不高给移风易俗工作的推进和内生动力的激发带来了一定的困难。一是要引导形成一批倡导文明的村规民约。以党组织为引导，以社会主义核心

价值观为载体，梳理好家风、好家训、好故事，传承优秀传统文化，在广泛征求群众意见建议的基础上，制定好村民广泛认同的村规民约。二是要创新活动形式和活动载体。开展孝老爱亲、好婆婆、好媳妇、五好家庭等评先活动，探索创新活动形式、活动载体，充分利用村文化中心、图书室以及微信群、直播等网络平台，鼓励乡村社会在外务工人员积极参与，开展丰富多彩的乡风文明实践活动，使文明新风深入推进。三是要在党组织的引导下，成立"一约四会"，制定红白事简办标准和流程，发挥自治组织沟通宣传的作用和文明道德管理作用，通过红白理事会、道德评议会、村民议事会等乡村自治组织，利用村规民约，纠正错误观念，涤荡不良风气，构建共建共治格局，引领培育文明乡风、优良家风和淳朴民风。四是要广泛印发移风易俗倡议书，鼓励党员干部带头示范，签订移风易俗承诺书，引导广大村民自觉摒弃陈规陋习，抵制封建迷信活动，树立婚事新办、崇尚节俭的新观念。

三、丰富农村乡村文化建设载体，鼓励开展形式多样的农民群众性文化体育、节日民俗等活动

完善乡村文化建设，丰富农村居民精神生活是乡风文明建设的重要组成内容。农村要发展，更要铸魂。当前，乡村文化建设工作普遍存在管理机制不顺畅、供给主体单一，人员保障不到位和评价机制不健全的问题，导致乡村文化产品供需不对称，乡村文化服务站难以充分发挥实际作用。部分地方乡村文化资源配置需要进一步优化，群众喜闻乐见的公共文化产品还不够丰富，乡村文化展览展示方式比较传统，弱化了文化阵地的功能。因此，要持续深化农村

精神文明建设，培育文明乡风、良好家风、淳朴民风，助推乡村振兴战略实施。要进一步完善农村文化设施建设，打通公共文化服务"最后一公里"，更好地满足群众精神文化生活需求。一是要持续推进乡村公共文化基础设施建设。推动乡村公共文化服务"门前十小"工程建设（小文化广场、小书屋、小讲堂、小戏台、小法治宣传栏、小体育健身设施、小型数字文化服务设备、乡风文明理事小组、业余文艺队伍、文旅志愿服务队伍），打造最美乡村文化阵地，构建乡村文化生活圈，实现在村民步行可达的范围内，配备高品质公共文化服务功能与公共活动空间，形成安全、友好、舒适的复合型文化空间单元。二是要由党组织引导民间文化艺人、新乡贤等有特长、有文化、有影响力的群众广泛参与，组建乡村文化志愿者服务队伍，把移风易俗的新风气与地方特色的文化形式深入结合，以群众喜闻乐见接地气的形式，契合农村居民精神文化生活需要。三是要创新公共文化服务社会化运营模式。按照"公益性为主、市场化为辅"的原则，以购买、众筹、招募等方式，引进社会力量参与基层综合性文化服务中心管理，提高公共文化服务设施管用同步发展。四是要用好新技术、新媒体，以农民喜闻乐见形式建立线上线下相结合的信息共享平台、分布式数字资源库，完善菜单式服务等机制，加快实现公共文化资源网上共享、活动网上配送、服务网上采购。

四、提高乡村体育健身公共服务水平，夯实乡村体育发展基础

乡村体育是提高群众身体素质、改善群众精神面貌、促进农村精神文明建设的关键引擎和重要抓手，对促进我国农村发展具有不

可替代的作用。《中共中央 国务院关于做好 2022 年全面推进乡村振兴重点工作的意见》强调，整合文化惠民活动资源，支持农民自发组织开展村歌、"村晚"、广场舞、趣味运动会等体现农耕农趣农味的文化体育活动。当前，乡村体育建设存在着乡村体育丰富性和特色化不足、乡村体育设施和配套服务不足、乡村体育宣传不足以及部分地区乡村体育便捷性不够的问题，亟待进一步完善提升，不断提高乡村体育健身公共服务水平，夯实乡村体育发展基础。一是要持续加强乡村体育基础设施建设规划。在建设方案、资金拨付等方面对乡村体育场地设施予以支持，优先鼓励在距离绝大部分村民较近的区域配置体育锻炼设施，建立乡村体育设施日常运营维护机制。二是要推动"农耕文化 + 乡村体育"融合发展。结合地方特色，将农耕文化中促进人的身体与精神全面发展的内容作为乡村体育项目创新的重要内核并融入项目当中，发起具有地方丰富文化内涵的全国性乡村体育活动，以农耕农趣农味为基础开展内容创新，面向村民推广插秧健身操、独轮推车健步走等富含乡村生活元素的新式趣味体育活动，激发农村居民参与热情。三是要加强乡村特色体育项目的深度发掘。针对具有一定历史传承的特色体育活动充分挖掘，将其作为当地非物质文化遗产和重要农业文化遗产的组成部分，纳入各类乡村体育比赛活动中，借助中国农民丰收节、全运会等平台，不断做好推广。四是要创新宣传推广模式。发挥短视频等新媒体平台在乡村居民中的影响力，发掘、培训、指导乡村体育中成绩优秀或具有鲜明特点的居民"高手"，带动和指导其他村民参与体育活动。五是要加强体育配套服务。支持社会体育组织提供乡村体育服务与指导，开展乡村体育社会指导员培训，利用网络与科技手段强化服务，普及安全防护知识，鼓励支持乡村体育赛事举办，丰富乡村体育活动内容。

五、大力发展以文化遗产为基本要素的公共文化服务，强化农村文化遗产保护

习近平总书记指出："要保护弘扬中华优秀传统文化，延续城市历史文脉，保留中华文化基因。"[①]这就要保护好前人留下的文化遗产，包括文物古迹、历史文化名城名镇名村、历史文化街区、历史建筑、工业遗产以及非物质文化遗产。几千年来，中国的乡村文化与村民共同构成了一个文化生态链条，传承、延续着中华优秀传统文化，其中文物建筑与非物质文化遗产是中华优秀传统文化的重要载体。当前，乡村文化遗产保护面临着人口空心化引起的传统民间遗产保护缺位、中坚层的"外流"导致传统技艺等无人传承等问题。一是要立足地方特色，传承弘扬优秀传统文化，应制定政策、措施促进各门类传统文化艺术在乡村活跃起来，帮助乡村确定能形成产业的门类，达到既传承优秀文化，又带动一批人就业，既富口袋，又富脑袋。二是要挖掘培养乡村手工业者、传统艺人，通过设立名师工作室、大师传习所等，推广师带徒等行之有效的方式，传承发展传统技艺，培养和造就一批贴近百姓、热心文化工作、长期扎根农村的文化能人。三是要鼓励高等学校、职业院校开展传统技艺传承人教育，在传统技艺人才聚集地设立工作站，开展研习培训、示范引导、品牌培育。四是要支持鼓励传统技艺人才创办特色企业，支持民间文艺团体、艺人等兴办农村书社、艺术团，开展文化活动，

---

① 习近平. 在中央城市工作会议上的讲话（2015 年 12 月 20 日）.

探索村企合作共建，推动形成文化设施共建、文化活动联办、文化生活共享的局面。

六、推动文化产业人才、资金、项目、消费下乡，积极探索文化产业融合发展

乡村特色文化产业是围绕乡村民间文化传统和独特文化资源，利用现代经济理念和产业经营模式而开展的经济活动。对于文化资源较为丰富的乡村而言，乡村特色文化产业稳步健康发展，可加快转变乡村经济发展方式、加速优化乡村经济结构、加大乡村经济竞争力提升力度。当前，我国乡村文化产业发展存在着文化产业区域发展不平衡、复合型文化能人紧缺、适应乡村需求的文旅产业发展相对缓慢、乡村文化产业人才匮乏、特色型不强的问题。大力发挥文化产业在乡村文化发展繁荣、乡村振兴中的作用，必须立足于乡土文化资源的挖掘与转换，努力开发乡村文化产品及乡村旅游发展，同时发挥各类要素在促进乡村文化产业发展的作用。一是要以城带乡、城乡互促是文化产业赋能乡村振兴的指导思想，挖掘当地资源，依托成立市级、县级文化产业协会，形成文化产业发展合力，开展乡村传统工艺振兴计划，构建乡村文化产业发展的政策支撑体系。二是要推动文化和旅游融合发展，以革命历史文物、遗址、红色文化、文物、非物质文化遗产、地方特色民俗文化为依托，挖掘文化内涵，讲好文化故事，做好规划设计，打造乡村旅游特色村镇，培育具有地方文化特色的手艺村、美术村、艺术村、音乐村，推出一批乡村旅游产品，营造美丽乡村主客共享空间。三是鼓励文化企业挖掘乡村人文价值，积极探索文化产业融合发展，充分挖掘乡村农耕文明、非物质文化遗产、红色文

化资源，利用短视频、直播等新技术新平台宣传推广乡村文化，培育乡村文化产业发展新业态。四是要深化乡村文化企业改革，推进乡村文化企业股份制改造，建立现代公司管理机制，采用科学合理的股份制改造方式，充分调动企业的积极性，降低乡村特色文化产业企业成本。要允许民营文化企业以投资、参股、兼并、收购、承包、租赁等形式参与乡村文化企业的转企改制，实施跨地区、跨行业、跨所有制联合兼并，以资本为纽带实现资产重组，共同组建股份制文化企业，形成对乡村文化企业发展的倒逼机制。五是要组织乡村文化企业参加文化项目对接会、投融资洽谈会、文化产品展销会等，引导乡村文化企业加强与政府、银行、市场及相关社会力量的有效对接，更好地提供具有广阔市场需求、符合主流价值标准的乡村文化产品、文化精品和文化服务。

第七章 从驻村帮扶到治理有效

农村基层自治组织存在着治理能力有限、治理水平不高的问题，为了打通精准扶贫的"最后一公里"，党和国家从中央、省、市、县各级机关、国企、事业单位中选派了大量优秀干部进驻贫困村，以弥补基层组织的角色功能不足问题，对于贫困地区和贫困人口实现稳定脱贫和可持续发展作出了重要贡献。脱贫攻坚的胜利并不意味着驻村帮扶工作的终结，在乡村振兴阶段，尤其是乡村振兴的前期阶段，驻村帮扶要更加关注乡村治理体系和治理能力的建设，在巩固脱贫攻坚成果的基础上，实现从驻村帮扶向治理有效衔接，有力推进乡村振兴事业。

第一节 脱贫攻坚中的驻村帮扶

选派党政干部开展驻村帮扶既是贯彻落实中央精准扶贫政策、全面建成小康社会的有效工作机制，也是国家全面推进乡村振兴、促进农民农村共同富裕的重要工作方式[①]。驻村帮扶政策的实施，为我国打赢脱贫攻坚战，实现贫困县全部摘帽、贫困村全部出列、贫

---

① 钟海. 超常规治理：驻村帮扶工作机制与运作逻辑——基于陕南 L 村的田野调查 [J]. 南京农业大学学报（社会科学版），2022，22（02）：64-74.DOI：10.19714/j.cnki.1671-7465.2022.0027.

困户全部脱贫贡献了重要力量。

一、脱贫攻坚驻村帮扶的原因

作为基层自治组织的村"两委"，整体文化素质较低，思想观念固化，不能清晰而准确地认识到党和国家扶贫的方针和政策，而驻村工作队由一批优秀的干部组成，在一定程度上弥补了村干部自身能力的不足，并通过链接帮扶资源、密切干群关系和提高乡村治理水平等方式，使得精准扶贫政策更好地落实到位。同时，脱贫攻坚期间，党和国家高度重视驻村工作队的作用，大力支持优秀年轻干部去农村参与扶贫工作，为驻村工作队的大量派遣提供了支持和可能。

（一）基层组织自身能力有限，亟须外部力量帮扶

村干部处于改革发展稳定的最前沿，担负着把党的路线方针政策贯彻落实到基层、团结带领广大农村干部群众打赢脱贫攻坚战的重要职责和光荣使命，是取得脱贫攻坚战全面胜利不可或缺的一部分。然而在实际工作中，一些村干部在综合素质、带领群众致富能力等方面还存在不足，主要表现在以下几方面：

一是村干部队伍综合素质普遍较低。村干部平均年龄50岁左右，年龄普遍偏大，学历普遍偏低。由于村干部年龄较大，文化水平较低，对扶贫的新要求领悟不透，也不能去积极应对和正确处理扶贫工作中出现的新情况和新问题。同时，缺乏脱贫攻坚工作一线所需要的相关专业知识和落实扶贫工作的清晰思路，不能很好地利用现有资源和优惠政策带动当地经济发展，帮助贫困农户摆脱贫困。

二是一些村干部思想较为迂腐。实践中眼界不开阔，思路比较

狭窄，追求"面子工程""政绩工程"等，为了在在职期间做一些让群众看得见的事情，提升自己的声誉，做一些劳民伤财、不切实际的工程，不但不利于减贫，甚至还为基层增加负担。

三是抱有侥幸心理和利己思想的村干部，在缺乏有效监督的情况下，容易在扶贫领域出现腐败行为。一方面是优厚亲友。扶贫领域典型的腐败行为就是滥用职权，优厚亲友。主要表现为某些村干部隐瞒低保、贫困户名额信息，使真正符合低保、贫困户要求的农户无从知晓，错过申请；或者有人申请，也由于各种原因在村内民主评议会上被否决，以至于出现大量的"人情保""关系保"，而真正需要帮扶的贫困家庭却"无人保"。另一方面是以权谋私，村干部通过利用自己的职权，虚报、冒领各种扶贫补贴，严重损害了贫困农户的权益，同时这种现象的发生，也是缺乏有效监督的后果[①]。

无论是综合素质普遍较低、思想较迂腐，还是存在腐败行为，不但不利于农村经济的发展，贫困农户的减贫，甚至还与预期目标出现背道而驰的局面，因此亟须引入外部力量弥补基层组织的角色功能不足。

（二）驻村帮扶工作得到广泛支持

脱贫攻坚期间，驻村帮扶工作得到各方力量的支持，为驻村政策提供了可行性。中央领导人高度肯定，习近平总书记在选人用人方面十分重视基层导向，对下派干部到基层任职的做法表示肯定。选派优秀机关干部到农村任第一书记，与习近平总书记一向提倡领导干部到农村、到贫困地区锻炼的做法一致。政策支持，驻村帮扶

---

① 聂君.乡村干部精准扶贫政策的实践逻辑——基于宁夏移民乡村扶贫治理的调查[J].北方民族大学学报，2021（06）：51-57.

工作得到了国家政策的大力支持。2015 年 4 月，中共中央组织部、中央农村工作领导小组办公室、国务院扶贫开发领导小组办公室联合印发《关于做好选派机关优秀干部到村任第一书记工作的通知》，从而使这一做法从地方性政策成为全国性制度安排，该通知要求从中央、省、市、县各级机关、国企、事业单位中选派优秀干部到基层党组织软弱涣散村和贫困村担任第一书记，其目的在于加强农村基层组织建设，解决一些村"软、散、乱、穷"等突出问题，提升农村公共治理水平，带领贫困村、贫困户精准脱贫。2015 年 11 月《中共中央 国务院关于打赢脱贫攻坚战的决定》再次提出要"注重选派思想好、作风正、能力强的优秀年轻干部到贫困地区驻村，选聘高校毕业生到贫困村工作。根据贫困村的实际需求，精准选配第一书记，精准选派驻村工作队，提高县以上机关派出干部比例。加大驻村干部考核力度，不稳定脱贫不撤队伍。对在基层一线干出成绩、群众欢迎的驻村干部，要重点培养使用"。2017 年 12 月 24 日，中共中央办公厅、国务院办公厅印发了《关于加强贫困村驻村工作队选派管理工作的指导意见》，旨在解决驻村帮扶选派工作中的系列问题，确保发挥驻村工作队在脱贫攻坚中的重要作用。政策的出台，为驻村工作队更好地发挥脱贫攻坚生力军作用提供了坚强的保障。青年干部赴农村扶贫工作积极性高。青年干部是国家干部的后备主力，是未来政治舞台的"后备军"，而基层是改革发展的主战场，是成长的"试金石"。多数青年干部愿意放弃当前舒适的环境，下沉到基层清贫艰苦的环境中，经风雨、见世面、察民情，为脱贫攻坚事业贡献自己的力量。

（三）脱贫攻坚选派驻村帮扶的意义

驻村工作队是联系国家治理与村民自治的桥梁纽带，扮演着国家在基层的"政府代理人"角色。脱贫攻坚期间选派驻村工作队不仅可以衔接帮扶资源，还通过深入基层密切干群关系，同时也提升了乡村治理的水平，对打赢脱贫攻坚战发挥着不可或缺的作用。链接帮扶资源，驻村工作队利用国家政策、单位力量以及个人社会关系为贫困地区带来资金和项目，并通过合理配置现有资源，整合各方力量，实现贫困村和贫困农户效益的最大化。密切干群关系，驻村工作队通过定期入户走访，了解农户家庭情况和存在的困难，以回应农户的实际需求，保持与农民的密切关系，在一定程度上拉近了干部与农民群众之间的距离，增强了农民群众对党委政府的认同感，从而密切了干群关系、激活了群众路线。推进乡村善治，驻村工作队多由综合素质较高的人员组成，在入驻乡村后，能带来原工作单位的先进工作理念、工作方法和工作技巧，促进村干部工作能力的提升和思想的进步。同时，驻村工作队作为政府在基层的"代理人"，对国家政策理解力和贯彻执行能力更强，能有效地带动村干部执行上级政策，及时推动党委政府各项工作落到实处。

二、脱贫攻坚期间驻村帮扶的主要做法

脱贫攻坚期间，驻村工作队主要以嵌入的方式参与基层扶贫工作，通过严格的选派和管理制度，挑选优秀的人员入驻农村，宣传党和国家的方针政策，协助村"两委"开展扶贫工作，打通了精准扶贫的"最后一公里"，为脱贫攻坚战的胜利提供了重要的人才保障。

（一）驻村帮扶的选派和管理

为深入贯彻落实习近平总书记关于大抓基层、推动基层建设全面进步全面过硬和精准扶贫、精准脱贫等重要指示精神，打通联系服务群众"最后一公里"，把农村基层党组织建设成为推动科学发展、带领农民致富、密切联系群众、维护农村稳定的坚强战斗堡垒，必须在驻村帮扶的选派和管理上，坚持严格的选派标准和管理制度，用外部力量带动基层党组织自身能力的发展。

为保障驻村帮扶的效果，脱贫攻坚期间驻村工作队的选派制定了相关标准①，主要包括：驻村帮扶坚持精准选派，因村选人组队，充分发挥驻村工作队的优势和特长，例如把熟悉党群工作的干部派到基层组织软弱涣散、战斗力不强的贫困村，把熟悉经济工作的干部派到产业基础薄弱、集体经济脆弱的贫困村，把熟悉社会工作的干部派到矛盾纠纷突出、社会发育滞后的贫困村，充分发挥派出单位和驻村干部自身优势，帮助贫困村解决脱贫攻坚面临的突出困难和问题。合理安排驻村帮扶的人员选择、驻村时间和帮扶力度等。在人员选择上，优先安排优秀年轻干部和后备干部参加驻村帮扶。县级以上各级机关、国有企业、事业单位选派政治素质好、工作作风实、综合能力强、健康具备履职条件的人员参加驻村帮扶工作。新选派的驻村工作队队长一般为处科级干部或处科级后备干部。干部驻村期间不承担原单位工作，党员组织关系转接到所驻贫困村，确保全身心专职驻村帮扶；在驻村人数时间上，每个驻村工作队一般不少于3人，每期驻村时间不少于2年。脱贫攻坚期内，贫困村

① 中共中央办公厅 国务院办公厅关于加强贫困村驻村工作队选派管理工作的指导意见[EB/OL]. http://www.gov.cn/gongbao/content/2018/content_5257369.htm，2017-12-24/2022-06-23.

退出的，驻村工作队不得撤离，帮扶力度不能削弱；在帮扶力度上，把深度贫困地区贫困村和脱贫难度大的贫困村作为驻村帮扶工作的重中之重，东西部扶贫协作和对口支援、中央单位定点帮扶的对象在深度贫困地区的，需要加大选派干部力度。

在驻村帮扶的管理上，也遵循严格的管理制度，确保驻村帮扶真正发挥作用。一是落实责任。县级党委和政府承担驻村工作队日常管理职责，建立驻村工作领导小组，负责统筹协调、督查考核。乡镇党委和政府指导驻村工作队开展精准识别、精准退出工作，支持驻村工作队落实精准帮扶政策措施，帮助驻村工作队解决实际困难。县乡党委和政府安排专人具体负责。二是健全制度。建立工作例会制度，驻村工作领导小组每季度至少组织召开1次驻村工作队队长会议，了解工作进展，交流工作经验，协调解决问题。建立考勤管理制度，明确驻村干部请销假报批程序，及时掌握和统计驻村干部在岗情况。建立工作报告制度，驻村工作队每半年向驻村工作领导小组报告思想、工作、学习情况。建立纪律约束制度，促进驻村干部遵规守纪、廉政勤政。防止形式主义，用制度推动工作落实。三是强化考核。县级党委和政府每年对驻村工作队进行考核检查，确保驻村帮扶工作取得实效。坚持考勤和考绩相结合，平时考核、年度考核与期满考核相结合，工作总结与村民测评、村干部评议相结合，提高考核工作的客观性和公信力。考核具体内容由各地根据实际情况确定。年度考核结果送派出单位备案。四是表彰激励。考核结果作为驻村干部综合评价、评优评先、提拔使用的重要依据。对成绩突出、群众认可的驻村干部，按照有关规定予以表彰；符合条件的，列为后备干部，注重优先选拔使用。五是严肃问责。驻村干部不胜任驻村帮扶工作的，驻村工作领导小组提出召回调整意见，派出单位要及时召回调整。对履行职责不力的，给予批评教育；对弄虚作假、失职失责，或者有其他情形、造成恶劣影响的，进行严肃处理；同时，依据有关规定对派出单位和管理单位有关负责人、责任人予以问责。

（二）驻村帮扶工作原理

驻村帮扶是通过帮扶单位选派扶贫干部进驻贫困村，动员与整合各方扶贫资源，投入帮扶贫困村，帮助贫困对象解决贫困问题，并协助贫困村实现脱贫发展的重要方式。在基层内部贫困治理能力不足的情况下，可以通过外部力量嵌入基层社会治理，弥补村民自治的不足，促进乡村和农户的减贫和发展[1]。基层政权的嵌入式治理在执行国家政策的同时，也在一定程度上强化了地方性结构与规范，实现中央与基层、国家与贫困农户的对接与联系[2]。脱贫攻坚期间的驻村帮扶工作机制作为一种嵌入性设计，可以打破原有的资源分配结构，通过参与公共事务治理、与农民发生互动等加强基层治理，改善扶贫效果[3]，同时在一定程度上激发农村发展活力，提高村庄可持续内生发展动力[4]。驻村帮扶工作机制的实践状况主要表现为制度性嵌入、资源性嵌入和关系性嵌入三种模式，即通过制度性嵌入构

---

① 王维，向德平.从"嵌入"到"融入"：精准扶贫驻村帮扶工作机制研究 [J].南京农业大学学报（社会科学版），2020，20（01）：41-50.DOI：10.19714/j.cn-ki.1671-7465.2020.0006.

② 陈锋.论基层政权的"嵌入式治理"——基于鲁中东村的实地调研 [J].青年研究，2011（01）：23-32+94-95.

③ 王卓，罗江月.扶贫治理视野下"驻村第一书记"研究 [J].农村经济，2018（02）：8-15.

④ 张义祯.嵌入治理：下派驻村干部工作机制研究——以福建省为例 [J].中共福建省委党校学报，2015（12）：36-43.DOI：10.15993/j.cnki.cn35-1198/c.2015.12.007.

建制度体系，为驻村帮扶工作提供制度支撑；调动各方力量参与扶贫，撬动扶贫资源，通过资源性嵌入增加贫困村扶贫资源总量；通过关系性嵌入，协调驻村工作队、当地政府、村干部以及村民间的互动关系，形成新的关系网络。

制度性嵌入为驻村工作队顺利运行奠定制度基础。制度性嵌入是指从宏观层面对下派驻村工作队进行顶层设计，通过强制性制度安排，为驻村帮扶工作机制提供制度支撑，确保驻村帮扶工作落到实处[①]。驻村帮扶制度从宏观层面嵌入基层村庄治理，一方面通过下派干部到基层，嵌入基层内部，实现国家基层治理意志，另一方面在内部治理能力不足的情况下，通过外部力量的嵌入协助基层解决难以解决的问题，促进农村减贫和发展。

资源性嵌入为村庄减贫发展提供资源支持。农村贫困地区资金、人力等资源比较匮乏，村干部和农民由于文化水平较低、能力有限、社会关系多局限在本村内部等原因无法从外部获得较多的资源支持。驻村工作队的嵌入，可以通过自身和单位的力量为贫困地区带来扶贫资源，例如可以积极向社会各界积极争取资源，利用国家优惠政策帮助贫困地区争取项目，通过个人及单位的关系网络获得资金支持；同时运用自身的专业知识和信息等，合理利用资源，最大限度挖掘、整合和利用有限的资源，实现利益最大化，例如可以通过获取的资金扶持集体经济的发展，推行产业扶贫项目等措施，带动贫困村的发展。

关系性嵌入为驻村工作队构建关系网络。关系性嵌入指的是驻

---

① 许汉泽，李小云.精准扶贫背景下驻村机制的实践困境及其后果——以豫中J县驻村"第一书记"扶贫为例[J].江西财经大学学报，2017（03）：82-89.DOI：10.13676/j.cnki.cn36-1224/f.2017.03.009.

村工作队在开展扶贫行动的过程中，通过与县、乡镇政府，村两委以及村民互动交流而嵌入当地的关系网络。驻村工作队在驻村期间，在工作与生活中与当地村干部和村民有着密切的联系和交流，通过了解农户的真实情况，帮助农户解决实际问题，建立了良好的关系网络并获得了当地村干部和村民的认可与信任，进而更有利于驻村工作的推进，形成了良性循环。同时还可以通过自身的影响力，带动贫困地区农户内生发展动力，增强脱贫的主动性与积极性，在一定程度上形成内部自主脱贫与外部帮扶脱贫相结合的局面，对贫困地区的减贫有着较大的影响力。

脱贫攻坚的驻村帮扶通过制度性嵌入、资源性嵌入和关系性嵌入，是国家权力重新嵌入农村，改善农村基层治理的切入点。驻村工作队在乡镇和村庄之间发挥着重要的上接下联的作用，成为中国基层组织运作的独特"经验"与方式[①]。

（三）驻村帮扶工作重点

脱贫攻坚期间，通过选派优秀干部组成驻村工作队嵌入乡村治理，是我国改善村庄治理的重要制度安排，也是我国极具特色的创新做法。截至 2020 年底，全国累计选派 300 多万名第一书记和驻村干部奋战在扶贫一线，为脱贫攻坚战的胜利作出了重要贡献[②]。驻村工作队在驻村期间，有着明确的工作任务，主要内容包括以下几个方面：

---

① 汪三贵.脱贫攻坚与精准扶贫：理论与实践 [M].北京：经济科学出版社，2020：170-230.

② 李丹阳，张等文.驻村干部和村两委的协同治理 [J].华南农业大学学报（社会科学版），2021，20（06）：98-107.

1. 宣传贯彻党中央、国务院关于脱贫攻坚各项方针政策、决策部署、工作措施

驻村工作队员一般由国家机关、企事业单位派出的优秀党员干部组成，熟悉党的方针政策，对党的决策部署、工作措施能够很好地理解与执行。而当地村干部缺乏对党的理论和方针政策的掌握，对政策的理解和执行能力也不够。驻村工作队作为党的方针政策、决策部署的模范学习者和践行者，承担着贯彻宣传工作的重要任务，通过开展村民大会、入户宣传、党员大会等方式，引领全体村民正确理解党的方针政策、决策部署和工作措施，并严格按照规定执行。

2. 开展贫困人口精准识别、精准帮扶、精准退出

驻村工作队在驻村期间，通过精准识别、精准帮扶和精准退出帮助当地贫困户顺利脱贫，贫困村顺利出列。在贫困户识别上，摸清底数掌握实情，做到"识别精准，不落一人"。深入走访吃透村情民情，掌握所驻村建档立卡贫困人口、致贫原因、脱贫措施、脱贫时限等基本情况，严格执行农民人均纯收入标准，统筹考虑"两不愁三保障"因素，坚持"公开、公正、透明"的原则，按照初选对象、乡镇审核、县级复审等程序协助村两委班子落实贫困户精准识别政策。在帮扶方式上，根据致贫原因开展精准帮扶。驻村工作队在掌握贫困农户家庭实际情况的基础上，根据致贫原因和发展需求，协助村两委制定有针对性的帮扶计划，认真落实帮扶措施，竭尽全力为贫困农户拓宽增收渠道，增加经济收入，帮助其解决实际困难。在贫困户退出上，根据精准退出的标准和工作流程，全面准确把握好政策和相关程序，避免出现错退现象。坚持动态管理，对有返贫致贫风险的农户及时开展针对性帮扶，防止规模性返贫致贫，实现

贫困农户稳定脱贫。

3. 帮助落实扶贫政策

充分发挥驻村帮扶工作队"宣传员、信息员、战斗员、监督员、服务员、指导员"生力军作用，帮助解决稳定持续增收和"两不愁三保障"突出问题。认真履行驻村帮扶精准扶贫工作，协助落实特色产业扶贫、劳务输出扶贫、易地扶贫搬迁、贫困户危房改造、教育扶贫、科技扶贫、健康扶贫、生态保护扶贫等政策措施，在详细了解村民家庭情况的基础上开展针对性帮扶，切实考虑村民的利益，及时向乡镇党委政府和有关部门反映存在的问题并全力配合解决问题。

驻村工作队协助村两委，改善所帮扶村基础设施建设，推动金融、交通、水利、电力、通信、文化、社会保障等政策措施落实到村到户。加强帮扶村路、电、水、通信、学、医等基础设施建设，积极为帮扶村争取项目资金，监督项目建设和管理。积极配合当地党委政府做好精准扶贫专项贷款、农业保险等工作，帮助贫困群众稳定持续增收。在政策落实的过程中，积极报备项目进度，反映实际执行过程中遇到的困难，做好与各单位的协调与沟通工作。

4. 推动发展村级集体经济，协助管好用好村级集体收入

扶贫工作的顺利开展需要一定的物质基础和集体经济的发展。驻村工作队通过整合各种力量，为村集体经济的发展提供了诸多便利条件。例如因地制宜引入适合当地发展的种植业或养殖业项目，发展种养殖产业；根据当地的产业特色，引入农产品加工业、手工业等项目，提高村集体经济收入。同时，运用自己的专业知识，协助当地管理和分配村集体收入，合理有效利用有限的村集体收入。

5. 注重扶贫同扶志、扶智相结合，激发摆脱贫困内生动力

扶贫同扶志、扶智相结合既是实现脱贫攻坚目标的重要举措，又是贫困地区和贫困农户稳定脱贫、持续发展的必然要求[①]。如果只注重"从外向内的输血"，贫困主体的生活条件虽然能在一段时间内得到改善，但是返贫的可能性极大。驻村工作队作为外援式帮扶力量，在驻村期间一是通过电视、广播、新闻媒体、报纸等方式和群众解读精准扶贫、精准脱贫典型案例，发挥榜样的引领作用。二是协助村两委评选奖励精准脱贫先进个人和团体，激发脱贫的积极性和主动性。三是协助村两委开展技能培训、惠民教育、人才计划等，帮助提升贫困人口摆脱贫困的内生力量，促进贫困地区和贫困人口可持续脱贫。四是培养本村创业致富带头人，吸引人才到村里创新创业，打造"不走的工作队"。

6. 帮助加强基层组织建设和提高基层治理能力

现代文明的一个重要内涵就是公民的自我管理和自治，这一点体现在村庄生活中就是村民自治。驻村工作队在驻村期间，将村民的自我管理引入规范化、法治化的轨道，促使村民有效开展自治。村两委虽然对本村的情况比较清楚，但是由于自身文化水平较低、年龄较大等原因，导致对党的最新扶贫政策和理论理解不到位，执行能力较弱。驻村工作队通过运用自己的专业知识和工作技巧，对村两委干部进行培训，并且与他们进行密切沟通和联系，将最新的政策、方针等详细解读给他们听，让他们正确理解和掌握。同时，通过开展村支部党员大会等方式，提高基层党组织的法律和纪律意

---

① 张蓓. 以扶志、扶智推进精准扶贫的内生动力与实践路径 [J]. 改革，2017（12）：41-44.

识，确保村庄治理的正确方向，提高基层党组织建设水平。另一方面，驻村工作队通过向村民宣传民主知识等方式，推动村民选举的民主化和法治化，提升村民的权利意识、参与意识，积极维护其合法权益。在此基础上，驻村工作队作为外部力量，监督村级治理是否合理合法，推动村民形成自觉的民主意识，提高村干部的治理能力[①]。

三、脱贫攻坚期间驻村帮扶的成效

驻村工作队作为外来力量进入农村，在弥补基层组织贫困治理能力不足的同时，还会为村庄带来各项扶贫资金等外部资源，缓解村内矛盾，促进贫困人口内生动力的提升，帮助实现贫困地区稳定脱贫和可持续发展。

（一）有利于增强政治信任与认同，将精准扶贫工作落到实处

向贫困村派驻村工作队的举措，意在通过注入外部力量加强基层组织建设，促进农村和农户发展，实现精准脱贫[②]。通过深入基层，与人民群众建立密切的联系，获得人民群众和村干部的认同，有利于推进国家治理体系现代化。首先，驻村工作队在驻村过程中，帮助解决村民的实际需求，进一步维护其切实利益，从而增强驻村工作队的公信力和对党的政策方针的信任。在日常帮扶过程中，驻村

---

① 金慧，余启军.精准扶贫背景下驻村工作队的文化扶贫作用与机制构建——以湖北通城县 H 村 Z 大学驻村工作队为例 [J].湖北社会科学，2019（08）：52—59.DOI：10.13660/j.cnki.42—1112/c.015153.

② 王亚华，舒全峰.第一书记扶贫与农村领导力供给 [J].国家行政学院学报，2017（01）：82—87+128.DOI：10.14063/j.cnki.1008—9314.2017.01.017.

工作队运用自身专业知识和能力，创新党建活动方式，向人民群众宣传优秀的思想文化，吸引非党员积极参与，从而增强基层党组织的影响力。人民群众对党和国家的信任增加，有利于配合驻村工作队和村两委的精准扶贫工作，从而将扶贫政策落到实处。其次，村两委由于年龄偏大、文化素质较低、思想较保守，不能清晰而准确地理解党和国家最新的扶贫政策，执行能力较差。驻村工作队由较优秀的机关工作人员组成，能在一定程度上弥补村两委工作中的不足。驻村工作队和村两委在工作中相互配合，相互帮助，相互交流，有利于增强村干部的政治认同，从而推动精准扶贫政策落到实处。最后，驻村工作队自身素质较高，党的立场坚定，政策理解深刻准确，在实际工作中能将党的精准扶贫政策较好地落实到位[1]。

（二）有效整合更多的资源，促进贫困地区经济发展

农村社会发展的一个突出短板是资源短缺，包括资金、项目、人才等各种资源的缺乏。脱贫攻坚期间，国家派驻村工作队到农村去参与扶贫，可以为贫困地区带来较多的资源，促进贫困地区经济的发展。驻村干部来自各级党政机关和企事业单位，他们可以充分利用自己所在的党政机关和企事业单位在资金、人才、项目等方面的优势，让更多的资金、项目、人才流入农村，改变农村的落后面貌，推动农村经济社会发展。具体包括以下几个方面：带来资金支持，驻村干部所在单位把驻点村作为帮扶村，为了帮助帮扶村早日脱贫，帮扶单位会根据村庄实际情况筹措专项资金支持驻点村的建设和发展。为驻点村提供资金支持，可以缓解因资金紧张而带来的

① 陈然，张琪琪，谭昌顺，李颖.嵌入与帮扶：驻村工作队在农村精准扶贫工作中的效度与限度研究 [J].黑河学刊，2018（04）：9-12.DOI：10.14054/j.cnki.cn23-1120/c.2018.04.003.

发展阻力；带来项目支持，驻村干部依靠自己的社会关系为村庄争取各类项目，或驻村干部有更多信息来源，能更好地把握政策机遇，将各级政府的项目引入到村庄，同时，驻村干部所在单位也可以根据自身的能力和村庄实际发展情况，为驻点村带来项目，不断改善村庄的生产生活条件，促进村庄更快更好发展；带来人才支持，经济欠发达地区由于人才流失比较严重，自身又没有吸引力吸引外来人才，因此人才资源较为缺乏。驻村帮扶期间，一方面，驻村干部作为单位中比较优秀的人员，本身就是农村社会发展中难得的人才。另一方面，驻村干部还能通过各种渠道吸引和动员各类人才到农村发展，或为各类人才到农村发展牵线搭桥、提供服务，为缓解贫困地区人才资源匮乏作出了较大的贡献①。

（三）有助于化解乡村社会各类矛盾纠纷，维护农村社会稳定

脱贫攻坚期间，由于农户之间利益的冲突，大大小小的矛盾时有发生。比如，在评定低保、贫困户的时候，由于名额有限，会出现农户之间相互竞争的情况，从而就会发生矛盾，包括农户之间的矛盾、农户与村两委之间的矛盾，矛盾的发生会导致政策执行受阻，不利于脱贫攻坚政策的顺利落实。驻村工作队多数来自党政机关和企事业单位，由于和当地农户没有较多的利益纠葛，在解决这些矛盾的过程中，具有一定的优势，可以起到缓解矛盾的作用，是村庄治理的"润滑剂"。作为党政机关和企事业单位的工作人员，他们代表的是上级政府部门，和村干部相比，具有更高的权威，可以更加

---

① 罗兴佐. 完善驻村干部制度助推乡村振兴 [J]. 中国农业大学学报（社会科学版），2019，36（03）：66-71.DOI：10.13240/j.cnki.caujsse.2019.03.008.

公平公正地处理这些矛盾和纠纷，也能使农户更加信服。同时，驻村工作队掌握着一定的资源，可以运用多途径解决矛盾和纠纷，从而促进共同发展，是乡村治理的"缓冲器"[①]。

（四）扶志、扶智，激发农户内生发展能力

贫困地区之所以贫困，与贫困人口内生发展能力不足、懒惰懈怠、"等靠要"思想严重等有很大的关系。脱贫攻坚期间，既要投入大量的资金和物质解决贫困人口"两不愁三保障"和收入问题，又要提高贫困人口的思想觉悟和内生发展能力，实现可持续发展和稳定脱贫。扶贫先扶志，扶志即扶思想、扶观念，形成脱贫愿望，以积极向上的精神面貌主动改变贫困落后的状况。驻村工作队自身文化素质较高，思想觉悟也较高，通过引导贫困地区群众坚信脱贫攻坚战必胜、贫困户必摘帽，从思想上帮助农户树立脱贫的信心，克服自卑的心理，形成艰苦奋斗、勇于开拓进取的良好氛围。扶贫必扶智，扶智即加强思想文化教育，提高贫困人口综合素质，阻断贫困代际传递。驻村工作队通过教育帮扶、培训等途径，提高贫困人口文化水平和技能水平，为脱贫攻坚提供知识基础和专业技能。例如，通过引入适合当地发展的手工业加工扶贫车间，鼓励当地贫困农户积极劳动就业，通过培训等方式提高工作效率和工作能力，掌握一技之长，从而脱贫致富；通过打造该地区的致富带头人，培养扶贫骨干，带动本村贫困户直接参与生产经营或就业等，实现稳定脱贫致富，带动地区经济发展[②]。

---

① 罗兴佐.完善驻村干部制度助推乡村振兴 [J].中国农业大学学报（社会科学版），2019，36（03）：66-71.DOI：10.13240/j.cnki.caujsse.2019.03.008.

② 张蓓.以扶志、扶智推进精准扶贫的内生动力与实践路径 [J].改革，2017（12）：41-44.

第二节　衔接治理有效的重点内容

脱贫攻坚战取得了伟大胜利，但这只是阶段性胜利，村庄内部治理力量仍然薄弱，村集体经济依然有待加强，乡村振兴事业依然任重道远，这就意味着驻村帮扶不能随着脱贫攻坚任务的完成而终止，而是要根据新阶段的新要求，不断发展和完善，为实现新的目标继续努力。促进驻村帮扶和治理有效的衔接，是实现乡村振兴不可或缺的一步，也是我们在五年过渡期甚至是乡村振兴前期阶段重点关注的。

一、驻村帮扶和治理有效衔接的原因

反贫困是一项长期和复杂的发展过程，需要持续不断地努力，然而精准扶贫要在规定时间内完成规定的任务，这需要运动式的社会动员[1]，驻村帮扶就是这样一项贫困治理方式，是打赢精准脱贫攻坚战的一项关键举措，也是脱贫攻坚的重要战略决策。

农业税全面取消后，国家成为农村公共服务的提供者，在基层有了更多的行政事务，村治呈现出"行政化"态势，部分基层干部出现了脱离群众、官僚主义的问题，对村民自治造成了消极影响[2]，同时，在乡土中国向城乡中国转型的过程中，乡村社会自身又发生了精英流失、阶层分化、公共文化的陷落等流变，村级党组织出现

---

[1] 王晓毅 . 精准扶贫与驻村帮扶 [J]. 国家行政学院学报，2016（03）：56-62.
[2] 王春光 . 乡村振兴背景下农村"民主"与"有效"治理的匹配问题 [J]. 社会学评论，2020，8（06）：34-45.

弱化的态势 ①，这些都使得乡村治理陷入了困境，如果不调动大量的行政干部参与扶贫，仅仅依靠村庄内生力量难以按期、高效地实现脱贫目标。但是，外来扶贫干部事实上的作用不仅局限于扶贫，在第一线奋力推进扶贫工作，确保脱贫攻坚战取得胜利中，脱产驻村的扶贫干部在当地参与了村庄治理，在直接充实基层干部团队、提高村组织运行效率和治理能力，提升了乡村治理水平的同时，还起到了加强基层组织建设，增强基层组织的凝聚力、号召力和战斗力的作用 ②，这种治理水平的提升不仅会为群众带来提高收入，摆脱绝对贫困，还作用于其他方方面面，为未来乡村振兴事业起到铺垫作用，带来深远影响。

尽管脱贫攻坚战取得了胜利，但这只是阶段性胜利，村庄内部治理力量仍然薄弱，村集体经济依然有待加强，乡村百业有待振兴。党的十九大明确提出乡村振兴战略，2017 年中央农村工作会议进一步指出，实施乡村振兴战略要坚持农业农村优先发展，并以产业兴旺、生态宜居、乡风文明、治理有效、生活富裕为总要求。乡村振兴是个系统性的工程，意味着全方位的振兴，实现治理有效不仅是总要求，是根基，也是实现产业兴旺、生态宜居、乡风文明和生活富裕的重要保障。

新的发展阶段，有了新的目标，提出了新的要求，这就意味着，驻村帮扶虽然完成了当初的脱贫攻坚任务，但在乡村振兴阶段，尤其是乡村振兴前期阶段，仍有必要继续施行，驻村干部仍有必要留

---

① 许晓. 从结构断裂到"双轨一体"：第一书记制度下的乡村治理变迁 ——基于鲁西北 D 村驻村帮扶的个案研究 [J]. 求实，2022（02）：67-83+111.

② 习近平. 在决战决胜脱贫攻坚座谈会上的讲话（2020 年 3 月 6 日）.

在乡村。因此中央提出，要健全常态化驻村工作机制，为全面推进乡村振兴、巩固拓展脱贫攻坚成果提供坚强组织保证和干部人才支持[①]。但是驻村工作队作为外在力量的补充，不可能一直待在基层，有可能随时会被撤走，这就需要通过培养内生力量来实现村庄的可持续发展。因此，在过渡期或者乡村振兴的前期阶段，需要借鉴驻村帮扶的经验，同时根据新的目标和要求进一步发展基层治理措施，实现驻村帮扶和治理有效顺利衔接，持续推进乡村治理现代化，促进自治法治德治"三治"融合，打造永不离开的工作队[②]。

二、驻村帮扶和治理有效衔接的重点内容

2020 年，我国打赢了脱贫攻坚战，顺利实现了贫困人口的全面脱贫，其中，驻村帮扶工作起着不可替代的作用。作为精准扶贫的重要机制创新，驻村帮扶不会随着脱贫攻坚任务的完成而终止，而是要根据新阶段的新要求，不断发展和完善，为实现新的目标继续努力。促进驻村帮扶和治理有效的衔接，是实现乡村振兴不可或缺的一步，也是我们在五年过渡期甚至是乡村振兴早期阶段重点关注的。

脱贫攻坚阶段，驻村帮扶的首要任务是脱贫，而在巩固脱贫成果阶段，驻村帮扶要更加关注乡村治理体系和治理能力的建设。脱贫攻坚阶段，贫困治理过多依靠驻村工作队，而村两委多数是配合

---

① 中共中央办公厅印发《关于向重点乡村持续选派驻村第一书记和工作队的意见》（2021 年 5 月 11 日）.

② 王晓毅，阿妮尔．从"超常规"到"常规化"：驻村帮扶如何助推乡村治理现代化 [J]. 南京农业大学学报（社会科学版），2021，21（06）：62-70.DOI：10.19714/j.cnki.1671-7465.2021.0087.

驻村工作队参与扶贫工作，基层治理的核心和要点并未掌握，因此，在 2035 年前，要借助驻村工作队的力量进一步提升村级治理的能力，促进村两委的专业化、年轻化和知识化，加强村级党组织建设；健全乡村自治，构建与当前村庄结构相适应的村民自治机制，完善村民自治制度，例如完善村规民约、民主决策和民主监督制度，提高村民公共事务参与的积极性和能力；推动乡村法治，开展一村一警建设，积极处理基层矛盾，将基层矛盾消灭在萌芽状态；弘扬乡村德治，引导村民树立正能量的道德观，提升乡村德治水平。2035 年后，基层治理主要依靠内生治理能力，自治、法治、德治相结合的乡村社会治理体系逐步完善。2050 年国家治理体系和治理能力现代化全面实现，基层实现有效治理。

第三节　衔接治理有效的对策建议

从驻村帮扶到治理有效，必须结合过去的经验教训和乡村振兴新的要求，对脱贫攻坚期的驻村制度进行调整和发展，而要在新阶段真正激发内生治理效能，就要发挥党组织的领导作用、促进自治法治德治有机结合、巩固乡村治理基层政权、加强乡村治理人才建设，推进数字乡村治理，从而打造"带不走的驻村工作队"，推进实现乡村治理能力现代化。

一、健全驻村工作机制

新的时代背景下，要推进乡村振兴战略，实现农村地区全面振兴的艰巨任务，势必需要继续发挥我国社会主义制度"集中力量办大事"的优势，从外部注入物质和人力资源。因此，要适应"三农"工作新形势新任务新要求，健全常态化驻村工作机制，为全面推进乡村振兴、巩固拓展脱贫攻坚成果提供坚强组织保证和干部人才支持[①]。要重点从加强驻村干部能力建设以适应新的更高要求，通过外来帮扶激发内生治理效能，健全驻村干部管理制度体系着手。

（一）加强驻村干部能力建设

相较于脱贫攻坚，乡村振兴有着更高的更为全面的要求，重点对象不再是建档立卡户，而是全体农村居民，目标也从消除绝对贫困，实现"两不愁三保障"转为农业农村现代化，实现产业振兴、人才振兴、文化振兴、生态振兴、组织振兴的全面振兴，进而决定了乡村振兴工作有着更强的复杂性、灵活性和长期性。此外，从脱贫攻坚的经验教训来看，驻村干部的个人能力会显著地影响帮扶工作成效[②]。因此，要对驻村干部提出新的要求，有必要在选派标准与培训内容上做出相应调整，让驻村干部明确乡村振兴的目标任务，把握好短期与长期的关系，规划好不同阶段的重点工作内容。

在坚持有序衔接、平稳过渡，严格落实脱贫地区"四个不摘"要求的基础上，对驻村干部的选派范围、选派要求进行适当调整以实现驻村力量的优化，严格人选标准，综合考虑候选人的专业背景、任职经历和工作能力，选出的驻村工作队员要对"三农"问题有所了解，热爱农村，不仅考察个体素质，更要注重团队配置，实现科学组队。要建立驻村干部培训机制，候任驻村干部在进行集中学习、统一培训

---

① 中共中央办公厅印发《关于向重点乡村持续选派驻村第一书记和工作队的意见》（2021 年 5 月 11 日）.

② 童春阳，周扬. 中国精准扶贫驻村帮扶工作成效及其影响因素 [J]. 地理研究，2020，39（05）：1128-1138.

后方能上岗，以此提升驻村干部整体素质，保证基本治理能力。

（二）激发内生治理效能

驻村工作机制是基层的常规治理失效背景下施行的，能够达到纠偏、规范边界的意图[①]，在乡村振兴中"第一书记"和驻村工作队要厘清工作边界，理顺其与基层党组织、基层自治组织的关系，与村两委共同作用，加强村党组织对村各类组织和各项工作的全面领导，推动规范村务运行，完善村民自治、村级议事决策、民主管理监督、民主协商等制度机制。重点解决内生治理效能不足的问题，提升治理水平，推进乡村治理体系和治理能力现代化、提升乡村善治水平，推动健全党组织领导的自治、法治、德治相结合的乡村治理体系，驻村工作的最终归宿是培育自治，将基层治理的接力棒交给村民[②]，在乡村治理中要调动村两委的积极性、主动性和创造性，以党建将村两委打造为乡村振兴的战斗堡垒，在基层民主实践中使村民拥有乡村治理的主人翁意识，从整体上优化提升乡村治理队伍，拓宽人才来源，既输血更造血，解决好"谁来振兴"问题。

二、充分发挥党组织领导作用

在脱贫攻坚中，党组织凭借卓越的动员能力和组织能力成为了主要力量，在社会治理中发挥着核心作用[③]。党的十九大指出要"推动社会治理重心向基层下移，把基层党组织建设成领导基层治理的

---

① 周雪光.运动型治理机制：中国国家治理的制度逻辑再思考 [J].开放时代，2012（09）：105-125.

② 张洪新.驻村帮扶"接棒治理"的逻辑与归宿——基于豫南 L 行政村的田野调查 [J].西北农林科技大学学报（社会科学版），2020，20（04）：43-55.

③ 徐明强，许汉泽.新耦合治理：精准扶贫与基层党建的双重推进 [J].西北农林科技大学学报（社会科学版），2018，18（03）：82-89.

坚强战斗堡垒"，领导乡村治理体系创新是新时代赋予党不可回避的重要使命[①]。充分发挥党组织领导作用要从健全组织体系、加强党员干部和党员队伍建设、强化党建责任与保障三方面入手。

结合实际推进党组织书记、村民委员会主任、集体经济组织、农民合作组织负责人"一肩挑"，村两委班子成员交叉任职，使政党嵌入乡村治理中，有效实现组织体系的健全。

提升党组织书记能力水平，注重从本村致富能手、外出务工经商人员、本村高校毕业生、复员退伍军人选拔党组织书记，加强培养和激励力度，通过考察学习、集中培训、高校定向培养等多种方式提高党组织书记治村水平，加大力度从优秀党组织书记中选拔乡镇领导干部、考录乡镇公务员、招聘乡镇事业编制人员。加强农村的党员教育，加强农村流动党员的管理，并注重在青年农民、外出务工者和妇女中发展党员，提升党员队伍整体素质，引导党员积极践行党的群众路线，为村民排忧解难，拉近村民与党组织的距离。

在基层深入推进全面从严治党，将抓党建促乡村振兴情况作为各级党组织书记评议考核的重要内容，并在巡视、巡察中重点考察。加强农村党风廉政建设，从严扫黑除恶，打击违法乱纪问题，保证农村基层党组织的先进性和廉洁性。

三、促进自治法治德治有机结合

党的十九大报告明确提出要"健全自治、法治、德治相结合的乡村治理体系"。自治法治德治三者的关系是，自治为基、法治为

---

① 张明皓，豆书龙. 党建引领"三治结合"：机制构建、内在张力与优化向度[J]. 南京农业大学学报（社会科学版），2021，21（01）：32-41.

本、德治为先，要健全和创新村党组织领导的充满活力的村民自治机制，强化法律权威地位，以德治滋养法治、涵养自治，让德治贯穿乡村治理全过程[①]。

（一）深化自治实践

外来的第一书记、驻村工作队对于强化乡村治理力量具有重要意义，但是过度依赖外来力量也有着包办、代替乡村内生主体，影响内生主体发挥正常功能的隐患[②]。村干部近年来呈现出的"行政化"态势、乡镇政府向村治渗透，也带来了一些问题，如基层干部贪腐问题，政策"一刀切"，信息不对称下的供给与需求双重不足[③]。因此，应该落实村民自治的基本地位，充分发挥村党组织、村民委员会、村务监督委员会、村民小组、村民等内生主体的能动作用，以内生动力驱动乡村治理，实现治理有效。事实上，在脱贫攻坚期间，建档立卡户的评定程序中就做到了公示公开与民主评议，对于减少"精英俘获"发挥了重要作用。在乡村振兴阶段实现治理有效，深化自治实践非常有必要。

一要坚持和完善党组织领导下的村民自治制度。认识到村民自治制度是中国特色社会主义民主政治的重要组成部分，发挥自我管理、自我服务、自我监督功能。不仅要将民主选举落到实处，规范民主程序，完善村民自治组织选举办法，还要推动民主协商、民主决策、民主管理、民主监督有效实现，加强顶层设计，让村民自治

---

① 中共中央、国务院印发《乡村振兴战略规划（2018—2022年）》.

② 高其才. 走向乡村善治——健全党组织领导的自治、法治、德治相结合的乡村治理体系研究 [J]. 山东大学学报（哲学社会科学版），2021，（05）：113–121.

③ 徐凤增，袭威，徐月华. 乡村走向共同富裕过程中的治理机制及其作用——一项双案例研究 [J]. 管理世界，2021，37（12）：134–151+196+152.

机制规范化、细致化。积极推进村务公开并使其制度化、规范化，通过机制设计加强村党支部成员、村委会成员、村务监督委员会、村民对于村干部的监督作用，拓宽自治实现渠道，推广"互联网+"乡村治理。强调村干部的服务色彩，捋顺村干部与基层政权间的关系，弱化村干部的"官"角色认同①。

二要推进多层次的民主协商。基于乡贤治理、宗族治理的历史和农村仍是熟人社会的客观现状，村民间存在沟通协商化解分歧的可能性。要建立健全农村基层协商民主制度，在村内形成规范有序、公开公正的协商程序，"通过协商、对话和互动，达成管理日常事务、调控资源、履行权利的行动共识以缓解冲突或整合利益②"，拓宽协商范围与协商渠道，丰富协商内容与协商形式，加强宣传员，培育协商主体的制度认同，③ 引导村级组织和村民参与村级公共事务决策与管理，依法表达意见诉求，主动参与村务民主协商，掌握并有效运用民主协商的方法和程序。

三要建立多种群团治理组织。在乡村开展养老、教育、慈善、互助、婚嫁、丧葬等社会组织，如道德评议会、老年人协会、红白理事会等群团组织，实现群众的自我教育、自我管理、自我服务，实现治理主体的多元化，治理体系的现代化。

（二）推进法治建设

治理有法可依，有法必依，是实现治理有效必不可少的力量，

① 王春光. 乡村振兴背景下农村"民主"与"有效"治理的匹配问题 [J]. 社会学评论，2020，8（06）：34-45.

② 陈进华. 治理体系现代化的国家逻辑 [J]. 中国社会科学，2019（05）：23-39+205.

③ 张等文，郭雨佳. 乡村振兴进程中协商民主嵌入乡村治理的内在机理与路径选择 [J]. 政治学研究，2020（02）：104-115+128.

更是治理有效的重要标志。法治对乡村治理的嵌入顺应了乡村社会的内在需要，同时强化了法治社会建设①。乡村治理需要法治保驾护航，要加强法治宣传，提高乡村法治能力，建设村民矛盾纠纷调解机制，大力打击基层小微权力腐败。

一是切实提高乡村法治能力。发挥基层党员领导干部加强法治学习和运用法治思维上的带头作用，不得违反法律法规，规范执法工作。推进"全民学法""法律进乡村"宣传教育活动，"法治示范村"等模范评比活动，以多种方式向村民宣传法律知识，增强其法律意识。设置村级法律顾问和法律服务中心，动员整合法律从业者、专家学者等下乡开展法律援助，降低村民运用法律维护权益的成本。利用网络、电话等渠道建设公共法律服务平台，提供法律相关服务。

二是建设村民矛盾纠纷调解机制。在新时代学习和发展"枫桥经验"，畅通农村居民诉求表达、利益协调、权益保障渠道。建立村级调解组织，鼓励村民在矛盾发生后先在内部进行协商、调解，探索建立辖区负责制和法官轮值制，让法官提前参与纠纷调解，推动法官参与基层社会治理。

三是大力打击基层小微权力腐败。完善民主监督制度体系，推进网上监督平台建设，实现对村集体资产、项目资金、公共资源和惠民惠农财政补贴资金收支情况的网上实时公开，实现村民异议的及时核实与反馈，严肃查处贪腐行为，对于贪腐问题的处理情况及时通报。加大资金审计力度、纪律巡察力度和会计检查力度。

---

① 陈松友，卢亮亮. 自治、法治与德治：中国乡村治理体系的内在逻辑与实践指向[J]. 行政论坛，2020，27（01）：17-23.

（三）提升德治水平

德治是乡村治理的支撑和依托，乡村善治不仅要依靠自治，还要传承和发扬传统治理中道德文化资源，充分利用非正式制度，弥补法治不足，降低治理成本，提高治理水平。要提升德治水平应重点从两个方面入手，加强农村文化建设，发挥新乡贤作用。

一是加强农村文化建设。注重挖掘农村优秀传统文化，将其作为重要治理资源，发挥传统文化的道德培育作用，充分利用乡规民约等非正式制度的治理作用，使其维护社会秩序、推进移风易俗，要指导各村制定和维护务实符合现状的村规民约。传统文化还需要与时俱进，顺应时代要求，大力弘扬社会主义核心价值观，推动社会主义核心价值观融入文明公约、村规民约、家规家训。

二是发挥新乡贤作用。通过乡贤评选活动，发挥道德模范作用，提高返乡治村乡贤的社会地位，激励乡贤治村。加强探索和试点，政府以建设乡贤库、开展乡贤座谈会等多种方式，建立和完善乡贤治村的机制体制，让乡贤回到农村、留在农村，更通过建立治理平台和治理渠道让乡贤在乡村治理中发挥作用。

（四）建设平安乡村

乡村振兴必然会加强人员流动，改变农村稳定的熟人社会，带来不确定性和安全隐患。要维护乡村治安，加强治安管理信息化平台建设，合理分配治安力量，维护社会稳定。建立健全集问题发现、流转交办、协调联运、研判预警、督查考核等于一体的综合指挥工作机制，让基层管理实现跨部门、跨层级协同高效运转。探索建立村级警务室，推动警务服务向村级覆盖。严查严打农村黑恶势力、宗族恶势力、宗教极端势力、村霸等威胁乡村安全的违法犯罪分子，定期公布典型案件，弘扬时代新风，实现和维护惩恶扬善的乡村善治。

四、巩固乡村治理基层政权

基层政府扎根乡村社会，是提供公共服务、维持社会稳定、影响农村社会结构的基层治理的关键[1]。要强化乡镇政府的服务性质，切实解决基层政府"悬浮化"的困境。因此，要改革基层管理体制机制，构建简约高效、面向服务人民群众的基层管理体制，健全农村基层服务体系，只有基层政权听取群众呼声，了解群众需求才能为乡村有效提供公共服务，实现"善治"，推进乡村振兴。

一要建设简约高效的基层管理体制，根据具体需要整合现有机构和人力资源，将若干职能进行梳理、统筹整合，设置综合机构，推进治理重心下移、公共服务和管理下移，推行扁平化、网格化管理，提高运行效率，降低运转成本。同时还要注意加强基层政权领导干部建设，将选调生、乡镇事业编制人员、优秀村干部和大学生村官作为领导班子储备库，有计划选派省市县机关部门年轻干部到乡镇任职。

二要完善农村服务体系。强化基层政权服务职能要从激励入手，改变传统的考核评价体系，将群众满意度作为重点，同时减轻乡镇政府负担，还要改进乡镇财政预算管理制度，对县、乡的收支权责细致明确划分，制定基层政府在乡村治理方面的权责清单，简政放权，线上和线下一同打造综合服务平台，形成完善的便民服务体系。

---

① 周飞舟. 从汲取型政权到"悬浮型"政权——税费改革对国家与农民关系之影响 [J]. 社会学研究，2006（03）：1-38+243.

五、加强乡村治理人才建设

工业化与城镇化背景下，乡村治理出现了人才"走出去"但"回不来"的尴尬境地，而乡村振兴战略为乡村治理人才提出了较高的要求。这就需要加强乡村治理人才建设，在培育治理人才的同时还要吸引外流人才返乡、鼓励社会人才下乡参与治理。

（一）就地培养治理人才

大力开发乡土人才是加强农村人才建设，缓解农村人才总量不足的根本途径[①]。尊重人才成长规律、健全人才培养机制，结合本地实际，通过组织人员赴职业院校、高等院校参加理论知识培训班，增加治理知识储备和培育专业素养，带领基层干部赴治理模范乡镇、村庄参观考察，开拓视野，学习借鉴乡村治理经验。鼓励高校开设相关专业，加强学科建设，加大经费投入，在课程内容与考核中增加涉农知识占比，同时注重实践，大力推动涉农社会实践活动，让学生在实践中强化乡土情结，产生投身乡村治理的热情。

（二）吸引在外人才返乡

加强社会舆论引导，推动返乡治村模范评选，传播先进事迹，通过树立榜样，赋予社会尊重的方式感化、号召人才返乡。不仅要以乡情乡愁为纽带，用感情留人、用乡情动人，更要以事业聚人、以发展成人[②]。提高返乡人才待遇，加大生活、住房、交通等补贴力度，推动城乡义务教育一体化发展，填补城乡公共服务沟壑，加强

---

① 蒲实，孙文营.实施乡村振兴战略背景下乡村人才建设政策研究 [J].中国行政管理，2018（11）：90-93.

② 蒲实，孙文营.实施乡村振兴战略背景下乡村人才建设政策研究 [J].中国行政管理，2018（11）：90-93.

基层卫生、体育和文化设施建设，美化乡村环境，吸引离退休政府官员、高校教师下乡参与基层治理，选派大学生村官，加大力度选调公务员赴基层锻炼。

六、推进数字乡村治理

随着通信设备的推广、互联网的极大普及和人工智能、云计算、物联网、区块链等技术的应用，大数据时代已然来临，这为农村地区带来了巨大机遇，为乡村治理带来了巨大潜力。2019 年中共中央办公厅、国务院办公厅印发《数字乡村发展战略纲要》中明确指出要"着力发挥信息化在推进乡村治理体系和治理能力现代化中的基础支撑作用，繁荣发展乡村网络文化，构建乡村数字治理新体系"。数字乡村拓展了村民政治参与的途径与方式[1]、提升了多元治理主体的协同性、决策的科学性和问题应对的有效性[2]，数字乡村治理融合社会结构、制度发展、组织价值等多元力量，以数字技术创新为乡村振兴的内源驱动力，来实现乡村生产数据化、治理透明化、生活智能化和消费便捷化为目标的治理共同体的构建[3]，对于实现治理有效能够发挥重要作用。

一是完善顶层制度设计，让数字乡村治理制度化、规范化，中央出台规划与方案，发挥引导作用凝聚社会共识，将数字乡村治理纳入考核指标，调动地方工作积极性。地方政府则负责结合本地实

---

① 沈费伟. 农村环境参与式治理的实现路径考察 —— 基于浙北获港村的个案研究 [J]. 农业经济问题，2019（08）：30-39.

② 赵敬丹，李志明. 从基于经验到基于数据 —— 大数据时代乡村治理的现代化转型 [J]. 中共中央党校（国家行政学院）学报，2020，24（01）：130-135.

③ 沈费伟，袁欢. 大数据时代的数字乡村治理：实践逻辑与优化策略 [J]. 农业经济问题，2020（10）：80-88.

际出台地方办法、细则，确保制度落到实处。

二是加强村庄数字化基础设施建设和培训，为村委会提供视频会议设备和网络平台，降低或免去网络费用，为村干部、村民开办软硬件培训班，教授、训练软硬件的使用。

三是推进政务网络化，提高信息透明度，利用好乡村政务线上平台并做到信息常态化公开，保障村民的知情权。同时注意整合数据，打破数字壁垒，实现村与村之间数据资源互联互通。

四是开通线上议事渠道。打破空间的隔阂，确保在外的村民也能有效参与基层自治，实现不在场的治理参与，还可以通过线上渠道邀请专家学者、领导干部为村庄治理出谋划策，有效提高决策的科学性和民主性，提升管理水平。开设网上信箱，接受群众反映问题，及时掌握民意民情，降低村民进行监督的门槛，同时做到及时反馈，最大程度上化解风险，维护村庄秩序稳定。

第八章　从区域发展到城乡融合

2022 年 10 月 16 日，习近平总书记在党的二十大报告中强调，"中国式现代化是人口规模巨大的现代化，是全体人民共同富裕的现代化"。实现全体人民共同富裕是今后中国共产党的中心任务，也是社会主义的本质要求。全体人民共同富裕既有时间上的紧迫性，也有空间上的全域性，而空间共同富裕既是不同区域人民的共同富裕，也是城乡人民的共同富裕。[①]

地区之间和城乡之间的发展不平衡一直是我国经济发展中的两大难以忽略的问题，区域发展战略自新中国成立以来从均衡发展战略到区域非均衡发展战略，之后则是确立了区域协调发展的方针，并不断进行深化和创新。

区域间的差距在城镇和农村表现不同，农村区域间差距比城镇区域间差距严重得多[②]，同时大部分贫困人口分布在农村，大部分贫困地区的贫困人口分布在集中连片特困地区，所以脱贫攻坚时期的聚焦点在农村，在贫困地区，其对照与参考是其他地区的农村，注重缩小的是不同地区间农民生活水平的差距。脱贫攻坚时期虽然强

---

① 文丰安.新时代城乡共同富裕融合发展论——基于对党的二十大精神的学习与研究 [J/OL]. 重庆大学学报（社会科学版）：1-14[2022-10-29].

② 陆大道，刘毅，樊杰.我国区域政策实施效果与区域发展的基本态势 [J]. 地理学报，1999（06）：496-508.

调精准扶贫，帮扶措施具体到户、到人，可缩小区域间发展差距依然是一项重要目标，同时也是一项重要措施，缩小区域发展差距与贫困县摘帽、贫困村出列、贫困户脱贫多项目标相互促进。

　　在从脱贫攻坚转向乡村振兴的过程中，在区域性整体贫困问题得到解决之后，不平衡不充分发展的另一个突出表现是城乡差距，而在解决农村，解决贫困地区的绝对贫困问题之后的乡村振兴阶段，我们的视野不应该仍然只关注区域间差距，还应推进城乡融合发展。振兴乡村不能以乡村论乡村，而要形成以城带乡、以工促农的新型工农城乡关系，则进一步突出区域内部的城乡融合问题，致力于缩小城乡差距。[①] 城乡融合发展不仅对乡村振兴至关重要，而且对经济高质量发展、对共同富裕都具有深远影响。

第一节　脱贫攻坚中的区域发展

　　脱贫攻坚时期的扶贫措施充分汲取了新中国成立以来扶贫工作中的相关经验，对其进行继承和发扬，其中一个重要部分便是区域发展相关政策，如吸收和完善"东西部协作""定点帮扶"等方式和相关倾斜政策，在客观认识区域差距的基础上合理利用这一差距，不断加强区域间沟通，致力于区域间发展差距的缩小和区域性整体贫困问题的解决，并取得了显著成效。

---

　　① 文丰安.新时代城乡共同富裕融合发展论——基于对党的二十大精神的学习与研究 [J/OL]. 重庆大学学报（社会科学版）：1-14[2022-10-29].

一、区域发展的政策演进

党的十九大报告中指出,我国社会主要矛盾已经转化为人民日益增长的美好生活需要和不平衡不充分的发展之间的矛盾。区域不平衡问题作为不平衡的一个重要表现,存在已久,其与不同地区的地理位置、自然环境、资源禀赋、历史渊源等有关。

区域不平衡在反贫困事业中的突出表现是区域性整体贫困,我国自新中国成立以来便采取了一定措施试图缓解区域不平衡和区域性整体贫困问题。新中国成立初期,我国的扶贫政策是将资金或物质直接以无偿或低息、无息的方式发放给贫困群体、边远落后地区群体和遇灾、因战争伤残群体。改革开放之初,邓小平同志提出要重点扶持和帮助贫困落后地区,给予西北、西南地区和其他偏远贫困地区一些物质支持,国家也在老少边穷地区设立专门财政发展基金,1982 年启动"三西"建设,这一时期对贫困地区的扶持方式逐渐转向以工代赈、扩大就业机会等转变。但市场化改革带来经济繁荣的同时也拉大了地区间、个体间的差距,助力发展缓慢的地区的追赶成为当务之急。1986 年,国务院贫困地区经济开发领导小组及其办公室正式成立,我国开始了开发式扶贫工作,帮扶方式转变为以生产帮助为主,无偿救济为辅。[1]贫困分布的区域性特征使得贫困县成为按区域实施反贫困计划的基础,我国 1986 年第一次确定了 331 个国家级贫困县。这一时期的扶贫政策是通过区域瞄准确定扶贫对象,为贫困户提供信贷资金,实行以工代赈,兴建基础设施,

---

[1] 汪三贵,曾小溪.从区域扶贫开发到精准扶贫——改革开放 40 年中国扶贫政策的演进及脱贫攻坚的难点和对策 [J].农业经济问题,2018(08):40-50.

建造基本农田，推广农业技术，扩大就业等政策措施，借此改善贫困地区的生产条件，实现贫困地区经济发展。1994年，《国家八七扶贫攻坚计划（1994—2000）》的实施拉开了八七扶贫攻坚的序幕，确定了592个国家重点扶持贫困县，对贫困地区实行财税优惠政策和经济开发优惠政策，在加强基础设施和民生工程建设的同时鼓励发展多种经营，形成商品生产基地或区域性支柱产业，东西部扶贫协作也正式启动。由于以县为单位的扶贫政策难以全面惠及所有贫困地区，使贫困县与条件相近的非贫困县之间的差距越来越大，2001年我国制定和颁布了《中国农村扶贫开发纲要（2001—2010年）》，特别强调扶贫开发要"工作到村、扶贫到户"，在全国范围内确定了14.8万个贫困村进行"整村推进"，将扶贫工作进一步下沉到村，同时将东部33个贫困县名额调到中西部。此外，西部大开发项目优先在贫困地区布局，2002年、2003年的"振兴东北老工业基地"，2004年推进国家西部地区"两基"攻坚计划，2005年的"中部崛起"，2006年我国全面取消农业税，2007年实施的农村低保等政策措施都在一定程度上促进了农民收入的增长，缩小了贫困地区的收入差距。虽然2000年以后扶贫开发伴随经济增长快速推进，但贫困现象越来越集中于老少边穷等特殊地区。2011年，《中国农村扶贫开发纲要（2011—2020年）》颁布实施，确定了680个连片特困地区县，开始了以片区为单位的扶贫开发阶段[①]，扶贫政策开始向14个片区倾斜，同时也强调要做好连片特困地区以外重点县和贫困村的扶贫工作，这是针对区域发展差异格局的政策性调整，旨在从

---

① 赫英斌.全面建成小康社会视域下中国贫困治理的经验总结与未来展望[J].哈尔滨学院学报，2021，42（02）：35-38.

区域层次解决整体性困难。

2013 年习近平总书记提出了精准扶贫精准脱贫战略，扶贫对象进一步聚焦到贫困户、贫困人口，这是对之前区域扶贫开发中以贫困地区、县和村为帮扶对象的扩展，是区域扶贫开发政策的发展和深化，精准扶贫精准脱贫战略的实施有助于更好地实现区域范围内更显著的扶贫成效，为区域发展增添了重要动力。精准扶贫可以克服区域开发式扶贫在益贫性方面出现的偏差，将贫困人口作为首要扶持对象，改变以往贫困人口因受多种因素限制而难以从区域发展中平等受益的问题，削弱由区域差距缩小的同时带来的贫困地区内部收入不平等问题，使得贫困地区贫困人口的生活水平更接近全国平均水平，更接近一般地区农村水平，进而实现区域间差异的缩小。2015 年党的十八届五中全会将"扶贫攻坚战"上升到"脱贫攻坚战"，脱贫攻坚时期的政策制定保持连续性原则，继续推进 14 个连片特困地区发展，继续对贫困地区进行政策倾斜，各种资源、各类帮扶向贫困地区迸发涌动，促进贫困县和贫困村脱贫摘帽，确保在 2020 年底解决区域性整体贫困。

二、脱贫攻坚时期促进区域发展的主要做法

在 2011 年提高的新贫困标准下，贫困人口规模扩大，贫困分布的区域特征更加明显，更加集中分布在边远山区、革命老区和省际交界处，形成了集中连片特困地区。截至 2015 年底，我国还有 5575 万农村建档立卡贫困人口，主要分布在 832 个国家扶贫开发工作重点县、集中连片特困地区县和 12.8 万个建档立卡贫困村，多数西部省份的贫困发生率在 10% 以上，民族 8 省区贫困发生率达

12.1%[①]。仅依赖区域性扶贫开发无法达到2020年的脱贫目标，脱贫攻坚战的打响具有必要性。坚持精准脱贫与区域发展相结合，以脱贫攻坚统揽贫困县经济社会发展全局，通过着力改善贫困地区交通条件等措施，既能增强区域发展动力，也可以改善贫困人口脱贫致富的外部条件。

（一）加大贫困地区政策倾斜力度，提高区域发展能力

提高贫困地区经济发展水平，加强贫困地区自身发展能力，是解决区域性整体贫困的要求。《中共中央 国务院关于打赢脱贫攻坚战的决定》中强调重点支持革命老区、民族地区、边疆地区、连片特困地区脱贫攻坚，加大对这些区域的转移支付规模，加快推进各项基础设施建设，将惠民政策和工程项目的资源向这些地区倾斜，并出台了一系列配套政策支持。

脱贫攻坚时期，区域综合扶贫力度进一步加强。在财政政策方面，转移支付、专项扶贫资金、中央集中彩票公益金等进一步向贫困地区和贫困人口倾斜，部分转移支付要明确用于贫困村的比例。2016年4月颁布的《关于支持贫困县开展统筹整合使用财政涉农资金试点的意见》明确指出，在连片特困地区县和国家扶贫开发工作重点县范围内开展财政涉农资金整合试点，加大对贫困地区基础设施建设的中央投资和省级政府投入。在金融政策方面，出台多项政策鼓励和引导金融机构对贫困地区的支持，优先支持在贫困地区设立村镇银行、培育发展农民资金互助组织、设立政府出资的融资担保机构、开展特色农产品价格保险等，2016年3月印发的《关于金

---

① 国务院关于印发"十三五"脱贫攻坚规划的通知 [EB/OL]. （2016-12-02）[2022-6-20]. http://www.gov.cn/zhengce/content/2016-12/02/content_5142197.htm.

融助推脱贫攻坚的实施意见》提出要充分利用信贷、债券、基金、股权投资、融资租赁等多种融资工具，支持贫困地区交通、水利、电力、能源、生态环境建设等基础设施和文化、医疗、卫生等基本公共服务项目建设以及大力推进贫困地区普惠金融，拓宽贫困地区融资渠道。同时出台了资本市场扶贫政策，对贫困地区的项目给予审核流程上的优先安排。在产业发展方面，支持贫困地区发展农产品加工业，加快一二三产业融合发展，加大对贫困地区农产品品牌营销支持力度，引导企业到贫困地区投资、发展，《贫困地区发展特色产业促进精准脱贫指导意见》中明确提出从八个方面推进贫困地区产业扶贫；2016 年 9 月，农业农村部印发《关于加大贫困地区项目资金倾斜支持力度促进特色产业精准脱贫的意见》指出，在农业生产基础设施建设、农业科技推广服务、现代农业产业体系、新型经营主体发展、农业防灾减灾能力、资源环境保护等项目资金安排上加大向贫困地区的倾斜力度。在基础设施建设方面，大幅增加对中西部地区和贫困地区的铁路、公路建设的中央投资，提高贫困地区农村公路建设补助标准，加快完成乡镇和建制村通硬化路的建设任务，加强贫困地区水利工程、公益性基础设施管护、农村水电开发、农网改造升级等项目建设。在人才引进方面，加大了选派和吸引优秀人才到贫困地区的力度和相应的政策激励，加大了中央单位与中西部、民族地区、贫困地区之间的交流任职力度，加大了干部培训力度。在医疗方面，建立全国三级医院与贫困地区县级医院的一对一帮扶关系，完成贫困地区县乡村三级医疗卫生服务网络标准化建设，支持贫困地区医疗人才引进。在教育方面，落实贫困地区人才引进和补贴政策，加强贫困地区师资力量建设，努力办好贫困地区特殊教育，充分利用远程教育，国家教育经费继续向贫困地区倾斜，帮助贫困地区改善办学条件，扩大重点高校面向贫困地区定向招生计划，促进贫困地区从根本上摆脱贫困。在就业方面，支持贫困地区建设县乡基层劳动就业和社会保障服务平台，加大对贫困地区农民工返乡创业政策扶持力度。

在脱贫攻坚时期的一系列倾斜措施下，贫困地区在基础设施建设、招商引资、政策支持、产业发展、教育医疗等经济、民生方面实现了巨大改善，发展环境和发展能力稳定提高，是区域性整体贫困问题解决的重要因素。

（二）充分调动社会力量，加强区域协调发展

1. 东西部协作和对口支援

东西部扶贫协作和对口支援，是中国特色社会主义政治优势和制度优势以及国家区域发展战略在脱贫攻坚上的集中体现。东西部协作以东部地区党委政府为主要力量，此种协作方式正式启动于"国家八七扶贫攻坚计划"时期，近30年来，东西部扶贫协作中具体的结对关系的不断调整，形成了政府支持、人才支持、企业合作等协作方式，出现了闽宁、沪滇、两广等特色帮扶模式，为贫困地区发展注入了活力，为区域差距的缩小作出了贡献。脱贫攻坚时期继续这一政策的实施，并且寻求在更大程度上发挥东部的带动和帮助作用。

2016年11月国务院印发的《"十三五"脱贫攻坚规划》指出要开展多层次扶贫协作，运用多种方式，调动东部各方力量，同时要求拓展扶贫协作的有效途径，鼓励东部地区对西部贫困劳动力进行技能培训，协调劳务输出机制，加强党政干部双向挂职、两地培

训等。同月印发的《关于进一步加强东西部扶贫协作工作的指导意见》，调整了新阶段东西部扶贫协作的结对关系，围绕政府援助、人才支援、资金支持、劳务协作等展开①。在完善省际结对关系的同时，突出对民族地区、深度贫困地区的支持，将京津冀纳入扶贫协作体系，实现对民族自治州和西部贫困程度深的市州全覆盖。强调东部经济发达县与结对帮扶的西部贫困县的"携手奔小康"行动和民营企业的"万企帮万村"行动重点向深度贫困地区倾斜。同时为推进东西部扶贫协作工作机制不断健全，将其纳入国家脱贫攻坚考核范围，2017年8月发布的《东西部扶贫协作考核办法（试行）》要求按照"省市总结、交叉考核、综合评议"的考核步骤对成效进行考核。

在东西部协作中，东西部地区的协作帮扶关系由中央政府确定，而协作内容、方式是由双方协商确定的，在这一过程中，涌现出了多样的协作模式和方式。协作模式体现了协作的统筹方式和重点关注问题，基于企业合作层面的协作模式是通过东西部企业间的合作增强西部贫困地区的市场活力，提高其市场经济意识，带动其经济发展；创建高层沟通机制的协作模式保证了协作中的大方向，有利于信息的获取与交流②；集中于重点贫困地区的模式是帮扶目标更为明确但也面临更大挑战的一种模式。协作方式则是具体协作形式和路径的体现，首先是产业合作，激励东部企业在西部地区建设可以吸纳劳动力的特色产业，东西部协作企业由2015年的221个迅速

---

① 习近平这次重要指示，事关共同富裕 [EB/OL].（2021-04-15）[2022-6-20]. https://baijiahao.baidu.com/s？id=1696926723616382966&wfr=spider&for=pc.

② 东西部协作扶贫 [EB/OL].（2021-01-11）[2022-6-20]. http://keywords.china.org.cn/2021-01/11/content_77103004.html.

增长到 2018 年的 15245 个，2020 年尽管在新冠疫情的影响下也有 2691 家企业在协作贫困地区进行投资[1]。其次是劳务输送，东部发达地区为西部贫困地区劳动力寻找、开发就业岗位，保障其通过劳动力转移实现稳定就业。再次是人才交流，东部地区选派优秀人才，将技术、管理、信息等经验传播到西部贫困地区，涉及方面包含农业、教育、医疗、科技、文化等各个领域，为西部带来了新活力。同时还鼓励东部发达地区事业单位、国企、社会组织等其他社会力量广泛参与到对协作地区扶贫事业中，其中包含捐款捐物、消费扶贫等方式。2015 年至 2020 年，东部 9 个省份共向扶贫协作地区投入财政援助资金和社会帮扶资金 1005 亿多元，互派干部和技术人员 13.1 万人次，超过 2.2 万家东部企业赴扶贫协作地区累计投资 1.1 万亿元。

东西部的发展差异会影响农村的贫困问题[2]，东部较发达地区或部门或是向西部欠发达地区提供经济援助、发展经验、先进技术、优秀人才，为西部贫困地区的经济发展注入新鲜活力，或是吸纳西部欠发达地区的劳动力和农产品，为协作地区提供工作岗位和产品销路等，加快了东西部之间要素的流动[3]，实现了东西部地区的优势互补。东西部扶贫协作的开展促进了欠发达地区基础设施的建设和发展环境的改善，让贫困群体享受到了区域协调发展的红利，对加强区域合作、优化产业布局、缩小区域差距、促进贫困地区脱贫，

---

① 东西部扶贫协作 —— 中国脱贫攻坚的区域协作 [EB/OL].（2021-05-28）[2022-6-20]. http://www.banyuetan.org/fpdxal/detail/20210528/10002000331389616622188651175013887_1.html.

② 李小云. 东西部扶贫协作和对口支援的四维考量 [J]. 改革，2017（08）：61-64.

③ 吴国宝. 东西部扶贫协作困境及其破解 [J]. 改革，2017（08）：57-61.

进而实现共同富裕具有重大意义。

2. 定点扶贫

定点扶贫的主要帮扶对象是西部地区，主要力量是中央、国家机关和有关单位，包含中央和地方两个层面。定点扶贫工作始于1986年，1987年国务院召开第一次中央和国家机关定点扶贫工作会议，1994年国务院颁布实施《国家八七扶贫攻坚计划》，中央和国家机关定点扶贫的格局基本形成，共有120个中直机关单位定点帮扶330个国定贫困县，2002年确定了272个中央部委和企事业单位定点帮扶481个国家扶贫开发工作重点县，2010年印发的《关于进一步做好定点扶贫工作的通知》提出了新时期定点扶贫的总体任务和基本目标，2012年《关于做好新一轮中央、国家机关和有关单位定点扶贫工作的通知》的出台标志着首次实现定点帮扶对全国592个国家扶贫开发工作重点县的全覆盖，2014年12月，国务院办公厅印发的《关于进一步动员社会各方面力量参与扶贫开发的意见》指出，要深化定点扶贫工作，为新时期的定点扶贫工作指明了方向。

习近平总书记2015年12月强调党政军机关、企事业单位开展定点扶贫是中国特色扶贫开发事业的重要组成部分，也是中国政治优势和制度优势的重要体现。定点扶贫要求机关事业单位在长达五六年的时间目标一致地、多措并举地在自己对应地"点"上建成小康，只有这些"点"实现脱贫摘帽目标，才能实现这些"点"连起来的线和面的脱贫摘帽目标，才能实现消除区域性整体贫困的目标。2015年发布的《关于进一步完善定点扶贫工作的通知》对定点扶贫结对关系进行了局部调整，新增22个单位参加定点扶贫，部分单位参加地方组织的扶贫工作，调出帮扶单位序列。调整后，参与定点扶贫的中央、国家机关和有关单位共 320 个，帮扶全国 592 个国家扶贫开发工作重点县。军队和武警部队继续推进与贫困县、乡镇、村的定点帮扶工作。2015 年中共中央办公厅、国务院办公厅颁布的《关于打赢脱贫攻坚战的决定》强调要健全定点扶贫机制，建立考核评价机制，确保各单位落实扶贫责任，完善牵头联系机制，按照分工督促指导各单位做好定点扶贫工作。2017 年为激励先进，鞭策后进，进一步压实中央单位的帮扶责任，促进帮扶力度的加大，国务院发布《中央单位定点扶贫工作考核办法（试行）》，办法要求在资金、项目、人员方面对深度贫困地区增加力度，考核分帮扶成效、组织领导、选派干部、督促检查、基层满意情况和工作创新六个方面展开。经过 20 多年的探索与实践，定点扶贫工作已经常态化、制度化。

定点扶贫在实践中形成了不同的扶贫模式，有以项目扶持为主的模式，如水利部实施的重点民生水利工程解决了当地的基础设施、农田水利，改善了村容村貌等；有以产业开发为主的模式，如科技部通过技术传授，发挥科技示范作用，助力贫困地区特色产业发展；有以企业发展为主的模式，如中石油通过扶持当地龙头企业带动当地经济发展，转移农业劳动力，促进农民增收；有以结对帮扶为主的模式，这一模式是贫困地区市、县政府在国家和省级宏观指导下的探索。

定点扶贫构成了中国特色扶贫开发工作的重要组成部分，进一步加大了对革命老区、民族地区、边疆地区、贫困地区的发展扶持力度，是促进区域发展，顺利实现全面建成小康社会奋斗目标的重要举措。

三、脱贫攻坚以来区域发展取得的成效

（一）农村贫困人口全部脱贫，区域性整体贫困得以解决

2020 年底，我国的脱贫攻坚战取得圆满胜利，在数以万计的扶贫人的努力下，现行标准下贫困地区农村贫困人口实现脱贫，12.8 万个贫困村全部出列，全国 832 个贫困县全部摘帽。至此，我国现行标准下的绝对贫困和区域性整体贫困得到了解决，贫困地区和其他地区之间的收入差距及福利水平差距得到了较大程度的缓解。党的十八大以来，贫困地区农村贫困人口累计减少 6039 万人，年均减贫 755 万人，农村贫困发生率累计下降 23.2 个百分点，年均下降 2.9 个百分点。分区域看，2013—2020 年，集中连片特困地区农村贫困人口累计减少 5067 万人，农村贫困发生率累计下降 24.4 个百分点；592 个国家扶贫开发重点县农村贫困人口累计减少 5105 万人，农村贫困发生率累计下降 24.4 个百分点。[①]

（二）贫困地区农村居民收入持续增长，收入结构不断优化

脱贫攻坚以来，贫困地区农村居民收入实现较快增长，增速持续快于全国农村，与全国农村平均水平的差异不断缩小。贫困地区农村居民人均可支配收入由 2013 年的 6079 元增长到 2020 年的 12588 元，达到 2020 年全国农村平均水平 17131 元的 73.5%，比 2013 年的 64.5% 增加 9.0 个百分点。2020 年贫困地区农村人均可支配收入的名义增速为 8.8%，高于同期全国农村 6.9% 的增速。分区域看，2020 年，集中连片特困地区农村居民人均可支配收入达到

---

① 国家统计局．人间奇迹 —— 中国脱贫攻坚统计监测报告 [R]．北京：中国统计出版社，2021．本节以下有关数据均出自此统计监测报告，不再一一标注．

12420 元，是全国农村平均水平的 72.5%。14 个片区农村人均可支配收入全部超过 1 万元，建档立卡户 2020 年的家庭人均收入也达10458 元。2020 年国家扶贫开发重点县农村居民人均可支配收入达12499 元，是全国农村平均水平的 73.0%。

贫困地区农村居民收入结构持续优化，工资性收入占比逐年提高。2020 年，贫困地区农村居民人均工资性收入 4444 元，与 2013年相比，年均增长 12.7%，占可支配收入的 35.3%，比 2013 年提高3.7 个百分点；人均经营性收入 4391 元，与 2013 年相比，年均增长6.7%，占可支配收入的 34.9%，其中，二三产经营净收入增长较快，一产经营性收入继续增长但占比明显下降。

（三）贫困地区农村居民消费水平大幅提高，消费结构不断升级

脱贫攻坚以来，贫困地区农村居民消费水平不断提升，与全国农村平均水平差距不断缩小，食品、衣着等基本生活消费支出稳定增长但占比下降，交通通信、教育文化娱乐、医疗保健等发展型消费支出增长较快且占比提高。贫困地区农村居民人均消费支出由2013 年的 5404 元达到 2020 年的 10758 元，是全国农村平均水平13713 元的 78.5%，比 2013 年的 72.2% 增加 6.3 个百分点。2020 年贫困地区农村人均消费支出的名义增速为 7.5%，高于同期全国农村2.9% 的增速。分区域看，2013—2020 年，集中连片特困地区年均名义增长 10.8%，国家扶贫开发重点县年均名义增长 11.2%。

贫困地区农村居民消费结构不断升级，人均食品烟酒消费支出为 3632 元，占消费支出的 33.8%，比 2013 年降低 4.4 个百分点；人均交通通信支出为 1261 元，占消费支出的 11.7%，比 2013 年提

高 2.2 个百分点；人均教育文化娱乐支出为 1128 元，占消费支出的 10.5%，比 2013 年提高 1.2 个百分点；人均医疗保健支出 1061 元，占消费支出的 9.9%，比 2013 年的 8.5% 提高 1.9 个百分点。

（四）贫困地区农村居民生活条件显著改善，生活质量全面提升

打赢脱贫攻坚战，贫困地区农村居民不仅基本住房安全和饮水安全得到全面保障，而且住房、饮水等质量也获得明显改善，农村居民的生活条件稳步提升。

住房方面，贫困地区居住竹草土坯房的农户比重由 2013 年的 7.0% 降低到 2020 年的 0.8%。饮水方面，使用管道供水的农户比重由 2013 年的 53.6% 提高到 2020 年的 91.0%；使用经过净化处理自来水的农户比重由 2013 年的 30.6% 提高到 2020 年的 64.8%。居住条件方面，有独用厕所的农户比重由 2013 年的 92.7% 提高到 2020 年的 97.2%；使用炊用柴草的农户比重由 2013 年的 58.6% 降到 29.3%。在家庭耐用消费品方面，贫困地区农户每百户家用汽车拥有量由 2013 年的 5.5 辆增加到 22.7 辆；每百户洗衣机拥有量由 2013 年的 65.8 台增加到 92.6 台；每百户电冰箱拥有量由 2013 年的 52.6 台增加到 94.5 台；每百户移动电话拥有量由 2013 年的 172.9 部增加到 271.6 部；每百户计算机拥有量由 2013 年的 7.9 台增加到 19.8 台。

（五）贫困地区基础设施和公共服务水平明显改善

基础设施是区域发展的基础，脱贫攻坚以来，贫困地区基础设施取得了巨大成就，公共服务、教育医疗服务的便利程度不断提高，服务能力、服务质量以及服务业可及性显著提升，农村居民生产生

活便利程度明显改善，区域间教育、医疗卫生资源配置差距进一步
缩小。

2020 年末，贫困地区基本全面实现行政村通公路、通电话、进村主干道硬化；所在自然村能接收有线电视信号的农户比重为 99.5%，比 2013 年提高 19.9 个百分点；所在自然村通宽带的农户比重为 98.6%，比 2015 年提高 26.8 个百分点。分区域看，集中连片特困地区、国家扶贫开发工作重点县所在自然村能接收有线电视信号的农户比重分别比 2013 年提高 22.7、19.6 个百分点；所在自然村通宽带的农户比重分别比 2015 年提高 28.5、25.2 个百分点。2020 年贫困地区所在自然村上幼儿园便利的农户占比 93.1%，比 2013 年提高 21.7 个百分点；所在自然村上小学便利的农户占比 94.3%，比 2013 年提高 14.5 个百分点。分区域看，集中连片特困地区、国家扶贫开发工作重点县所在自然村上幼儿园便利的农户比重分别比 2013 年提高 22.7、22.3 个百分点；所在自然村上小学便利的农户比重分别比 2013 年提高 15.1、15.2 个百分点。

第二节 衔接城乡融合的难点和重点内容

脱贫攻坚时期在缓解不平衡问题上重在解决区域性整体贫困，重点关注区域间农村地区的差距，致力于带动贫困地区的整体发展，从而实现贫困地区农村发展水平向全国农村平均发展水平的追赶。而在区域扶贫开发和精准扶贫的共同作用下，贫困地区农村居民与全国农村居民的差距不断缩小，贫困地区的经济水平和发展能力不断提高。乡村振兴阶段应该在区域性整体贫困已经解决的基础上，

在巩固现有成果的前提下继续提升乡村发展水平，关注区域内部差异，促进城乡基础设施和公共服务均等化，缩小城乡差距，促进城乡融合。①

城乡融合发展是我国在中国特色社会主义新时代的一篇大文章，是解决我国社会主要矛盾、推进脱贫攻坚与乡村振兴有效衔接的重要举措。城乡关系是我国经济社会发展过程中极为重要的关系，在实现社会主义现代化进程中，如何处理好城镇和乡村的关系，在一定程度上决定着第二个百年目标的实现与否，意义极为重大。②

习近平总书记对城乡融合发展作出一系列重要论述，在 2017 年的中央农村工作会议中强调"走城乡融合发展之路"，在 2018 年的十九届中央政治局第八次集体学习时的讲话时指出要"加快建立健全城乡融合发展体制机制和政策体系"。2019 年 4 月出台的《中共中央 国务院关于建立健全城乡融合发展体制机制和政策体系的意见》，对推进城乡融合发展做出顶层设计，提出城乡融合发展体制机制在 2022 年、2035 年、本世纪中叶三个时间节点分步实现初步建立、更加完善、成熟定型的主要目标。

一、坚持城乡融合中人的定位

推动城乡融合必须坚持以人为本的发展理念③。2020 年 10 月党的十九届五中全会通过的《中共中央关于制定国民经济和社会发展

---

① 文丰安.乡村振兴战略实施背景下的新型城乡关系构建：意义、困境及纾解 [J].理论学刊，2022（03）：133—140.

② 姜长云.建党百年优化城乡关系治理的历程、经验与启示 [J].人文杂志，2021（11）：1—12.

③ 周文.新型城镇化和乡村振兴背景下的城乡融合发展研究 [J].政治经济学评论，2022，13（03）：87—101.

第十四个五年规划和二〇三五年远景目标的建议》提出"推进以人为核心的新型城镇化",2021年3月,十三届全国人大四次会议表决通过《中华人民共和国国民经济和社会发展第十四个五年规划和2035年远景目标纲要》进一步强调,要"坚持走中国特色新型城镇化道路,深入推进以人为核心的新型城镇化战略"。

以人民为中心是马克思主义的基本立场,马克思主义认为发展的价值和目标是为了实现人的全面发展。坚持以人为核心的新型城镇化战略,体现了中国共产党对马克思主义群众史观的延续,也是中国特色社会主义进入新时代的背景下推动新型城镇化建设的出发点和落脚点,城乡融合发展的首要任务就是要实现农业转移人口的市民化。农业转移人口市民化包括内在和外在的市民化。内在市民化即农业转移人口通过学习、熏陶、培训等提高自身文化素养、道德素质、技能水平,外在的市民化主要是农业转移人口依靠政府和社会等外界力量获取更广泛的基本公共服务,和有户籍本地人口享有同等医疗、升学、就业等社会保障和发展机会。[①]

农村转移人口市民化可以带来多方面的好处:一是可以推动城镇化更好发展,释放消费、投资等内需潜力。整体来看,当前土地的城镇化水平高于人口的城镇化水平,人口的城镇化与土地城镇化不协调时会对城乡融合发展产生不利影响,进一步扩大城乡居民收入差距,不利于共同富裕的实现。积极推动市民化使农业转移人口完成从农民到市民的身份转变,农业转移人口的市民化过程将带动消费和投资领域的内需潜力,带动为"新"市民基础设施建设等投

---

① 王绍琛,周飞舟.困局与突破:城乡融合发展中小城镇问题再探究 [J].学习与实践,2022(05):107-116.

资需求。二是推动城乡融合更好发展，实现共同富裕。市民化将一部分农业转移人口纳入城市治理体系，使其享受城市的资源、机会和保障，提高自身生计水平，减少对农村的依赖，释放出紧张的农村资源，在提高自身收入的同时，也有利于农村人口增加收入，进而实现共同富裕。此外，农业转移人口市民化提高自身素质还可以为乡村振兴提供能力保障，更好实现城市带动农村发展的作用。①

农业转移人口市民化对推动新型城镇化建设至关重要，但在实际执行过程中却存在诸多问题，主要体现在保障力度不够、户籍制度有所束缚。②

农业转移人口市民化过程中保障力度不足。从整体来看，目前土地的城镇化水平高于人口的城镇化水平，农业转移人口市民化程度不足，且市民化意愿不高。我国有大量人口从农村涌入城镇谋求更多生存发展机会，但是相当一部分人口没有被纳入城市治理体系，缺乏与城市的连接，不能享受相应的社会保障和发展机会，并且由于自身能力和工作性质原因，较低的收入难以在高成本的城镇中维持很好的生活。此外，忙于生计没有丰富的社交网络，使其对城镇更加缺乏归属感。总的来说，由于保障力度的不足导致的农业转移人口自身市民化能力不足，市民化意愿不坚定是阻碍农业转移人口市民化的重要因素。

城乡二元户籍制度的阻碍。新中国发展之初，为了大力发展工业，农业生产多用来服务城镇工业发展，由此导致城镇和乡村发展

---

① 苏红键.人口城镇化趋势预测与高质量城镇化之路 [J]. 中国特色社会主义研究，2022（02）：48-56.

② 马斌，宋智勇.基于乡村振兴视角的城乡融合研究 [J]. 宏观经济管理，2022（05）：76-84.

逐渐二元化，我国城乡二元户籍管理制度应运而生。城乡二元户籍制度被赋予了本不该赋予的政治、社会功能，随着经济社会的发展，这些功能不断被强化和放大，使得"农业转移人口非农化"和"农业转移人口市民化"过程是分离的，农业转移人口可以在城镇进行非农工作，但是不能获得城镇户口，相应的农业转移人口利益就不能得到完全保障。农业转移人口市民化要求各种制度协调一致，共同为农业转移人口提供保障，其中户籍制度是其他制度的基础和市民身份识别依据，户籍制度不进行改革，农业转移人口市民化就难以实现。[①]

二、城乡要素融合

　　城镇与乡村之间人口、土地、资本、信息等要素融合是实现城乡融合最直观的展示，是城乡融合实现资源互相流动、平等互换的关键环节，也是城乡融合促进共享发展的重要推动力。由于我国长期存在城乡二元结构，城镇占据主体地位，人口、土地、资本、信息等要素流动主要从农村流向城镇，进一步加剧了不平衡发展，影响城乡融合发展的进程。城乡要素融合是城乡融合发展的内在要求，城乡融合发展要实现人口、土地、资本、信息等要素在城乡之间互相流动、平等互换。[②]

　　人口要素融合在城乡要素融合中最常见。人口要素融合需要打破城乡二元结构下农村人口单向流向城镇，城镇人才难以流向农村

[①] 张晓旭，赵军洁，宋健．我国城乡关系演进的阶段性特征 [J].宏观经济管理，2021（11）：61-65.

[②] 邢继雯，谢志强．协同推进新型城镇化与城乡融合发展的思考 [J].理论视野，2022（03）：63-68.

的困境，寻求城镇农村人口要素的双向流动。土地要素融合构成城乡要素融合中的重要内容。土地要素是乡村最重要的资源，城乡融合发展需要深化土地制度改革，妥善解决农村土地进入城乡统一的建设用地市场问题，促进土地资源在城镇和乡村的合理配置。资本要素融合是推动城乡经济社会发展的重要推动力。资本要素的增加可以有效推动城乡经济社会发展，而资本要素的配置不均衡会加大城镇与乡村之间的发展不平衡。信息要素作为一种新型生产要素，依靠互联网等技术实现城镇与乡村之间的信息共享是城乡要素融合发展的根本途径。[①] 城乡要素在类型、结构与作用各不相同，构成了城镇和乡村不同的发展态势，城乡要素融合能够积极推动到城乡融合发展。但实际上，城乡要素融合存在诸多亟待解决的问题。[②]

城乡人口要素流动共享机制不健全。人口要素融合在城乡要素融合中最常见，是最核心的要素。当前我国人口要素主要是从农村流向城市，即使存在"党政干部下乡""大学生村官"等看起来人才流向农村的现象，只不过是政府主导下的城镇反哺乡村，城镇和乡村之间并没有真正实现人才的双向流动，单向流动情况依然明显。

城乡土地要素资源共享机制不合理。土地要素作为城乡要素融合中的重要要素，对推动城乡融合发展具有重要意义。土地要素流动忽视城乡融合发展、共享机制不合理，导致乡村的土地要素不能得到充分、合理利用。城镇土地要素在市场化的机制下，相比乡村土地用途广泛、利用率高，但存量一定，面临短缺的困境。乡村土

---

① 贾玉巧. 城乡高质量融合发展与城乡要素流动 [J]. 中国果树，2021（10）：118-119.

② 熊易寒. 城乡融合、要素流动与乡村振兴 [J]. 人民论坛，2022（05）：32-35.

地要素以保证粮食安全为第一要务，宅基地、建设用地等土地要素流转、租赁受到较大限制，缺乏市场化配置。

城乡资本要素配置共享机制不畅通。长期的城乡二元结构导致城镇和乡村的发展差距不断扩大，乡村经济社会发展滞后于城镇，而资本的逐利性决定资本不会主动从收益高的发达城镇地区流向收益低的不发达乡村地区，资本要素在城镇和乡村之间流通不畅。此外农村金融机构发展薄弱也是导致资本要素在城乡之间流通不畅的重要原因。

城乡信息要素互动共享平台不协同。在信息互联、万物互通的时代，信息要素作为一种生产要素对城镇和乡村带来了不同的发展态势。相较于城镇，乡村网络基础建设薄弱，农民网络素养较低，搭建城乡信息共享平台难度大。信息要素的不平衡会进一步加剧城乡发展的差距。

三、城乡产业融合

城乡产业融合为城乡融合发展起支撑作用。城乡产业关系是城乡关系中极为重要的一环，城镇和乡村的产业类型、发展状况、产业布局规划都直接影响城乡产业之间的联系程度，深刻影响城乡融合发展进程。城乡产业融合使城乡边界日益模糊，城乡壁垒进一步打破，推动城镇人才、资本等要素流向农村，为提升乡村经济实力，城镇雄厚的发展基础与农村丰富的资源禀赋相辅相成，是农业农村现代化和农村经济发展转型的重要途径。①

---

① 陈景帅，张东玲. 城乡融合中的耦合协调：新型城镇化与乡村振兴 [J/OL]. 中国农业资源与区划.

保证农业有序发展是城乡产业融合的前提。2021年中央农村工作会议上指出"中国人的饭碗任何时候都要牢牢端在自己手中",粮食安全是国家安全和发展的重要基础,粮食安全事关全国人民吃饭问题。随着经济社会不断进步,农业经济在国民经济中的基础地位越来越明显。城乡产业融合应首先进行农业生产方面的融合,农业产业的稳定有序发展,为城乡产业融合发展提供了基础,两者相互促进共同发展,现代化农业为城镇化水平提高了上限。

以"大农业"观构建城乡新型产业体系。"大农业"观关注的不单单只有农村原本就存在农业,也有随城乡产业融合发展而衍生出的其他与农业紧密相关的其他新型产业。加快推进构建新型农业产业体系是城乡产业融合的重要途径,把工农城乡联系起来统一规划,注重各部门间的联系,科学优化各要素在各生产部门中的配置,充分发挥城乡优势推动产业发展,推进城乡互利、产业兴旺。

但在城乡产业融合的实际中,由于乡村产业处于我国产业层级结构中的最底层,产业发展单一且薄弱,城镇产业对进驻乡村发展缺乏一定的推动力。现代产业发展多注重集群效应,各产业在相对集中的区域发展已经成为我国产业发展的主流模式,城乡产业在进驻农村之后,由于发展过程中集群效应的缺失,导致发展经营状况不佳,影响产业融合效果,不利于城乡融合发展。此外,乡村的产业配套设施与城镇相比还有较大差距,对城镇产业在农村发展吸引力不足,是阻碍城市产业向乡村流动最重要的因素之一,乡村基础设施建设薄弱不能吸引人才,也是阻碍城乡产业融合的一大因素。从根本上来说,城镇和乡村之间存在产业融合发展的短板和差距主要是因为利益共同体的理念还没有得到广泛的、深入人心的推广,推进城乡产业融合发展促进城乡共同繁荣、共同富裕的理念还没有深入人心。

四、城乡公共服务融合

城乡公共服务融合是城乡融合发展的内在要求，推进城乡公共服务融合也是建设高质量社会的必经之路和直接体现。[①] 由于我国长期处于城乡二元结构，造成城镇和乡村在社会、经济、自然资源等多方面的隔离，城镇和乡村各自发展、相互孤立，不仅造成城镇和乡村发展的不均衡，还导致城镇和乡村公共服务资源短缺与浪费并存、不足与闲置并存的矛盾现象。[②]

城镇和乡村各有所长、各有所短，为实现高质量发展，需要将其长短结合、共同发展。城镇对公共服务有较大的需求，且拥有足够的资金、技术、人才等资源，但缺少支撑公共服务发展的建设空间和自然资源。与此相反，乡村则是拥有充足的建设空间和自然资源而缺少支撑公共服务发展的资金、人才、技术等资源。毋庸置疑，城乡公共融合发展能够在质和量两方面推动城镇和乡村的公共服务发展。

从更长远的角度来看，城乡公共服务融合对城乡融合有序发展、乡村振兴蓬勃推进、培育新型经济增长点都有重要的意义。城乡公共服务融合由政府主导，可以对全国城镇和乡村资源整合起到引领、示范作用，完善相关体制机制，推动改革，促进城乡资源的科学合

---

① 熊万胜，袁中华.城市与地方关系视角下的城乡融合发展 [J].浙江社会科学，2021（10）：55-62+157.

② 赵天娥.新时代城乡融合发展的多维审视 [J].行政论坛，2021，28（04）：142-146.

理配置。对乡村而言，从城镇获得人力、资本、技术，增强公共服务供给，增强产业发展动力，提高居民收入，增强可持续发展能力推动乡村振兴蓬勃前进。对城镇而言，从乡村获得建设空间和自然资源，缓解城市空间不足与公共服务需求增加的矛盾。从国民经济发展的角度来看，城乡公共服务融合涉及到诸多产业，有极大消费群体，带动面广、经济体量大，有新的发展机遇，可以培育出新的国民经济增长点。

目前在推进城乡公共服务融合进程中仍然困难重重，主要体现在以下两个方面：公共服务需求质量提升与农村公共服务供给重硬轻软，需求表达能力城乡差异与基本公共服务体系优化缺乏靶向。

公共服务需求质量提升与农村公共服务供给重硬轻软。农村公共服务"重硬轻软"的特征使城镇与乡村公共服务之间出现"硬件"差异缩小，但"软件"差异依旧很大的现象。从"硬件看"，乡村水、电、路、气、信息化等得到飞速发展，村村通电、村村通硬化道路已成现实，解决了农村居民基本生活需要。从高质量发展的角度来看，农村实行的"三大革命"即厕所革命、垃圾革命、生活污水处理则是进一步的农村人居环境的公共服务需求，但质的要求与城镇还是有一定程度的差距。在一部分农村和乡镇，医院、学校、图书馆等基础设施建设标准非常高，硬件配置齐全，但出现了"没人用""不会用"的尴尬情况，学校不缺教学设备缺老师，医院不缺检查设备缺医生。

需求表达能力城乡差异与基本公共服务体系优化缺乏靶向。公共服务表达是政府从事公共服务活动的逻辑起点，是政府、民间组织和社会团体提供公共服务的参考依据。把接受公共服务的城乡居民看作是购买商品的顾客，就很容易理解来自城乡居民对公共服务的诉求对改进城乡公共服务供给，推动城乡公共服务融合的重要意义。公共服务供给除了需要及时、有效供给外，还需要城乡居民能够有效表达自己对公共服务的诉求。现实中，农村居民对公共服务的诉求表达不及时、不准确会在一定程度上带来农村公共服务的缺失与错位，导致农村公共服务供给有效性、针对性不强。这也说明了我国加大对农村公共服务供给的支持力度，未能有效改变城乡公共服务失衡的局面。

农民对公共服务诉求不足的问题具体表现在以下几个方面：一是农民对公共服务诉求难以得到重视。二是农村居民权利意识比较薄弱，对公共服务的诉求冷漠。三是农民缺乏有效的公共服务诉求通道，更缺乏双向信息反馈机制。

五、城乡基础设施融合

城乡基础设施融合是指城镇交通、通信、供电、供水、医疗、教育等相关设施向农村蔓延，推动城乡共同发展。城乡基础设施一体化和城乡公共服务均等化是城乡融合发展的重要内容，近年来，国家高度重视乡村建设，在国家和社会的大力帮助下，乡村各类基础设施和公共服务不断改善，但与城镇相比仍有一定差距。

整体来看，城镇和乡村无法在短时间内缩小基础设施差距，各地在推进城乡基础设施一体化中还存在着诸多困难和问题。主要表现在以下三个方面：一是在资金、人才双重约束下，乡村如何实现各项基础设施"达标、提质"；二是如何改革城乡管理体制，以实现公共设施的精细化管理和精准化服务；三是在解决城乡基础设施差距的同时，如何统筹解决地区之间、区域之间发展差距的问题。

财政收支约束下资金投入问题。发展基础设施需要各级地方财政予以政策和资金倾斜，持续增加资金投入。除沿海地区及其他经济发达地区外，中西部地区经济实力普遍不强，地方财政财力有限，基础设施建设的资金筹措压力大，使得城镇支持农村的能力不强，带动作用较弱。中西部地区各级财政对转移支付依赖程度高，自身财政收入远低于财政支出，对于上级财政资助有限的项目，建设资金存在不足且缺乏稳定来源的问题。基层设施建成之后，资金压力下后续管护难以有效维持，导致基础设施难以发挥作用。

人才约束下的质量提升问题。农村地区建设普遍存在人才短缺、人才结构不合理、技能水平不高等问题。由于乡村经济发展缓慢，福利待遇较低，难以吸引专业技术人才到乡镇一线工作，例如在农村饮水工程管护方面，缺乏运行管理人员。在学校教育方面，教师总量少，性别、学科等结构性矛盾突出。在医疗方面，医疗卫生机构专业技术人才少，由于待遇问题，既招不到新人，也留不住经验丰富的骨干力量。

城乡分割的管理体制加快统一的问题。目前在国家层面上还没有形成统一的城乡管理体制，城镇和乡村分而治之的管理体制和规划体系是阻碍城乡基础设施接轨的重要因素。我国长期形成的城乡二元体制导致城乡规划和建设难以统一，城乡间资源配置不平衡，基础设施的供给方式和管理体系与乡村振兴背景下城乡融合发展的形势不适应，这种局面在短时间内难以发生改变。乡村建设多没有详细规划，村庄规划覆盖率需要进一步提高。需进一步厘清城乡基础设施建设的管理机制，避免资源分散、多头监管、沟通不畅的问题。

农村基础设施建设标准体系不完善。城乡基础设施融合不仅要建设规划融合更要标准一致，同时也需要根据城镇和乡村的实际情况，制定符合农民实际、符合乡村发展的建设标准。

六、城乡生态环境融合

城乡生态环境融合是城乡融合健康发展的基础，也是生态文明建设的重要组成部分。城乡生态环境为城乡居民提供了生存的物质基础，良好的城乡生态环境是城乡居民最普惠的福祉，也是城乡居民生存与健康的基础。

良好的城乡生态环境是城乡居民最普惠的福祉。我国社会主要矛盾已经转化为人民日益增长的美好生活需要和不平衡不充分的发展之间的矛盾，人民对美好生活的需要就包括对良好生态环境的需求。随着经济社会的发展，人民从温饱达到小康，人民的获得感和幸福感大幅度提升，对高质量生活的向往更加强烈，由追求"温饱"转向追求"环保"，由"求生存"转向"求生态"。

良好的生态环境是城乡居民生存和健康的基础。人类与自然是命运共同体，生态环境在一定程度上决定着人类的生存和健康，生态环境具有不可替代性，用之不觉，失之不存。绿水青山就是金山银山，保护好生态环境，加强生态环境建设是我国可持续发展的重中之重。

城乡生态环境融合主要是城镇和乡村生态环境的相互协同、相互分工。农村为城镇提供生态服务供给，城镇为农村提供生态补偿，两者互通有无、共同发展。然而在城乡融合过程中，城乡生态环境融合仍然存在差距和短板，城乡生态环境资源分配不均衡、生态功能协同与分工不明确等问题依然突出。具体来看，城镇由于高速发展不可避免地对生态环境造成一定程度的损害，存在经济发展和生态环境建设衡量取舍问题，生态环境建设面临巨大压力。相较于城镇，农村生态环境较好，但存在区域性、局部性问题，城镇和农村生态环境没有形成协同治理、融合共生的局面，各自生态环境发展都存在局限性。在乡村振兴背景下的城乡生态环境融合需要践行"绿水青山就是金山银山"的发展理念，大力发展城镇绿色产业，推动农村人居环境整治工程，充分发挥农业在环境治理、降低碳排放等方面优势，完善城镇对乡村的生态环境补偿机制，加强城乡生态环境协同治理，促进城乡生态环境融合发展。

七、城乡治理融合

城乡治理融合是城乡融合发展的重要推手。我国城镇治理在很大程度上是割裂的，在城乡融合发展带来的压力下，我国需进一步深化社会治理体系改革，建设新型城乡治理一体化体系，推进城乡治理一体化是实现城乡融合发展重要突破口。与农村相比，城镇治理水平较高，有着完善的治理机制，城镇和农村之间难以形成治理一体化体系。提升乡村治理能力，完善乡村治理机制，是实现城乡治理一体化的基础。乡村治理体系差距和短板主要体现在乡村治理资源匮乏。

乡村治理资源匮乏是农村基层治理问题的根本，始终贯穿在农村基层治理之中。农村劳动力人口流失不断加剧，会引发农村治理人才短缺，进而导致农村治理组织弱化，难以有效进行基层治理。此外，农村资金会伴随着劳动力流失而流失，不同于老一代农民工将打工收入沉浸在农村、用于修建新房，越来越多的新生代农民工选择定居城市，将收入用于购买城市房屋、改善生活条件，这会导致原先积攒的务农收益也逐渐离村，这使得基层组织难以筹集充足的资源服务基层治理工作。当前乡村治理越来越复杂，对治理资源不断增加的需求与治理资源不断流失的现状发生冲突，在整体资源不足的情况下，分配到各项具体事务中的治理资源必然会明显减少，也很难保证资源流动速度和质量，这些问题都会导致农村基层治理缺乏活力。

第三节　衔接城乡融合的对策建议

随着经济社会不断发展，城乡融合程度不断提高，但仍存在农业转移人口市民化程度不高、城乡要素双向流动不畅、农业产业发展薄弱、公共服务均等化不足、城乡基础设施建设一体化程度不高等问题。我国经济发展已由高速发展转向高质量发展，需要在更高层次上推进城乡融合发展，构建城乡良性互动共生共荣的新型城乡关系[①]。对此提出以下相关对策建议，以促进城乡融合发展，推进乡村振兴。[②]

一、建立健全城乡要素合理配置的体制机制

为推进城乡融合更好发展，需要打破阻碍城镇和乡村要素双向

---

① 赵俊亚. 新时代城乡融合发展的意义、困境与路径探析 [J]. 农业经济，2021（03）：93-94.

② 孔祥智，谢东东. 缩小差距、城乡融合与共同富裕 [J]. 南京农业大学学报（社会科学版），2022，22（01）：12-22.

流动、平等互换的体制机制壁垒。引导各类要素从城镇流向农村，为农民增收提供新动能，助力乡村振兴。①

健全农业转移人口市民化机制。进行户籍制度改革，除少数超大城市外，其他城市根据自身状况适当放宽农业转移人口落户限制。加大农业转移人口市民化保障程度，建立健全由"政企人"三方共同参与的农业转移人口市民化成本分担机制，全面落实城镇建设用地增加规模与吸纳农业转移人口落户数量挂钩政策，以及资金倾斜政策。维护农业转移人口土地承包权、宅基地使用权等，政府可以引导农业转移人口依法转让土地承包权、宅基地使用权等权益。提升城镇对农业转移人口的包容性，推动新生代农民工融入城镇。

建立推动城镇人才入乡机制。提高城镇人才返乡入乡工作福利待遇，严格落实福利待遇保障制度，吸引人才流向乡村。推动大学生村官工作有序发展，鼓励引导大学毕业生到村任职，把论文写在祖国的大地上。建立城乡人才合作交流机制，以城镇人才带动乡村人才，推进乡村人才建设。推动评奖评优、福利待遇等向乡村人才群体倾斜。

改革完善农村承包地制度。严格落实国家土地相关政策，保持农村土地承包关系稳定。完善农村承包地集体所有权、农户承包权、土地经营权分置制度，在保障前两者不受非法侵害的情况下，充分发挥土地经营权对发展的带动作用。完善土地流转管理制度，提高土地经营服务质量，土地经营权入股从事农业产业化经营。

改革农村宅基地制度。加快完成宅基地确权登记并颁证。完善宅基地集体所有权、宅基地农户资格权和农民房屋财产权分置制度，

① 张友国.中国城乡融合高质量发展研究[J].人民论坛，2021（32）：78-81.

灵活使用宅基地使用权、农民房屋使用权，提高土地利用率。指导农村集体经济组织充分利用闲置资源。在符合相应法律法规和充分尊重民意的情况下，政府机构可以因地制宜根据乡村土地零散情况优化用地布局，进一步提高土地利用率。加强宅基地管理，新增宅基地进行集约奖励，对自愿退出已有宅基地实施退出补偿制度。

健全财政投入保障机制。鼓励各级财政加大对城乡融合发展资金投入力度，以财政资金投入带动社会资金投入。支持地方政府运用市场工具，在充分评估的前提下发行用于乡村振兴的政府债券，增强城乡融合发展资金保障。加强涉农资金统筹整合，优化资金用途，提高资金使用效率。

完善乡村金融服务体系。深入推进农村信用体系建设，建立健全农户信用档案，开展信用户、信用村、信用乡（镇）创建，加大"三农"信贷投入。增强农信社、农商行等银行"助农"意识，深深扎根县域，相互协作、精准发力，通过加强农村产权改革和金融创新，加强农村金融服务供给，提高服务质量。完善农村金融服务监管制度和评价机制，确保金融机构有效提供金融服务。完善农业信贷担保体系，加深金融机构、政府与社会的协同程度。

建立工商资本入乡促进机制。建立健全资本与农户的利益联结机制，切实保障资本与农户两者利益，更好发挥资本的带动效用。拓宽乡村产业融资渠道，保障资金来源稳定，促进产业发展稳定。政府应引导发展普惠型农业保险，加大保险覆盖范围。稳定资本与乡村流转土地的关系，探索土地使用多元化。完善乡村资本监管体制，规范资本在乡村的行为。组建乡村资本服务团队，为下乡资本提供高质量服务，优化农村营商环境。

健全科技下乡机制。充分发挥政府引领作用，联合研究机构、企业和社会其他力量推送科技下乡。坚持实施科技特派员制度，以农业生产为纽带开展技术服务，增加农民科学素养。健全涉农产业产学研用一体化，鼓励在乡村建设实践基地和发展试点。加大公益性农技推广力度，允许农技人员适时通过提供技术服务获得合理报酬。

二、建立健全城乡基本公共服务普惠共享的机制体制

推动城乡公共服务均等化，健全全民覆盖、普惠共享、城乡一体的基本公共服务体系，推进城乡基本公共服务标准统一、制度并轨。[①]

建立城乡教育资源均衡配置机制。弥补城乡教育发展差距，建立以城带乡、均衡发展的义务教育发展机制。提高乡村教师待遇，评奖评优政策倾斜，推动教学人才流向乡村，增加乡村教师队伍总量，优化乡村教学队伍结构。在县域范围内实施教师统一管理，建立健全城乡教师轮岗制度，改善师资水平差异。建立城乡教育联合体，推动优质教育资源城乡共享。加快乡村义务教育学校标准化建设。

健全乡村医疗卫生服务体系。弥补城乡医疗卫生服务差距，建立以城带乡、城乡互补的医疗卫生服务发展机制。提高乡村医生待遇，评奖评优政策倾斜，推动医疗人才流向乡村，增加乡村医生队伍总量，优化乡村医生队伍结构。改善乡村卫生医疗服务场所条件，规范医疗废物处理流程，提升医疗服务水平。强化城乡医疗一体化

---

① 刘合光.城乡融合发展的进展、障碍与突破口 [J].人民论坛，2022（01）：46-49.

管理，形成医共体，医共体内建立分级诊疗制度、双向转诊制度和利益共享机制。

健全城乡公共文化服务体系。推动县、乡、村三级公共文化服务体系建设，提升公共文化服务效能。创新实施文化惠民工程，广泛开展群众性文化活动，鼓励城市文艺团体和文艺工作者定期送文化下乡。推进图书馆、文化馆总分馆制建设，依托具备条件的乡镇综合文化站、村级综合文化服务中心和社会文化机构，设立分管或基层服务点。建立文化结对帮扶机制，推动文化工作者和志愿者等投身乡村文化人才培养。支持乡土文艺团组发展，扶持农村非遗传承人、民间艺人收徒传艺，发展优秀戏曲曲艺、少数民族文化、民间文化。加强对全市文物古籍、优秀传统手工艺、历史文化名镇（村）、传统村落、民族村寨、传统建筑、农业文化遗产、古树名木等重要文化和自然遗产、非物质文化遗产的系统性保护，促进非遗活态传承与乡村振兴有效衔接。

完善城乡统一的社会保障制度。健全统筹城乡、公平统一、可持续的多层次社会保障体系。积极主动宣传城乡统一的社会保险政策，认真落实农民参保相关政策，对行动不便的低收入人员，提供上门服务。提高城乡居民基本医保、大病保险、医疗救助经办服务水平，县域范围内实现"一站式服务"。实现城乡居民基本养老保险待遇水平随同经济发展而逐步提高，逐步提高农村老年人的养老保险的标准，最终与城镇居民养老保险接轨，确保农村老年人有稳定的收入来源和基本生活保障。加大对乡村振兴重点地区失业保险政策倾斜力度。提升基层社会保险经办服务能力。

三、建立健全城乡基础设施一体化发展的体制机制

基础设施建设重点在乡村，推动乡村基础设施建设，实现城乡基础设施统一规划、统一建设、统一管护，促进城乡融合高质量发展。[①]

健全城乡基础设施一体化规划机制。健全城乡基础设施一体化规划机制是实现基础设施统一发展的基础和前提。城乡基础设施一体化规划要坚持农业农村优先发展。

健全城乡基础设施一体化建设机制。明确乡村基础设施的公共产品定位，公益性基础设施建设政府负起责任，经营性基础设施建设交给市场运作，健全分级分类投入机制。基于城乡路网一体化规划方案，结合脱贫攻坚交通扶贫工作成效，查找城乡路网建设薄弱环节，开展省县乡道路提质扩面工程，提升县城到乡镇的公路等级及质量，加强道路安全性设施建设，补足交通路网建设短板。加强城乡公共服务设施一体化建设，推进重要市政公用设施向县城周边乡村和规模较大的中心镇延伸，加速城乡一体化建设。

建立城乡基础设施一体化管护机制。根据乡村空心化、分散化特点，合理确定城乡基础设施统一管护运行模式，对于公益性设施，如城乡道路的管护和运营应纳入一般公共财政预算，并鼓励政府用购买服务的方式引入专业化的企业，提高管护的市场化程度。对于基础设施建设运营的事业单位，对其进行市场化改革，使其更加专业化，提升市场化程度，按照企业化模式运行，赋予其承担乡村基

---

① 唐琼. 乡村振兴视域下城乡融合协同治理研究 [J]. 领导科学，2021（24）：95-98.

本公共服务运营管护的职责，加强管护工作。大力推进落实三级路长制，加强对交通路网的管护工作，同时通过引入第三方机构参与管护等市场化实践路径，将交通管护落到实处。通过政府主导和市场介入两种方式，大力开展乡村基本公共服务运营管护工作。

四、建立健全乡村经济多元化发展的体制机制

推动乡村经济多元化发展是实现农民增收致富的有力手段，完善农业支持保护制度、培育新产业新业态、创新发展乡村文化经济、构建城乡协同发展平台，实现乡村经济多元化和农业全产业链发展。[①]

完善农业支持保护制度。加强农业补贴力度，确保农民收益，维持农民从事农业生产积极性，保障粮食安全。以市场需求为导向，统筹各项需求，进行供给侧结构性改革，区分粮食生产功能区和其他农产品生产区，防止农产品结构失衡，不断提高产品质量。推进农业生产机械化，完善配套制度，扩大农业机械化用户覆盖范围。

建立新产业新业态培育机制。完善新产业发展配套土地政策，新增建设用地中一定比例用来发展乡村新产业新业态。依托高科技与大数据，构建农村三产融合发展体系，推动农业生产经营模式转变，健全乡村旅游、休闲农业、民宿经济、农耕文化体验、健康养老等新业态培育机制，探索农产品个性化定制服务、会展农业和农业众筹等新模式，完善农村电子商务支持政策，实现城乡生产与消费多层次对接。

---

① 孙长学，刘晓萍. 坚持共同富裕导向 推进城乡融合发展 [J]. 宏观经济管理，2021（11）：23-26.

探索生态产品价值实现机制。牢固树立绿水青山就是金山银山的理念，建立政府主导、社会各界参与、市场化运作、可持续的城乡生态产品价值实现机制。提高对生态产品内涵的认识，统筹自然生态保护和经济社会发展。统一自然资源分类标准，清晰界定自然资源产权，统一自然资源价值核算标准，运用市场机制实现自然资源价值。[①]

建立乡村文化经济发展机制。立足乡村文明，吸取城市文明及外来文化优秀成果，推动乡村优秀传统文化创造性转化、创新性发展。创新传统工艺振兴模式，依靠地方和民族特色，发展特色工艺产品和品牌。鼓励乡村建筑文化传承创新，强化村庄建筑风貌规划管控。培育挖掘乡土文化本土人才，引导企业积极参与，显化乡村文化价值。

搭建城乡产业协同发展平台。培育发展城乡产业协同发展先行区，推动城乡要素跨界配置和产业有机融合。把特色小镇作为城乡要素融合重要载体，打造集聚特色产业的创新创业生态圈。优化提升各类农业园区。完善小城镇联结城乡的功能，探索创新美丽乡村特色化差异化发展模式，盘活用好乡村资源资产。创建一批城乡融合典型项目，形成示范带动效应。

---

① 吴海峰.论城乡经济融合发展的内涵特征与实现路径[J].中州学刊，2021（09）：41-47.

第九章　从消除绝对贫困到共同富裕

消除贫困并将中国建设成为社会主义现代化强国，是中国共产党人的目标。自新中国成立以来，党和政府始终高度重视贫困问题，实施了一系列扶贫规划，持续向贫困宣战，最终取得脱贫攻坚全面胜利，彻底消除了困扰中华民族千百年来的绝对贫困问题。绝对贫困的消除对于实现中华民族伟大复兴的任务来说只是一个基本要求，作为社会主义国家，"解放生产力，发展生产力，消灭剥削，消除两极分化，最终达到共同富裕"的社会主义本质要求我们不断进行反贫困斗争和促进经济社会发展，完成以人民为中心的社会主义现代化，最终目的是要实现全民共同富裕。这一过程可以分为两个时期。

第一个时期为 20 世纪后半叶，我国先后经历了两个发展阶段：一是社会主义探索阶段，中国进行了社会主义初步建设，在极贫水平下，打基础、建制度；二是经济起飞的改革开放阶段，中国开展了中国特色社会主义建设，进行了体制改革，完成了解决温饱和达到小康的阶段性目标。

进入 21 世纪是建设社会主义现代化强国的第二个时期，先后经历两个阶段：一是前 20 年的持续高增长阶段，全面建成小康社会，完成第一个百年奋斗目标；二是后 30 年的持续稳定增长阶段，全面实现社会主义现代化，完成第二个百年奋斗目标，最终实现全民共同富裕。目前，中国已经完成了第一个百年奋斗目标，全面建成了小康社会，彻底消除了绝对贫困问题，开启了全面建设社会主义现代化国家新征程，正迈着坚实有力的步伐奔向共同富裕。

第一节　消除绝对贫困的历程

中国共产党带领中国人民进行艰苦卓绝的革命斗争和勤奋辛劳的经济建设，最终目标是"为中国人民谋幸福，为中华民族谋复兴"，决定了中国共产党想民之所想，必须把人民群众的利益放在首位，必须使贫困群众摆脱贫困，补齐实现共同富裕的短板[①]。贫困问题一直是中国经济社会发展中最突出的"短板"，是实现全民共同富裕的关键所在。

从 1949 年新中国成立伊始的一穷二白到 2020 年全面实现小康社会，71 年的风风雨雨承载了中国共产党对消除绝对贫困的执着。新中国成立以来的发展历史也是中国共产党致力于解决贫困问题的脱贫攻坚史，中国共产党始终把人民的生存和发展放在第一位，高度重视扶贫开发工作，将扶贫纳入农村工作的重要位置，努力保障和改善民生，实施了一系列扶贫规划，并取得了巨大成就。

党的十八大以前，在中国共产党的带领下，中国以政府为主导的农村经济社会发展行动已经走过了 60 多个年头。以毛泽东同志为核心的党的第一代中央领导集体通过土地革命将生产资料分到了广大农民手中，并对农业进行社会主义改造，为农村经济发展奠定了制度

---

① 汪三贵. 中国 40 年大规模减贫：推动力量与制度基础 [J]. 中国人民大学学报，2018，32（06）：1–11.

基础；以邓小平同志为核心的党的第二代中央领导集体主张将中国经济发展、农村经济发展与摆脱贫困结合起来，以"先富带动后富，最终实现共同富裕"；以江泽民同志为核心的党的第三代中央领导集体系统化地提出了扶贫开发的理论，强调坚持开发式扶贫、坚持科技先行、坚持正确领导、坚持因地制宜、坚持可持续发展等"五个坚持"；以胡锦涛同志为总书记的党中央从科学发展的战略高度出发，强调必须坚持以人为本、坚持统筹兼顾，提出了"多予、少取、放活"以及"工业反哺农业、城市支持农村"等扶贫开发的工作方针。

自改革开放以来，加快经济建设、深化改革和大规模扶贫开发，坚持普惠政策和特惠政策相结合，中国有计划、有组织的大规模扶贫开发行动先后经历了四个主要阶段，每个阶段均具有鲜明的特征，扶贫政策具有极强的针对性，根据国民经济发展水平和国家财力状况制定相应的国家扶贫规划政策和具体实施行动，做到目标更加明确、成效更加显著，将扶贫资源有效传递到真正的贫困人口。第一阶段是 1978—1985 年。这一阶段全党的工作重心转移到经济建设上来，通过推行家庭联产承包责任制，解放了生产力，提高了生产效率，农民收入获得了极大提高，农村的减贫效果明显，按 1978 年的贫困线标准，农村贫困人口由 1978 年的 2.5 亿人减少到 1985 年的 1.25 亿人，贫困发生率从 30.7% 下降到 14.8%[①]。第二阶段是 1986—1993 年。这一阶段的扶贫开发行动以确立贫困县为重点扶持对象，目的是为了解决区域发展不平衡问题。一方面是 1986 年 5 月 16 日国家成立了国务院贫困地区经济开发领导小组（1993 年改为国务院

---

① 周彬彬，高鸿宾. 对贫困的研究和反贫困实践的总结 [C]. 中国扶贫论文精粹. 2001：492-535.

扶贫开发领导小组），标志着中国开始设立专门的扶贫机构，开始有计划、有组织地实施扶贫开发行动；另一方面，根据贫困程度确定了331个国家重点扶持贫困县，明确了以贫困县为重点的扶贫新模式，给予大量扶贫资源推动贫困减缓，经过这一阶段的努力，农村贫困人口由1.25亿人减少到7500万人，贫困发生率从14.8%下降到8.2%[①]。第三阶段是1994—2000年，国务院发布《国家八七扶贫攻坚计划（1994—2000年）》（简称"八七扶贫计划"），这是中国历史上第一个有明确目标、明确期限的纲领性扶贫文件。文件中明确提出"用7年时间解决当时全国农村8000万贫困人口的温饱问题"，并将这一时期国家扶贫重点县的数量提高到592个，继续推行以贫困县为重点的扶贫政策，这一时期农村贫困人口下降到2000年底的3209万人，贫困发生率降低到3.4%[②]。第四阶段是2001—2012年，国家制定了《中国农村扶贫开发纲要（2001—2010年）》，在贫困县瞄准的基础上，将扶贫重点和瞄准对象继续下沉，选定了14.8万个贫困村作为新时期的贫困瞄准对象，全面实施以村为单位的整村推进参与式扶贫，经过这一时期的努力，扶贫开发行动继续取得进展，但由于农村扶贫标准经过两次大幅提高，按新的贫困线标准，到2012年底农村贫困人口为9899万人，贫困发生率为10.2%[③]。

党的十八大以来，以习近平同志为核心的党中央把脱贫攻坚摆在治国理政的突出位置，作为实现第一个百年奋斗目标的重点任

---

① 1993年《中国农村贫困监测报告》.

② 汪三贵，胡骏. 从生存到发展：新中国七十年反贫困的实践[J]. 农业经济问题，2020（02）：4-14.DOI：10.13246/j.cnki.iae.2020.02.001.

③ 经过调整，2011年中国农村贫困标准为农民人均纯收入2300元（2010年不变价），比2010年的1274元提高了81%。在新的农村贫困标准下，农村贫困人口增至1.65亿人（2010年底数）.

务，纳入"五位一体"总体布局和"四个全面"战略布局，作出一系列重大部署和安排，全面打响脱贫攻坚战。实行精准扶贫方略，进一步将扶贫重点与瞄准对象下沉到以人以户为单位，做到"六个精准"，即扶贫对象精准、项目安排精准、资金使用精准、措施到户精准、因村派人精准、脱贫成效精准，坚持"五个一批"，即发展生产脱贫一批、易地搬迁脱贫一批、生态补偿脱贫一批、发展教育脱贫一批、社会保障兜底一批。经过持续不断的艰苦奋斗，中国在消除贫困上取得了举世瞩目的成就。到 2020 年底，我国现行标准下 9899 万农村贫困人口全部实现脱贫、832 个国家级贫困县全部摘帽、区域性整体贫困得到解决；"两不愁"质量水平明显提升，"三保障"突出问题彻底消除；贫困人口收入水平大幅度提高，自主脱贫能力稳步增强；贫困地区生产生活条件明显改善，经济社会发展明显加快①；困扰中华民族几千年的绝对贫困问题得到历史性的解决，脱贫攻坚成果举世瞩目，脱贫攻坚取得全面胜利，提前 10 年实现《联合国 2030 年可持续发展议程》减贫目标，实现了全面小康路上一个都不掉队，在促进全体人民共同富裕的道路上迈出了坚实一步。

第二节　对相对贫困的认识

2021 年 2 月 25 日上午，全国脱贫攻坚总结表彰大会在北京人民大会堂隆重举行，习近平总书记强调，经过全党全国各族人民的共同努力，我国脱贫攻坚战取得全面胜利，区域性整体贫困问题得

---

① 中共中央 国务院关于实现巩固拓展脱贫攻坚成果同乡村振兴有效衔接的意见 [J]. 中华人民共和国国务院公报，2021（10）：4–10.

到了解决，完成了消除绝对贫困的艰巨任务，正式进入到全面推进乡村振兴战略阶段。但需要明确的是，"消除绝对贫困"并不指"贫困"问题在我国被彻底消除。正如现代化的各个阶段不可割裂一样，消除贫困事业也将是前后联系的。在党的十九届四中全会的时候，党中央就提出了要"坚决打赢脱贫攻坚战，巩固脱贫攻坚成果，建立解决相对贫困的长效机制"的目标任务。实现共同富裕是解决相对贫困的总目标，所以 2020 年后的贫困治理重点应该放在缓解相对贫困问题上。

一、相对贫困的内涵

根据马斯洛需求层次理论模型，人的需求可分为生理需求、安全需求等缺失性需求以及爱与归属、尊重需求、自我实现等成长性需求。绝对贫困是指人的基本生存需求包括吃、穿、住、安全饮水、基本教育、基本医疗等没有得到满足，主要聚焦于缺失性需求层面。而相对贫困是在基本生存需求得到满足后，与社会中一般水平相比所产生的一种落后的状态，包含了更高层次的成长性需求，其核心是与某参照群体进行对照。因此，在治理相对贫困问题时，不能仅仅关注经济层面，还需从多维度对处于相对贫困状态的人口进行全方位帮助，这其中就既包括社会结构层面的客观因素，也包括社会心理层面的主观认知。

二、相对贫困的标准

在了解了相对贫困基本内涵后，需要确定相对贫困的标准以识别相对贫困人口，进而采取一系列有效的措施来应对相对贫困。那么，究竟如何确定相对贫困的标准呢？国内外许多学者的研究都可作为合理的参考。欧盟在 2001 年定义的相对贫困线为人均可支配收入中位数的 60%，这个标准大致相当于平均收入的 50%[1]。叶兴庆和殷浩栋认为"应按中位收入比例法制定相对贫困线，统一城乡扶贫目标与治理机制"[2]。邢成举和李小云建议采用常住农户或是城市常住居民中位收入的 40% 作为 2020 年后的相对贫困线[3]。我们依据 2018 年住户调查数据研究发现，在收入维度上，相对贫困初期阶段建议按照城镇和农村居民人均可支配收入中位数的 40% 分别确定城镇和农村的相对收入贫困线；在非收入维度上，设立就业、健康、教育、社会保障以及农村生活环境等五个维度，按照高于绝对贫困标准但不超越现实发展阶段来设置临界值，以顺应由绝对贫困治理转向相对贫困治理的形势需要[4]。可以确定的是，随着经济社会发展水平的提高，相对贫困标准也应相对应地改变。要根据贫困治理形势动态调整衡量相对贫困的维度、指标以及临界值，从而更精准地识别出相对贫困人口。

三、相对贫困的特点

第一，与绝对贫困相比，相对贫困呈现人口分散空间从集中农

---

① 董帅兵，郝亚光.后扶贫时代的相对贫困及其治理 [J].西北农林科技大学学报（社会科学版），2020，20（06）：1-11.DOI：10.13968/j.cnki.1009-9107.2020.06.01.

② 叶兴庆，殷浩栋.从消除绝对贫困到缓解相对贫困：中国减贫历程与 2020 年后的减贫战略 [J].改革，2019（12）：5-15.

③ 邢成举，李小云.相对贫困与新时代贫困治理机制的构建 [J].改革，2019（12）：16-25.

④ 汪三贵，孙俊娜.全面建成小康社会后中国的相对贫困标准、测量与瞄准——基于 2018 年中国住户调查数据的分析 [J].中国农村经济，2021（03）：2-23.

村到分散城乡的特点。脱贫攻坚战时中国贫困治理的主体是 9899 万处于绝对贫困状态的农村人口，特别是 14 个集中连片特困区的农民，因自然条件和环境等因素的限制，收入单一，发展滞后。如今到了乡村振兴阶段，治理主体是标准更高的相对贫困群体，根据 2018 年住户调查数据确定的相对收入贫困线测算出的城镇和农村的相对贫困发生率分别为 11.12% 和 12.78%，相对贫困人口规模分别为 9245 万人和 7208 万人 ①。这其中低收入弱保障的人群以及城乡流动人口可能转为相对贫困的重点关注人群，因为在脱贫攻坚期间他们可能并没有比贫困户的状况好太多，但是没有享受到政策红利，具有极度的脆弱性，因而产生了心理上的相对剥夺感，同时他们还面临社会融入和权利贫困等社会性问题。

第二，与绝对贫困相比，相对贫困具有比较性和多元性。相对贫困各维度上的对比包括物质上、情感上的相对匮乏。相对贫困在一定程度上可视为一个社会心理问题。相对贫困群体的呼吁机制、社会共识所表达的价值取向，不仅决定着相对贫困的标准，而且决定着公共治理政策方向和力度。相对贫困可以理解为接受教育、享受政治权利、参与社群生活等能力的缺失。贫困主体能力的缺失主要源于：可支配的资源严重少于其参照群体所带来的资源贫乏，被排除在社会认可的生活模式、习俗和活动之外所带来的社会排斥，无法获得有尊严的生活条件和便利设施，以及进入市场、获得教育与健康等经济和社会权利所带来的相对剥夺，因而在相对贫困主体及特征上呈现多元性 ②。

---

① 汪三贵，孙俊娜.全面建成小康社会后中国的相对贫困标准、测量与瞄准——基于 2018 年中国住户调查数据的分析 [J]. 中国农村经济，2021（03）：2-23.

② 罗必良.相对贫困治理：性质、策略与长效机制 [J]. 求索，2020（06）：18-27.DOI：10.16059/j.cnki.cn43-1008/c.2020.06.023.

第三，与绝对贫困相比，由于比较性和多元性的存在，相对贫困具有长期性的特点。绝对贫困存在于特定的时期、特定的区域、特定的群体，最终能依据客观标准完全消除。但由于相对贫困是以社会某些群体作为参照进行对比后的一种状态，具有比较性的特点。而社会分层和阶级分化现象很难消失，从收入上讲，不同群体的收入不能达到绝对的均衡，从非收入层面讲，在健康、教育、就业等维度也由于个体差异的存在而无法做到绝对均衡。因此，理论上来说相对贫困问题将会伴随着整个人类社会的发展，无法被消除。这也就是为什么欧美发达国家仍然有贫困人口的原因，只是相对贫困的参照不同、标准不同，将贫困比例控制在一定范围内。

第四，与绝对贫困相比，相对贫困的致贫原因更复杂。贫困除了收入外还有住房、教育、医疗、社会融入等方面的因素[①]。在脱贫攻坚时期，主要是通过为贫困人口提供外部经济物品和社会救助来提高他们的收入，改善他们的生活水平。进入相对贫困治理阶段后，由于相对贫困人口面临社会保障缺失、社会话语权较低、社会排斥等社会困境，造成了"社会剥夺感"和"心理不平衡感"加剧，让相对贫困的缓解工作变得相对更复杂，仅凭借物质上的补助是无法弥补心理上缺失，无法真正摆脱相对贫困。追本溯源，相对贫困是由于发展和分配的不平衡造成的，从解决绝对贫困问题转向缓解相对贫困问题正是社会主要矛盾转化的缩影，而缓解相对贫困的目标是实现共同富裕，缓解相对贫困和实现共同富裕都需要通过缩小收入和生活质量的差距来实现。

---

① 左停，苏武峥. 乡村振兴背景下中国相对贫困治理的战略指向与政策选择 [J]. 新疆师范大学学报（哲学社会科学版），2020，41（04）：88-96.

第三节　共同富裕的内涵

实现共同富裕不仅是社会主义的本质要求，是党的初心，是党对人民的承诺，也是中华民族全体人民共同追求的物质财富和精神成果。具体内涵可以从政治和经济两方面来理解。

一、政治内涵

实现共同富裕是中华民族千年来共同的崇高理想。中国共产党建党初衷就是为中国人民谋幸福，为中华民族谋复兴，实现共同富裕是关系党的执政基础的重大政治问题。新中国成立以后，历届党和国家领导人坚持马克思、恩格斯理论体系，坚持列宁主义，坚持结合中国具体实际情况，一步步探索并开创了中国特色社会主义理论体系，带领全国各族人民共同奋进，为实现共同富裕砥砺前行。可以说，中国共产党的百年党史也是中国共产党带领人民接力探索共同富裕道路史。

以毛泽东同志为核心的党的第一代中央领导集体带领全党全国各族人民取得了新民主主义革命的胜利，为了使全国各族人民过上幸福生活，始终遵循共同富裕理念，不断探索社会主义建设，进行了社会主义改造，确立了社会主义基本制度，为实现共同富裕奠定了根本政治前提[①]。

以邓小平同志为核心的党的第二代中央领导集体深刻总结中国

---

① 孙业礼. 共同富裕：六十年来几代领导人的探索和追寻 [J]. 党的文献，2010（01）：80–87.

社会主义建设的经验和教训，实行改革开放，开创了中国特色社会主义，创造性地提出共同富裕科学内涵，鼓励一部分地区一部分人先富起来，先富带动、帮助后富，最终达到共同富裕，成为中国特色社会主义理论重要内容之一，开拓了中国特色的共同富裕新视野。

以江泽民同志为核心的党的第三代中央领导集体坚定中国特色社会主义现代化道路，开创全面改革开放新局面，同时保障了发展和公平分配，加快建立了社会保障体系，强调在社会主义现代化建设的每一个阶段都必须让广大人民群众共享改革发展的成果，不断开辟了共同富裕新道路。

以胡锦涛同志为总书记的党中央紧紧围绕坚持和发展中国特色社会主义这一主题，在全面建设小康社会的过程中，坚持走中国特色社会主义道路，延续共同富裕思想，坚持以人为本、科学发展，更加注重社会公平，在发展中深入探索实现共同富裕的道路。

以习近平同志为核心的党中央始终高举共同富裕的大旗，坚定不移地走共同富裕的道路，结合我国经济社会发展所面临的新形势、新机遇，形成了极具时代特色的新时代共同富裕思想，对我国共同富裕现代化道路进行了创造性发展，提出以人民为中心的发展思想和新发展理念，明确强调共同富裕是中国特色社会主义的根本原则，带领全党全国各族人民全面实现了小康社会，消除了绝对贫困问题，让更多人参与到中国的现代化进程，分享中国现代化成果，为实现共同富裕打下了坚实基础。

二、经济内涵

（一）对"共同"的理解

"共同"代表了"共享"，是社会成员对社会总财富的占有方式。如果社会拥有高额的总财富量，物质财富却掌握在少数人手里，其他大部分人都面临贫困的状态，那只能说是社会富裕而不是人民富裕。马克思列宁主义认为，在资本主义社会中，贫富差距会一直存在并且差距会越来越大。这种贫富两极分化的原因在于生产方式私有制的资本主义对工人的压迫是随着生产力的提升而加重。随着资本的积累和技术的创新，生产力大幅提升、物质产出大幅增加，资本家会加大对工人的剥削和压榨，从而造成贫富两极分化。市场作为公平交换的平台本身不会带来贫富差距，生产资料私有的不公平导致了资本主义国家少数人占有多数人的劳动成果现象。为了实现全人类的解放，实现共同富裕，势必要消灭私有制，建立以公有制为根本的社会主义制度。实行公有制的目的就是追求按劳分配，使得社会全体成员能够共同享受社会经济发展带来的红利，从而避免出现私有制所带来的不公平。

"共同"不代表着"平均"或"均等"，而是需要在共建共享的基础上做到"普遍"，需要全民参与到社会生产，将产出成果进行公平合理的分配。低生产力基础上的平均主义并不符合实际，平均主义放弃了马克思按劳分配的原则，没有根据不同工作的劳动量、贡献值以及不同劳动者的特点进行合理分配，而是在分配上追求完全的平均，严重影响了劳动者的工作效率，进而影响到了经济效率，导致了广大人民群众的生活水平提高缓慢。在新中国成立初期，我国曾面临分配不合理的困境。在那时，党和政府认为共同富裕意味着集体致富，全体人民都能无差别享有公平的机会和权利，不能存在贫富差距，全国民众都应该同等享受富裕、美好的生活。但高度的中央集权式发展以及缺乏激励与竞争机制的平均分配的计划经济体制降低了人民生产的积极性，并没有使得人民的生活水平大幅度改善，反而出现了连温饱都无法解决的局面，国民经济增长缓慢甚至停滞不前，这体现不出社会主义的优越性，与共同富裕的美好前景背道而驰。邓小平同志认为，共同富裕在公平分配的基础上允许一定范围内的差距，允许通过先富带后富，逐步实现全民共同富裕。党的十一届三中全会后，我国进入快速发展建设社会主义的时期，通过放弃过去平均主义、吃大锅饭的分配方式，贯彻按劳分配的社会主义分配原则，调动了广大人民的积极性和工作的主动性，解放了生产力[①]。

随着改革开放的不断推进，社会总福利在不断增加，正确处理发展与分配的关系变得越来越复杂，难度也越来越高，日益拉大的发展差距也凸显出实现共同富裕任务的复杂性和艰巨性。党和政府也越来越重视分配的合理性，针对解决个人发展差距、地区发展差距、城乡发展差距展开了重要实践。

首先，在解决个人发展差距方面，党和政府逐步建立权利平等、机会平等、规则平等、公平分配的社会保障体系，使全体人民共享经济社会发展带来的益处。并且以个人收入分配要体现出效率与公平兼顾为原则，坚持以按劳分配为主体、多种分配方式并存的体制，完善按要素分配的政策机制，增加低收入人群收入，扩大中等收入群体，实现多劳多得，促进收入分配更合理，激励人民勤劳致富。将共享理念贯穿于发展中的方方面面，是发展的最终目的，并且要惠及全国各族人民，要让全体人民享受到经济社会发展带来

---

① 金光旭. 中国共同富裕现代化道路研究 [D]. 吉林大学，2021.DOI：10.27162/d.cnki.gjlin.2021.000031.

的好处。

其次，在解决地区发展差距方面，党和政府引导生产要素跨区域合理流动，实施区域发展总体战略，深入推进西部大开发，全面振兴东北地区等老工业基地，大力促进中部地区崛起，积极支持东部地区率先发展[①]，处理好初次分配和再分配的关系，为缓解区域间的发展差距开辟了广阔道路。

最后，在解决城乡差距方面，党和政府加大了扶贫开发力度，全国农林水利气象、农产品市场建设等工程全面启动，农村基础设施进一步完善，农村义务教育和医疗保障不断加强，村容村貌取得新变化，村庄建设规划开始起步，生活环境改善得到重视[②]。农村最低生活保障制度、新型农村合作医疗制度等改革的试行和推广，更是极大地改善了农民的生活条件，提高了农民的生活质量。在以习近平同志为核心的党中央坚强领导下，持续五年的脱贫攻坚战圆满结束，我国于2020年全面建成了小康社会，9899万农村贫困人口摆脱了绝对贫困，缩小了城乡的贫富差距，促进了广大农村地区群众共享发展成果，充分体现出社会主义制度的优越性。

（二）对"富裕"的理解

"富裕"代表着先进的生产力，反映了社会总的财富量，包含着物质富裕和精神富裕[③]。物质富裕代表了收入、财产等这些最能够体现出人民生活质量高低的因素。拥有丰富的物质财富，人民能够拥有较高的福祉和发展能力。从马克思列宁主义观点来看，生产力

---

① 王琳.当代中国共产党人共同富裕思想研究 [D].北京交通大学，2014.

② 苏畅.马克思主义共同富裕思想与我国的实践路径研究 [D].中共中央党校，2018.

③ 李实.共同富裕的目标和实现路径选择 [J].经济研究，2021，56（11）：4-13.

发展是社会进步的最高标准，社会主义生产力的发展，是实现社会主义共同富裕的前提，只有不断发展生产力，提高人民生活水平，才能实现全体人民的共同富裕。如果没有社会总量财富的高度富有，再公平的分配方式也无法达到全民共同富裕。

作为改革开放总设计师的邓小平同志强调："社会主义的本质是解放生产力，发展生产力，消灭剥削，消除两极分化，最终达到共同富裕。"① 社会主义就是要消灭贫穷，在消灭剥削和消除两极分化的过程中，必须不断发展生产力，较高的生产力发展水平是社会主义制度的优越性，同时也是创造出社会总体巨大财富的关键因素。江泽民同志坚持"发展才是硬道理"的思想，坚持改革开放，大步推进中国经济体制改革，进一步解放和发展生产力，推动建立社会主义市场经济体制，使我国经济快速发展。

而精神富裕则代表了人民内心的状态，主要包括人民内心拥有较高的幸福感。实现精神富裕就是在保证社会总的物质财富充裕的同时，人民群众在文化、思想等方面自信自强，拥有较大的满足感，是人的全面发展和社会和谐发展的体现。劳动者只有实现了全面发展，社会生产力才能得到高速发展，社会总财富才能高度富足，所有人共创共享福利，通过公平合理分配后才能达到人人富足，实现共同富裕。因此，共同富裕既是社会整体的自由全面发展，也是社会成员个体的自由全面发展。针对促进人与社会全面发展，胡锦涛同志强调了协调发展、全面发展、可持续发展的重要性，提出以科学发展观作为新时期实现共同富裕的指导思想。科学发展观的第一要义是发展，包括了坚持在经济社会发展的基础上促进人的全面发

---

① 邓小平文选：第一卷 [M]. 北京：人民出版社，1994.

展，实现经济发展和社会发展、自然发展相协调。习近平同志重点提出了创新、协调、绿色、开放、共享"五大发展"的新发展理念：创新发展注重的是解决发展动力问题，协调发展注重的是解决发展不平衡问题，绿色发展注重的是解决人与自然和谐问题，开放发展注重的是解决发展内外联动问题，共享发展注重的是解决社会公平正义问题，强调坚持新发展理念是关系我国发展全局的一场深刻变革。

共同富裕就是要让社会全体人民都能够公平享受到整个社会拥有的巨大财富，都能够拥有满足其生产生活所需的生产资料，人人过上富裕的生活。因此，要想实现共同富裕，就需要"做大蛋糕""分好蛋糕"。共同富裕是建立在不断解放和发展的生产力、不断增强的综合国力基础上，巨大的物质财富是重要前提，在发展中实现共享，在共享中促进发展，在富裕的基础上合理分配，缩小差距。在 70 多年与贫困作斗争的艰苦历程中，特别是党的十八大以来，党和国家将贫困治理放在治国理政突出位置，绝对贫困问题被历史性地消除，全面建成了小康社会，人民生活基本保障和劳动力再生产基本实现，实现了中国社会财富总量持续高速增长。相对于新中国成立初期和改革开放初期，如今我们的收入增长了几十倍，但需要注意的是，这不代表目前中国已经达到了很高的富裕程度。实现共同富裕不能只和历史上的中国相比，更需要在富裕程度和共享程度都达到世界先进水平。与世界其他先进水平的国家，特别是与发达国家相比，中国无论是在富裕程度还是共享程度上都仍需继续追赶。

第四节 共同富裕的实现路径

当前，我国社会的主要矛盾已经从人民日益增长的物质文化需要同落后的社会生产之间的矛盾转变为人民日益增长的美好生活需要和不平衡不充分的发展之间的矛盾，不平衡、不充分成为我国实现共同富裕的主要制约因素。实现共同富裕的实质就是要解决发展不平衡不充分的问题，包括发展不平衡导致的收入分配差距、城乡差距以及区域差距问题。发展差距与共同富裕有天然的联系，共同富裕的目标不是说没有差距，而是差距较小并不断缩小差距。但如果差距存在过大，那么共同富裕就难以实现。如何解决差距问题就成为了实现共同富裕所要面对的重要难题。

2018年9月，中共中央、国务院印发了《乡村振兴战略规划（2018—2022年）》，明确了乡村振兴的任务书和路线图，指出要科学有序推动乡村产业、人才、文化、生态和组织振兴。共同富裕是实施乡村振兴的战略目标，而乡村振兴战略是实现共同富裕的重要基础。乡村振兴战略通过缩小城乡差距、收入差距和区域差距，促进城乡融合发展，进而推动共同富裕的实现[1]。因此，乡村振兴战略的实施路径，就是推进共同富裕的必由之路；乡村振兴战略的最终胜利，就是中国实现共同富裕理想的重要里程碑。消除绝对贫困问题、全面建成小康社会为彻底解决发展差距问题打下了坚实基础，在接下来实施乡村振兴战略、缓解相对贫困问题的过程中，需要各

---

① 刘明月，汪三贵.以乡村振兴促进共同富裕：破解难点与实现路径[J].贵州社会科学，2022（01）：152-159.DOI：10.13713/j.cnki.cssci.2022.01.014.

方努力来不断缩小差距，推动共同富裕取得更为明显的实质性进展。

一、缩小收入差距

由于我国发展的不平衡、不充分，造成我国收入分配的不均衡。虽然近十几年来随着国家对农民收入问题的重视以及对农村地区投入的增加，农村居民收入增速连续数十年超过城市居民，但城市居民人均收入仍然明显高于农村居民人均收入。因此，我们只有在经济总量不断增长的前提下，持续不断增加农民收入，缩小城乡收入间的差距，才能实现全民共同富裕。

（一）加大对农村地区的投入

完善财政支出政策，加大财政对农村地区的支持力度，是支持农村地区发展，缩小城乡收入差距的必然举措。从与贫困相关的各种学术理论和中国几十年扶贫经验中不难发现，农村初始资源禀赋是极度匮乏的，需要有大量的人力、物力和财力来推动农村地区的发展。

第一，通过增加财政对农村的投入，改善农村地区机耕道、灌溉系统等基础设施，降低农民生产和投入成本；第二，从财政和税收角度，增加农产品收购补贴；第三，支持农村地区优化产业结构，发展乡村旅游、观光农业等农旅融合的项目，增加农民增收途径；第四，政府可以通过与企业合作、制定相关税收优惠政策，鼓励更多的企业收购农民产品，减少农产品收购环节，增加农产品销售渠道，为农民解决销售难的问题。

（二）完善产业利益共享机制

在脱贫攻坚时期，农村地区广泛发展了适合当地情况的农村产业，对贫困户的带动效果突出，直接或间接将贫困户纳入到贫困地区产业利益链条中，增加了贫困户的收入。在实现共同富裕的过程中，要完善并继续探索产业发展中企业与农户的多种利益联结方式，推动农户以多种形式参与到农业产业链条中来。加大力度发展农村特色产业，促进农村产业升级，受益群体应由原建档立卡户拓展到全体农户，将全体农户都纳入当地产业利益链条中，以产业发展带动农村地区经济发展和农户收入，减少与城镇居民的收入差距。

第一，可通过直接生产带动的形式将农户纳入到产业利益链条中。企业在自身发展的同时，通过不同的发展模式让农户参与到企业的生产发展当中，增加其发展的积极性，从而提高低收入农户发展动力，增加产业发展收入。第二，可通过就业带动的形式将农户纳入到产业利益链条中。在产业发展起来之后，用工需求就会相应地增加，这样就能解决农村大量剩余劳动力，增加在产业项目中工作的农户的工资性收入。工资性收入目前已成为农村地区最重要的增收途径，对农户提高收入，缩小与城市居民的收入差距起到了关键性作用。第三，可通过资产收益带动的形式将农户纳入到产业利益链条中。企业可以通过让农户以土地、劳动力、农产品等入股的形式带动农户，一方面为企业发展提供必不可少的生产资料等，促进产业发展壮大，另一方面可增加农户的资产收益。资产收益分红对低收入农户特别是缺乏劳动力的农户有着直接的带动效果，为收入不稳定的农户提供了基本收入保障。第四，可通过间接带动的形式将农户纳入到产业利益链条中。企业的发展增加了当地的税收，间接带动当地基础设施建设，吸引更多的企业入驻，从而带动整个地区经济活跃起来，缩小与城市的发展差距。

（三）优化基本生活保障制度

在脱贫攻坚时期，贫困地区已经及时将符合条件的建档立卡贫困户全部纳入农村低保范围，保障其基本生活，统筹各类救助、扶贫资源，将政府兜底保障与扶贫开发政策相结合，形成脱贫攻坚合力，实现对农村贫困人口的全面扶持。

在实现共同富裕的过程中，要由脱贫帮扶向常态化的社会保障转变，建立和完善乡村振兴下的社会保障和救济机制。对于缺乏自主发展能力的残疾人、老年人等有较强脆弱性的特殊群体，基本生活保障兜底为这些人群的基本生活建立了"安全网"，提升了其进一步发展力，体现出了社会主义的优越性。同时，为缺乏增收能力的部分人群提供了增收途径，缩小了与其他农户以及城市居民之间的收入差距，维护了地区社会稳定，为推进乡村振兴、实现共同富裕提供安稳的社会环境。在实施社会救助的过程中要做到精准识别、动态监测、应管尽管，规范低保、五保和特困户补助标准，减少瞄准偏误，避免精英俘获，针对不同家庭不同的状况设置不同的补贴标准，提高转移支付在收入再分配中的作用。不仅要为基本生活保障对象提供资金补贴，还要关注其心理健康，实现基本生活得到全方位保障，体现出"一个不漏""全面发展""坚持人民至上"的社会主义共同富裕思想。

第一，积极完善最低生活保障制度。对于缺乏劳动力导致无法通过产业帮扶和就业帮扶等开发性扶持方式进行帮扶的这部分特殊困难群体以及符合条件纳入低保范围的低收入家庭，要做到应保尽保。第二，推动低保救助城乡一体化发展，加快推进低保制度统筹发展，减少低保工作的城乡差异。第三，全面落实农村特困人员救助供养政策。进一步规范特困人员认定，及时将符合条件的农村低收入人口纳入救助供养范围，优先为有集中供养意愿的生活不能自理特困人员提供集中供养服务，加强对分散供养特困人员的照料服务。

二、实现基本公共服务均等化

基本公共服务发展不均是造成农村居民和城市居民收入以及生活水平产生差异的重要原因，要重视基本公共服务建设对农村地区经济发展的作用，解决城乡间、地区间和人群间享受的基本公共服务水平和质量的差异。想要解决因此形成的发展差异，就要构建完善的基本公共服务体系，加大对农村地区基本公共服务的投入力度，这样才能够降低农村低收入群体的生活成本，增加他们的发展机会[①]。

（一）教育保障

在脱贫攻坚时期，党和政府将教育扶贫放在脱贫任务中的突出位置，保障贫困户各教育阶段从入学到毕业的全部资助，不让一个学生因家庭困难而失学，保障建档立卡家庭孩子都可以上学。对于学前教育，在资金方面要统筹学前教育资金向贫困县倾斜。对于义务教育，落实好"两免一补"政策，完善控辍保学机制，保障建档立卡等贫困家庭学生顺利完成义务教育。对于高中教育，免除公办普通高中建档立卡等家庭经济困难学生学杂费，实施普通高中国家助学金政策，实现对建档立卡等贫困家庭学生的全覆盖。对于高

---

① 王小林 . 新中国成立 70 年减贫经验及其对 2020 年后缓解相对贫困的价值 [J]. 劳动经济研究，2019，7（06）：3-10.

等教育，一是通过实施高校招生倾斜政策，不断加快推进高职院校分类考试招生，同等条件下优先录取建档立卡等贫困家庭学生；二是不断完善就学就业资助服务体系，进一步完善贫困大学生资助政策体系，不断确保覆盖全部建档立卡等贫困大学生。教育扶贫的相关政策实现了贫困人口教育基本公共服务全覆盖，贫困地区教育总体发展水平显著提升，教育服务区域经济社会发展的能力显著增强。

在实现共同富裕的过程中，教育帮扶的对象需要扩大，不能再仅仅聚焦于农村地区脱贫人口，要将视角拉大到整个农村地区的低收入人口和存在教育方面困难的群体，要将这些人群纳入到教育保障体系中，实现教育资源的均等化。

第一，对于学前教育，要普及农村地区的学前教育，设立普惠性托儿所、幼儿园，对经济困难的家庭按照当地资助方式和自主标准给予减免保教费。第二，对于义务教育，继续落实控辍保学的责任制度和监测机制，要保证所有适龄学生都在校上学或送教上门，对义务教育家庭经济困难学生按照当地资助标准以不低于国家基础标准提供生活补助。同时，要注重义务教育质量的提高，要加强对欠发达地区教师的培训和招聘，要让学生在学校能够真正学到东西。第三，对于高中和职业教育，要优化学校布局结构、扩大教育资源，实现欠发达地区普通高中和中职教育多样化和特色化发展。对于符合条件的家庭经济困难学生按照当地标准给予免除学杂费、提供国家助学金。第四，对于高等教育，精准对接每个家庭有困难的高中毕业生，进一步简化奖、补、助、贷的流程，减轻农村低收入家庭教育支出负担，保证每个学生都平等享有接受高等教育的机会。

（二）医疗保障

在脱贫攻坚时期，因病致贫是所有致贫因素中比例最高的，接近一半的建档立卡家庭有各类疾病。防止因病致贫、返贫是实现精准扶贫、精准脱贫的前提条件。针对贫困户健康问题，党和政府实行了一系列有效政策来不断提高医疗保障水平和家庭的生活质量，减轻了农村贫困人口医疗费用负担。在全国范围内建立了多重医疗保障机制，主要是以"基本医疗保险 + 大病救助 + 商业医疗保险 + 其他补助"的形式出现，大部分地区贫困人口看病自付比例不超过10%，同时还有"先诊疗后付费"和"一站式"等结算制度，帮助贫困人口解决看病贵的问题。在慢性病方面，贫困户都能够享有慢性病签约服务制度，贫困人口通过签约家庭医生并且定期展开家庭医生服务，贫困人口慢性病证的办理、缺失补办等问题得到有效解决，看病负担显著减轻。健康帮扶保障了贫困户基本医疗，政策重点则是让贫困人口看得上病、看得起病。

在实现共同富裕的过程中，既往对脱贫人口的医疗保障政策大部分都可以将服务对象扩大到整个农村地区，让全体农村居民都能享受到经济社会发展的好处。优化医疗报销程序，提高报销比例，扩大报销范围，降低当地居民的医疗费用。未来能够实现农村地区人人享有基本医疗卫生服务，农村低收入人口大病得到及时有效救治保障，个人就医费用负担大幅减轻。

第一，基本医疗保险覆盖所有低收入人口并实行政策倾斜，个人缴费部分按规定由财政给予补贴，提高政策范围内住院费用报销比例。第二，加大对大病保险的支持力度，逐步降低大病保险起付线、提高大病保险报销比例等，实施更加精准的支付政策，提高农村低收入人口受益水平。第三，扩大"先诊疗，后付费"和"一站式"结算适用范围。稳步推进异地就医直接结算，切实做好基金结算、清算工作，确保资金及时足额拨付。第四，加大医疗救助力度，将符合条件的农村低收入人口全部纳入重特大疾病医疗救助范围，对突发重大疾病暂时无法获得家庭支持、基本生活陷入困境的患者，加大临时救助和慈善救助等帮扶力度。第五，不断建立健全基本医疗保险、大病保险、疾病应急救助、医疗救助等制度的衔接机制，发挥协同互补作用，形成保障合力。第六，将符合条件的残疾人医疗康复项目按规定纳入基本医疗保险支付范围，提高农村残疾人医疗保障水平[1]。

（三）养老保障

在脱贫攻坚时期，新型农村社会养老保险制度已经对符合条件的贫困人口实行了全覆盖，对其老年生活提供了政策性保障。但随着老龄化问题的不断加剧，全国 60 岁以上的老年人口逐渐增多，独居老年人、空巢老年人的生活和精神需要给予更多的关注，特别是农村欠发达地区，老年人缺乏基本的生活照料，留守和独居的老年人口将成为乡村振兴阶段的特殊困难群体。

在实现共同富裕的过程中，国家应该要将养老政策服务对象扩大到整个农村中的低收入人群，加大农村和欠发达地区养老设施建设，提高农村地区的养老金标准，为其基本生活提供充足的保障；同时，应该关注老年人的精神健康问题，丰富老年人的精神生活，提高老年人的身体素质和幸福指数。

---

① 关于实施健康扶贫工程的指导意见 [J]. 中华人民共和国国家卫生和计划生育委员会公报，2016（06）：243-248.

第一，完善城乡居民基本养老保险制度。落实城乡居民基本养老保险待遇确定和基础养老金标准正常调整机制，落实城乡居民基本养老保险缴费激励机制，根据经济发展水平逐步提高基础养老金最低标准和财政缴费补贴标准。第二，推动农业转移人口平等纳入城镇社会保障。鼓励异地务工人员和符合条件的城乡户籍灵活就业人员参加城镇职工基本养老保险，鼓励将新型职业农民纳入城镇职工社会保障体系，实现城镇企业职工基本养老保险与城乡居民基本养老保险制度顺畅衔接。第三，持续强化养老保险托底帮扶。落实代缴政策，对农村低收入人口等困难群体参加城乡居民基本养老保险的，结合实际情况按不低于城乡居民基本养老保险最低缴费档次标准协助代缴或部分代缴养老保险费。第四，健全县乡村衔接的三级养老服务网络，推动村级幸福院、日间照料中心等养老服务设施质量提升，发展农村普惠型养老服务和互助性养老。

（四）人居环境

农村的人居环境是城市生产要素特别是人力资本要素流向乡村的重要影响因素之一。脱贫攻坚期间，"户分类、村收集、镇转运、县处理"的农村垃圾处置模式发挥了重要作用，垃圾治理取得明显成效，农村环境卫生得到较大改善，但主要目的还是通过生态保护来改善贫困地区的自然地理环境和生产生活条件，进而提高贫困人口的收入水平。目前来看，城乡之间的环境卫生整治存在不平衡的现象，普遍将城镇的环境卫生作为重点，争相创建全国文明城市、国家卫生城市等，投入相对较多，但对农村垃圾治理的重视不够，投入较少。此外，农村垃圾治理长效机制的建立依旧不健全，基层在抓环境卫生方面缺乏长效的治理手段和措施，时紧时松，广大群众参与环境卫生治理的自觉性不足，主体意识不强。

在实现共同富裕的过程中，要通过对农村地区垃圾清理、污水治理、厕所改造、村容村貌建设，改善农村地区环境面貌，为农村居民提供一个美丽整洁的居住环境。一方面能够减少因为水源污染导致的疾病，减少农民的医疗支出，另一方面能够大大提升农民的获得感和幸福感；同时，还能吸引企业、人才，让企业和人才在农村能够留得住。